D0884911

Cómo hablar con tus hijos de SEXO

"La plática", UNA CONVERSACIÓN DE POR VIDA

DRA. LAURA BERMAN

EDITORIAL TRILLAS

México, Argentina, España,
Colombia, Puerto Rico, Venezuela ®

Índice de contenido

1

2

3

Hablar de las verdades sexuales

"Mami, ¿de dónde vienen los bebés?"

Por siglos, esta pregunta ha aterrado a los padres de todo el mundo. ¿Cómo puedes explicar lo complejo e intrincado del mundo del sexo, propio de los adultos, a un niño que sólo le importan las caricaturas y los peluches? ¿Es apropiado explicarle impactantes verdades sexuales a alguien que ni siquiera sabe que Santa Claus es inventado?

Frente a estas cuestiones no debe sorprendernos que muchos padres prefieran mantener ese conocimiento escondido bajo llave. Asumimos que lo hacemos en beneficio de los intereses de nuestros hijos, para protegerlos del mundo de los adultos, de la realidad de crecer, o quizá, queremos mantenerlos como niños todo el tiempo que sea posible. Así, nuestros hijos crecen de manera muy similar a como lo hicimos nosotros: escuchan rumores acerca del sexo en el patio de la escuela, aprenden verdades a medias y, eventualmente, para bien o para mal, conocen a través de su propia experiencia.

¿Cómo darle el poder a los hijos?

La falta de educación sexual ha provocado problemas por generaciones, pero hasta ahora vemos los trágicos resultados de la ignorancia: una de cada cuatro adolescentes en Estados Unidos tiene una Enfermedad de Trasmisión Sexual (ETS); una de cada cinco ha tenido relaciones sexuales antes de los 15 años; y una de cada tres está embarazada a los 20 años. También el contagio de clamidia y sífilis ha aumentado exorbitantemente. Aunque el costo emocional de una vida sexual temprana no es fácil de calcular, 60% de las adolescentes sexualmente activas admiten estar arrepentidas de su primera vez, lo que puede ocasionar baja autoestima, sentimientos de vergüenza o depresión.

Está claro que la falta de educación no promueve la abstinencia o el sexo seguro, lo sabemos porque el índice de embarazos en adolescentes disminuyó después de la implementación de clases de orientación sexual en las escuelas públicas. Sin embargo, las cifras tampoco descendieron, se mantuvieron constantes hasta que comenzaron a aumentar cuando la educación se centró en la abstinencia. En lugar de enseñarles a proteger sus cuerpos y a resolver sus preocupaciones relacionadas con el control natal, se les dijo que bastaba con decir "no" y que "el sexo es malo". En general, las tácticas fundadas en el miedo sólo funcionan temporalmente, y más en adolescentes curiosos llenos de hormonas que viven en un mundo lleno de imágenes sexuales. Se les enseña —a veces inconscientemente— que el sexo es malo y que deberían estar avergonzados o asustados de sus deseos sexuales, lo que provoca que dejen de valorar su sexualidad y sus cuerpos, una situación que puede llevarlos a una vida de dificultades y decisiones deficientes. Esto no implica que no hagamos todo lo que esté a nuestro alcance para mantenerlos a salvo de las consecuencias de una mala práctica sexual. No podemos protegerlos sin darles el poder de la información y la confianza que necesitan para cuidarse a sí mismos.

¿Cómo darle el poder a los padres?

Desafortunadamente, a los padres no se les enseña cómo hablar de sexo con sus hijos, por eso muchos terminan repitiendo las enseñanzas que aprendieron de niños, aunque estén incompletas o sean incómodas. Este libro está escrito para ese tipo de padres —y todos los demás—, ya que no sólo te hará pensar sobre los temas más extensos que rodean a la sexualidad (como una imagen física saludable y la autoestima), sino que también te permitirá entender las necesidades que tiene tu hijo de aprender acerca del sexo en cada etapa de su infancia.

Este libro no pretende remplazar tus creencias religiosas o morales en relación con el sexo, ni cambiar tu punto de vista acerca de la crianza y supervisión de tu hijo. Por el contrario, buscará guiarte en cada etapa para que puedas comunicar tus creencias personales y los valores sexuales de tu familia. Primero hablaremos del cuerpo, con información precisa de anatomía y género, después seguiremos con temas más relacionados con el sexo y la salud sexual: la mente y la forma de percibir la sexualidad; los medios de comunicación y cómo se recibe la información sexual; los amigos y su influencia; las relaciones románticas tempranas, la realidad de las relaciones sexuales y el sexo seguro.

Al usar este libro

A lo largo de este manual, las referencias a 'él' y 'ella' se utilizarán indistintamente, a menos que la información se encuentre dirigida específicamente a las niñas (cómo usar un tampón) o a los niños (emisiones nocturnas), pero, en general, este libro se puede utilizar como guía para ambos. Una clave en la educación sexual es que los niños y las niñas deben aprender las mismas cosas: tu hijo conocerá cómo funciona el cuerpo de una niña, y tu hija, el cuerpo de un niño. Lo anterior ayudará a remover el misterio relacionado con el sexo y a hacer que la transición hacia lecciones más complejas sea más sencilla conforme tu hijo crece. A pesar de los estereotipos tradicionales, la información relacionada con una imagen corporal saludable, la protección sexual, el embarazo, la autoestimulación y la comunicación abierta, es importante tanto para niños como para niñas.

Conforme avances en la lectura, encontrarás páginas marcadas como *Aprendamos juntos*, que podrás leer con tu hijo. Éstas incluyen lecciones planificadas paso a paso de los temas más importantes, respuestas a las "grandes" preguntas que tu hijo puede tener y diagramas anatómicos o instructivos. Además, los recuadros de *Momentos de enseñanza* te ayudarán a identificar las situaciones para tratar de manera natural los temas sexuales. Las secciones *P&R* tienen las respuestas a algunas preguntas comunes y los recuadros *Qué decir...*, te servirán para manejar conversaciones difíciles. Resaltamos los diálogos en negritas para que puedas aprovechar el potencial de las conversaciones.

Tener conversaciones sanas pueden cambiar el futuro sexual de tu hijo y tener un impacto en sus perspectivas sociales y autoestima. Hablar abiertamente de sexo no sólo mantiene a tu pequeño seguro, también fortalece el lazo afectivo contigo y mejora su comunicación, lo que hará de esta relación una fuente de apoyo y amor incondicional.

¡Disfrútalo!

Laura Berman

1

CÓMO HABLARLE ACERCA DEL CUERPO

EVALUANDO TUS VALORES: EL CUERPO

Existen factores, conscientes o inconscientes, que influyen en la forma en la que percibimos nuestros cuerpos, y que trasmitirás a tus hijos cuando hables con ellos acerca de anatomía y salud sexual. Para definir cuáles son tus valores, primero debes pensar en tus propias influencias e inseguridades, después considera cuándo quieres que tu hijo sepa ciertos hechos. Responde estas preguntas en privado y medita con tu pareja cómo mezclarán sus puntos de vista para darle al niño un entendimiento sano de su cuerpo.

¿CÓMO EXPLORAR EL CUERPO?

Identificar tus pensamientos y sentimientos acerca de este tema esclarecerá cualquier inseguridad o miedo que pudieras trasmitir a tu hijo.

¿Cómo percibes tu propio cuerpo? ¿Es una fuente de orgullo, molestia o preocupación?

¿Qué amas de él?

¿Qué cambiarías?

¿Cómo lo cuidas?

¿Cuándo consideras que es apropiado aprender acerca de los genitales?

¿Qué palabras utilizaste mientras crecías para hablar de ellos?

¿Alguna vez te has preocupado por la apariencia de tus genitales? ¿Crees que es importante que te sientas bien con ellos?

¿Qué fue lo primero que aprendiste del cuerpo (con o sin palabras)? ¿Te enseñaron a hablar abiertamente del tema o a cubrirlo? ¿Cómo influyó esto en la forma en la que como adulto piensas acerca del cuerpo?

¿Cuándo aprendiste acerca de la concepción y del nacimiento? ¿Qué impacto tuvo en ti?

DIFERENCIA ENTRE BUENOS Y MALOS TOCAMIENTOS

Reflexiona, ¿cómo reaccionas ante el contacto físico?, ¿qué tipo de contacto te parece inapropiado? De igual manera, medita acerca de los tocamientos que demuestran afecto o que te ayudan a entender y apreciar mejor tu cuerpo.

¿Qué tipo de tocamientos consideras malos?

¿Crees que hablar acerca del contacto físico inapropiado debería ser parte de la educación sexual de tu hijo? Si es así, ¿cuándo crees que deberías tener esta charla?

¿Qué tan importante es para ti la demostración física de afecto? ¿Qué función crees que tiene éste en la definición de tu autoestima y tus relaciones?

¿Qué muestras de afecto se dan tu pareja y tú en público, y en frente de su hijo?

¿Te resulta incómodo que tu hijo explore su cuerpo?

¿Consideras que la masturbación es una forma apropiada de desahogo sexual?

¿Piensas que la masturbación debería formar parte de la educación sexual de tu hijo?

¿Cómo reaccionarías si vieras a tu pequeño tocando sus genitales en público? ¿Te sentirías apenado, preocupado o tranquilo?

PARA EXPLICAR LAS DIFERENCIAS DE GÉNERO

El conocimiento sobre las diferencias de género suele trasmitirse inconscientemente. Piensa cómo ves el cuerpo del sexo opuesto, ¿por qué es así?

....

¿En qué momento aprendiste acerca del cuerpo del sexo opuesto?

....

¿Cuáles crees que son las diferencias principales entre los niños y las niñas?

....

¿Cómo reaccionarías si descubrieras a tu hijo mientras "juega al doctor" o explora el cuerpo de un amigo del género opuesto?

....

¿Te sentirías incómodo si notas que tu hijo disfruta de actividades que están típicamente reservadas al otro género? ¿Cómo reaccionas si juega a vestirse o disfrazarse con la ropa del género opuesto, o a pintarse las uñas?

....

¿Recuerdas tu primera amistad con alguien del sexo opuesto? ¿Cómo te impactó?

....

FOMENTAR UN ESTILO DE VIDA SALUDABLE

Considera qué decisiones (presentes y futuras) de tu estilo de vida fomentarán una imagen corporal saludable en tu hijo, éstas te ayudarán a cumplir tus expectativas acerca de su autoestima y vida sexual, tanto en su adolescencia como en su adultez.

....

¿Qué elementos son esenciales para fomentar un estilo de vida saludable? ¿Qué valor le das a dormir, hacer ejercicio, la nutrición y el afecto?

....

¿Qué relación crees que hay entre una imagen corporal saludable y un comportamiento sexual sano y responsable? ¿Notas esta relación en tu vida como adulto?

....

¿Qué hábitos consideraste importantes mientras crecías? ¿De qué forma estos hábitos influyeron en tu vida adulta?

....

Aplica tus respuestas. Después de contestar estas preguntas, puede ser que te sientas más cómodo con los temas para abordarlos con tu hijo; o tal vez te hayas dado cuenta de que hay temas de los que te será difícil hablar. Muchos tenemos imágenes mentales desde la infancia que aún están en nuestra memoria. Responder estas preguntas es el primer paso para descubrir lo que nos hace sentir ansiosos sobre nuestro cuerpo y sexualidad, y para remplazar los mensajes dañinos que cargamos y sustituirlos por aquellos que nos fortalezcan. Esto nos ayudará en la educación sexual de nuestros hijos.

El desarrollo físico de tu hijo

El desarrollo físico de los niños comienza cuando nacen, y conforme crecen ganan conocimiento acerca de su sexualidad, aunque, por supuesto, no son sexuales en el sentido adulto de la palabra. Descubrir su cuerpo, preguntar acerca del género y revelar su desnudez son comportamientos naturales y normales en los niños. Si entiendes las etapas de conciencia y comportamiento de tu hijo, podrás adelantarte a sus necesidades.

El desarrollo físico de tu hijo

La conciencia y el comportamiento sexual se desarrollan lentamente al inicio; sin embargo, con el paso del tiempo, los cambios serán más notables conforme tu hijo desarrolle su identidad y sexualidad. Estar preparado para este proceso te ayudará a saber cómo educarlo en cada etapa.

0-2 años. Tu hijo tocará sus genitales, tal vez se autoestimulará. Esto ocurre incluso en bebés de 3 a 5 meses. ¿Por qué lo hacen? Simple, porque se siente bien y es relajante. Este tipo de exploración es natural.

2-5 años. Cuando tu hijo tenga 2 años, ya habrá notado que los hombres y las mujeres son distintos, aun si no es capaz de entender por completo cuáles son las diferencias. A los 3 años, ya habrá desarrollado una identidad de género clara. A muchos niños de esta edad les gusta estar desnudos, lo cual es natural. Probablemente tu hijo aún disfrute tocar sus genitales, aunque puede que reserve esta conducta para cuando esté en casa. También las preguntas acerca del cuerpo y del sexo se vuelven comunes.

6-9 años. En esta etapa, se desarrolla la comprensión del niño que incluya la mecánica básica del sexo. Los besos y otras conductas que ven en las películas o en la vida real lo apenan, pero le provocan curiosidad. Tu hijo comenzará a sentir curiosidad por el cuerpo del sexo opuesto y puede que juegue a "yo te enseño el mío, tú me enseñas el tuyo". Tal conducta es sana, siempre y cuando no haya contacto físico entre los niños o exista un comportamiento inapropiado, ya que esto podría ser una señal de abuso.

10-12 años. En esta etapa, tu hijo se puede sentir avergonzado o ansioso por culpa de su cuerpo. Los preadolescentes entran a una etapa en la que pueden entender con más detalle la mecánica y las implicaciones emocionales del sexo, lo cual, a la mayoría, los lleva a experimentar curiosidad y miedo. En estos años también comenzará su interés por el sexo opuesto, incluso puede que llegue a tener su primera relación romántica. Hablar con él abiertamente de los cambios que experimenta y de sus sentimientos e inseguridades, puede ayudarlo a sentirse más cómodo.

12-19 años. En este periodo se convertirá en un adolescente y por tanto ocurrirá su despertar sexual. En estos años, los hijos suelen sentirse atraídos por cosas de índole sexual, que como la autoestimulación es común y saludable. El interés en las relaciones románticas aumentará e incluso éstas podrán tornarse sexuales, lo que implica que tu hijo necesitaría aprender acerca de las Enfermedades de Trasmisión Sexual (ETS), los anticonceptivos y la responsabilidad emocional que acompaña a sus necesidades físicas.

QUÉ DECIR...
SI TU HIJO SE SIENTE INCÓMODO CON LOS CAMBIOS EN SU CUERPO

Es común que tu hijo se sienta incómodo o inseguro cuando su cuerpo cambia durante la pubertad o antes. Si crees que se siente ansioso o inseguro con su cuerpo, apóyalo. Ten una conversación abierta acerca de estos cambios.

Inicio de la conversación: "Tal vez te sientas un poco inseguro por los cambios que tu cuerpo ha tenido últimamente. Yo comencé a sentirme así cuando tenía 8 años".

Permite que tu hijo se tome su tiempo para responder, entonces prosigue.

Continuación: "Sentía que vivía en el cuerpo de alguien más, pero luego de unos meses, me empecé a acostumbrar a los cambios internos y externos que estaban ocurriéndome".

Si tu hijo sigue ansioso, ten una conversación de seguimiento.

Inicio de conversación: "Sé que puede parecer que tú eres el único que se siente así, pero te aseguro que todo el mundo se siente inseguro con su cuerpo. Tal vez muchos compañeros de tu salón de clase estén en la misma situación".

Una vez que hayas calmado estos sentimientos, asegúrate de que tu hijo sepa que siempre estarás ahí para dialogar.

Continuación: "Espero que sepas que siempre puedes venir a platicar conmigo. Sé lo que es tener dudas e inseguridades y estoy aquí para responder a todas tus preguntas".

Cómo enseñar acerca del cuerpo

Es buena idea hablar con tu hijo de su cuerpo a una edad temprana. Para hacerlo utiliza un lenguaje adecuado y relájate, ya que de esta forma fomentarás una imagen sana del cuerpo. Dar la información adecuada según su edad y mantenerte en sintonía con la curiosidad de tu hijo hará que cultive un respeto saludable en relación con su cuerpo.

Usa un lenguaje adecuado

Desde su infancia, es importante emplear los términos adecuados para designar las partes del cuerpo. Esto incluye los términos precisos para los genitales: "vulva" para el caso de las mujeres (en cuestiones médicas, "vagina" se refiere sólo al canal vaginal, no a toda la anatomía genital femenina). Los términos correctos para los genitales masculinos son "pene" y "testículos".

Mientras le explicas a tu hijo estos términos, es importante que tomes en cuenta las palabras comunes que los niños de su edad usan. Por ejemplo, cuando hablen acerca de la vulva, menciona que hay personas que le llaman vagina y que cuando los niños utilizan esta palabra puede que se refieran a los genitales femeninos en general. Explícale que utilizar equivocadamente este término es común y que no es necesario corregir a sus amigos que lo utilizan; sin embargo, lo que debe quedarle claro es que el término correcto es "vulva".

Si tú no utilizas los términos apropiados al hablar de tu cuerpo, es probable que a tu hijo le tome tiempo sentirse cómodo al usarlos. No obstante, es importante que uses los nombres adecuados, pues ocupar sobrenombres bonitos para designar los genitales, le trasmite a tu hijo el mensaje de que son vergonzosos, tontos o incómodos. Así como tu hijo tiene una nariz, un codo y un hombro, tiene un pene o una vulva. Emplear un lenguaje adecuado desde el inicio también ayudará para que tu hijo no sienta vergüenza o incomodidad cuando se habla de genitales.

Usar el lenguaje adecuado también generará la confianza suficiente para discutir sus intereses relacionados con la salud a lo largo de su vida

>>> TU HIJO ESTÁ LISTO PARA HABLAR DE LOS GENITALES CUANDO...

A partir de los dos años es un buen momento para comenzar a hablar del tema de los genitales con tu hijo, sin embargo, esto puede depender de su grado de madurez. Esta conversación muy probablemente será la primera de las muchas que tendrás, ya que a los niños les toma tiempo entender por completo y retener la información. Algunas señales de que tu hijo está listo son:

• Explora sus genitales de manera semirregular.
• Hace preguntas acerca de su cuerpo.
• Expresa curiosidad sobre el cuerpo de otras personas,

incluso con el médico. El uso de la terminología correcta puede ayudar a tu hijo a protegerse de los contactos sexuales inapropiados, ya que será capaz de entender cómo funciona su cuerpo y será poco probable que sienta vergüenza o confusión al momento de hablar de él.

Cómo hablar de las funciones corporales

También entre adultos, hablar de las funciones del cuerpo provoca risa o pena. Esto ocurre porque a veces el cuerpo puede actuar de maneras extrañas, embarazosas o impredecibles, pero es importante que vayas más allá de estas reacciones y te tomes el tiempo para desmitificar el tema para tu hijo.

Si no lo haces, tal vez termine sintiéndose avergonzado, apenado, o incluso podría ser incapaz de expresarte sus preocupaciones, en particular aquéllas relacionadas con el dolor genital. Por ejemplo, muchas niñas tienden a tener infecciones en los tractos urinarios, las cuales a veces son provocadas por el uso de ciertos jabones de baño. Si tu hija no se siente cómoda al explicarte que siente dolor al orinar, su salud podría estar en riesgo. Por eso es importante que tu hijo entienda y se sienta a gusto con todas las funciones de su cuerpo, así cuando algo esté mal, tendrá la confianza de decírtelo.

Tú puedes ayudar a fomentar esa comodidad y seguridad, al no reaccionar exageradamente cuando hablen de las funciones del cuerpo. Por ejemplo, muchos padres muestran desagrado o padecen náuseas cuando cambian pañales o ayudan a sus hijos a ir al baño. Pero, al mostrar esta actitud ¡le

están enviando a su pequeño el mensaje de que las funciones corporales son desagradables!

Evita los mensajes negativos, utiliza frases como "¡qué evacuación intestinal tan saludable!", cuando cambies los pañales o lo ayudes a limpiarse. Esto le enseñará que las funciones de su cuerpo son naturales y saludables, y le ayudará a sentirse más seguro.

Cómo darle la información adecuada según su edad

Conforme tu hijo crezca, las preguntas acerca de su cuerpo también lo harán y pronto querrá saber más que el nombre de partes físicas. Puede que comience preguntando, "¿por qué tengo bultitos en la lengua?", o algo más difícil de contestar como, "¿por qué mi pene a veces se pone duro?".

Si te detienes a reflexionar y contestas estas preguntas de una forma adecuada para su edad, tu hijo dejará, en gran medida, de sentirse intimidado. Darle la información apropiada de acuerdo con su edad, simplemente significa ajustar la información a su grado de madurez al abordar los temas relacionados con el cuerpo. La mejor manera para determinar el tipo de información que puede manejar es pensar con detenimiento las preguntas que te plantea. Si la pregunta es estrictamente física, como las mencionadas, puedes darle sólo esa respuesta, por ejemplo: "tu pene se pone duro cuando hay un cambio en la circulación de la sangre". Si tu hijo aún siente curiosidad o la pregunta va más allá de lo anatómico, puedes darle pequeños fragmentos de información que sólo respondan preguntas específicas.

"Darle la información apropiada de acuerdo con su edad, simplemente significa ajustar la información a su grado de madurez".

MOMENTOS DE ENSEÑANZA
CÓMO HABLAR DE LOS GENITALES

Desde edad temprana, busca el momento adecuado para hablar de este tema. Puedes empezar por enseñarle los nombres correctos de los genitales, incluso antes de que tu hijo aprenda a hablar. Estas pláticas deben continuar conforme el niño crezca y comience a despertar su curiosidad. Es importante escoger siempre momentos íntimos y relajantes en los que ambos se sientan a gusto:

• **Al hacer el cambio de pañal.** Este es un buen momento para comenzar una conversación acerca de sus partes privadas. Si tu hija, por ejemplo, comienza a jugar con sus genitales cuando le quitas el pañal, puedes pronunciar frases como "esa es tu vulva". Esto le permitirá familiarizarse con el lenguaje anatómico correcto conforme crezca.

• **Al bañarse.** Puedes aprovechar la hora del baño para tener una conversación de seguimiento con tu hijo, ya que en ese momento se sentirá relajado y estará viendo su cuerpo, tal vez, incluso, tendrá preguntas o pensamientos acerca de lo que ve. Comienza hablando de las extremidades y las partes del cuerpo y pregúntale el nombre correcto para cada una. A partir de aquí, la transición para hablar del tema es ésta. Señala sus genitales y pregúntale: "¿sabes cómo se llama?, es tu pene, los niños tienen pene y las niñas vagina, esto es lo que hace que los niños y las niñas sean diferentes".

• **Durante el juego.** Conforme tu hijo crezca, puede que comience a tocar con frecuencia sus partes, a veces lo hará en lugares públicos como la escuela o mientras juega con sus amigos. Esto es un método natural para tranquilizarse, pero para evitar que tú o él se sientan apenados, es mejor explicarle que los genitales son partes privadas. En ese momento o después, aléjalo del lugar y dile algo amable como: "se siente bien tocar tus partes privadas ¿no es así? Ya sabemos que es normal, pero recuerda que son privadas y por eso es mejor tocarlas en privado".

Inicio de conversación 1: "Nombremos las partes de tu cuerpo: esta es tu nariz. Este es tu codo. Este es tu tobillo. Esta es tu rodilla. Esta es tu vulva. ¿Sabes cómo se llaman todas estas partes?".

Inicio de conversación 2: "Tus genitales son una parte especial y única de tu cuerpo. ¿Sabes en dónde están? ¿Tienes alguna pregunta o duda acerca de ellos?".

APRENDIENDO SOBRE LAS PARTES DEL CUERPO

Aprendamos juntos

Enseñarle a tu hijo acerca de su cuerpo lo impulsará a respetarlo y cuidarlo. Cuando el niño tenga entre 4 y 6 años será el momento de abordar el tema. Los niños y las niñas deben aprender los nombres correctos y las funciones de las partes del cuerpo de ambos géneros, así no sentirán vergüenza de ninguno de los dos. Si quieres, después de platicar, puedes hacer que dibuje su cuerpo o partes de él para asegurarte de que se siente cómodo usando los términos que definen cada parte y que las recuerda bien sin sentirse instigado.

DESPUÉS DE ESTA LECCIÓN TÚ HIJO PROBABLEMENTE...

- Se siente cómodo, seguro y relajado con su cuerpo.
- Encuentra más sencillo hablarte acerca de dolores en el área genital.
- Recuerda que sus genitales son algo privado y sólo él debe tocarlos y cuidarlos.
- Se protege de los abusadores sexuales que atacan a los niños y que no sienten el control de sus cuerpos.
- Entiende la responsabilidad de cuidar su cuerpo.
- Desarrollará una imagen corporal saludable en su camino a la adolescencia.

---

1   ¿CUÁLES SON LAS PARTES DEL CUERPO?

Pídele a tu hijo que toque y mencione todas las partes del cuerpo que conoce. Debe comenzar por las partes no privadas, ya que hablar primero de éstas hará que ambos se sientan más cómodos y relajados antes de pasar a las privadas. Si tiene problemas para iniciar, puedes ayudarle señalando partes específicas y preguntándole sus nombres.

2   ¿QUEDAN PARTES QUE NO HEMOS NOMBRADO?

Cuando haya nombrado todas las partes del cuerpo, pregúntale si quedan partes por nombrar. Dale tiempo para contestar, entonces dile: "el resto de las partes del cuerpo son privadas, ya que no las miras o no las tocas en público. También debes recordar que los niños y las niñas tienen partes privadas diferentes". Puede que en ese momento tu hijo se ría, es lo normal y de hecho, lo esperado. Déjale saber que los adultos a veces también se ríen cuando hablan de sus partes privadas, pero que estas partes del cuerpo son únicas y especiales, y es algo que debe ser hablado y entendido.

3   ¿CUÁLES SON LAS PARTES PRIVADAS?

Muéstrale a tu hijo un diagrama en el que estén señalados los genitales. Describe cada parte con los nombres correctos y explícale cómo funcionan. Señala el pene y los testículos, y explícale que es ahí en donde se originan los espermas. Dile que esta es una de las características que diferencia el cuerpo del hombre del de la mujer. Repítele que estas partes son especiales y privadas. Finalmente pregúntale si tiene dudas acerca de su cuerpo o sobre cómo funciona.

4   ¿CUÁLES SON LAS OTRAS PARTES SEXUALES PRIVADAS?

Enséñale a tu hijo un diagrama del cuerpo femenino. Atiende cada parte a detalle y dile que éstas son privadas y especiales. Explícale que el cuerpo femenino tiene senos y curvas para permitir el nacimiento y cuidado de los bebés. Háblale de la vulva y déjale saber que esta parte especial del cuerpo de la mujer alberga la abertura vaginal, que es por donde salen los bebés. Una vez que hayas terminado, vuelve a mostrarle los diagramas y pídele que te indique las diferentes partes y genitales de los cuerpos, tanto femenino como masculino. Si tu hijo parece tímido, puedes ayudarle como lo hiciste al inicio, señala las distintas partes del cuerpo y pregunta sus nombres.

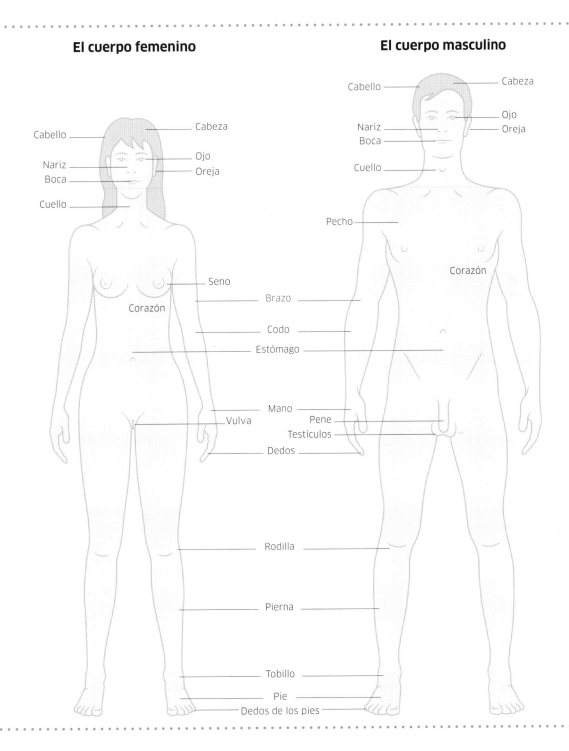

El cuerpo femenino

El cuerpo masculino

Cabello — Cabeza
Ojo
Oreja
Nariz —
Boca —
Cuello —

Cabeza
Cabello —
Ojo
Nariz —
Boca —
Oreja
Cuello —

Pecho —

Seno
Brazo
Corazón
Codo
Estómago

Corazón

Mano
Vulva
Pene
Testículos
Dedos

Rodilla

Pierna

Tobillo
Pie
Dedos de los pies

Aprendamos juntos

Cómo explicar las diferencias de género

El género es uno de los primeros temas "sexuales" que despertarán la curiosidad de tu hijo. La sociedad suele marcar estrictas diferencias de género, pero si le das lecciones más flexibles acerca de esto, es probable que desarrolle una personalidad única y se convierta en un adulto seguro de sí mismo y tolerante.

Los primeros patrones de conducta de género

Alrededor de los 3 o 4 años, tu hijo comenzará a notar los patrones de conducta de cada género y empezará a jugar con los roles. Cuando el niño desee desempeñar correctamente su rol de género para ganar tu aprobación, surgirá en él un fuerte gusto o desagrado por ciertos juguetes y actividades. Por supuesto, tu pequeño no piensa en esto de manera consciente, pero lo nota, por ejemplo: sabe que a su papá le gusta el futbol y a su mamá cocinar; entonces intenta imitar los comportamientos "correctos" para adaptarse al molde de la familia.

Ten roles de género abiertos, tal vez papá pueda ayudar en la cocina y mamá mostrar interés en los deportes. Este ambiente le ayudará a tu hijo a sentir menos estrés y ansiedad en relación con su propio comportamiento de género, y contribuirá a fomentar los verdaderos rasgos de su personalidad y el surgimiento de sus propios intereses.

Para entender los patrones de género

Los patrones de género y estereotipos comienzan a una edad temprana. Conforme leas acerca del tema puede que pienses: "pero mi novia y yo sí disfrutamos ir de compras juntos y hablar por teléfono" o "en verdad no me gusta hablar de mis sentimientos". Pero considera que una de las razones por la que te identificas con algunas de las conductas específicas de tu género es porque las aprendiste muy joven, en otras palabras, éstas eran los tipos de comportamiento que se supone debías disfrutar. Como mujer probablemente le ayudaste a tu mamá en la cocina o la acompañaste a hacer las compras, ahora, décadas después, tal vez aún ames cocinar, hornear y comprar porque esas actividades te acercaron a tu madre en un determinado momento de tu vida. Tú sólo estabas desempeñando el rol "adecuado" a tu género, por medio del cual pudiste ganar confianza y autoestima.

A las niñas les pueden gustar los deportes o los autos; y los niños pueden preferir cocinar o jugar a la casita. Aunque actualmente muchos padres aceptan el hecho de que las conductas específicas para cada género no son genéticas o naturales, en general todavía se cría a los hijos con base en la simple definición de género. Si puedes desechar esta conducta y sustituirla por un entendimiento más fluido del género, tu hijo será un individuo más abierto y seguro de sí mismo; también se sentirá libre para explorar su personalidad e identidad, en lugar de mantenerse apegado a una serie de reglas estrictas.

Cómo fomentar la exploración de género

Los padres promueven los roles de género tradicionales porque es sencillo. En los centros comerciales se pueden encontrar muñecas y ropa color rosa para las niñas, pero casi no hay prendas decoradas con temas deportivos o regalos interactivos. Lo mismo ocurre para los varones. También promovemos estos roles porque queremos que nuestros hijos sean aceptados, tengan vidas sociales activas y muchos amigos. Si somos realistas, sabemos que no vivimos en una sociedad que acepta tan fácilmente a un niño al que le gusta hornear o coser, prefiere a uno al que le gustan los videojuegos y andar en patineta. Debido a esto, guiamos las actividades de nuestros hijos hacia las típicas de su género para que se sientan aceptados.

La confianza que obtiene al ser parte de un hogar abierto que acepta a las personas como son, puede durar más y ser más sólida que la que viene de la aceptación de los compañeros. Darle a tu hijo la seguridad para construir su propia identidad y perseguir sus sueños, a pesar de los anticuados patrones de género, es un regalo para toda la vida. Hoy día es cada vez más común que los niños crezcan en hogares que fomentan parámetros de género menos estrictos, lo que significa que es más probable que tu hijo tenga amigos de familias abiertas. La estructura que se aleja del esquema tradicional no amenaza la felicidad social, como antes ocurría.

Así que, la próxima vez que tu hijo quiera jugar con las muñecas de su hermana, y tu hija futbol, no exageres tu reacción. Si te mantienes relajado, él se sentirá más cómodo para actuar de la manera que le parezca más natural. Su conducta, tal vez, puede o no cambiar con el tiempo, sin embargo, es importante que te des cuenta de que no debes controlar cómo decide expresar su género, la forma más amorosa de mostrarte comprensivo y útil es apoyarlo en la búsqueda de sus propios intereses.

Cómo enfrentar la confusión de género

La mayoría de los experimentos relacionados con el género son completamente inofensivos, existen ciertas señales que indican que tu hijo puede estar confundido. Por ejemplo: si tu hija insiste en que pertenece al género opuesto y te pide que la trates de tal manera, esta puede ser la señal de

SEXPLICACIÓN
¿CUÁLES SON LAS CONDUCTAS?

Los "patrones de conducta de género" se utilizan para definir la conducta dictada por los roles de género, en otras palabras, cuando una niña o un niño sigue un patrón de conducta de género, determina sus acciones y palabras a partir de lo que la sociedad le dice que los niños deben hacer. Algunos patrones comunes de conducta de género son:

- Las niñas no son buenas en matemáticas o ciencias.
- Los niños son buenos en los deportes.
- Las niñas son buenas escuchando.
- Los niños no lloran.
- Las niñas son sentimentales.
- A los niños no les gusta hablar sobre sus sentimientos.
- A las niñas les gusta comprar y hablar por teléfono.
- A los niños les gustan los videojuegos y las peleas.
- A las niñas les gusta maquillarse y probarse ropa.

que existe una confusión muy seria. Bajo estas circunstancias, tu hijo puede alejarse de los ambientes sociales, experimentar ansiedad y dificultades para hacer amigos. Si crees que tiene conflictos, busca la ayuda de un psicólogo infantil, de ser posible que sea un especialista en conflictos de género.

No en todos los casos el rechazo del género es un indicador de problemas más profundos. A veces los niños lo hacen como una manera de lidiar con la ansiedad generada por su desarrollo sexual. Si a tu hija preadolescente la molestan en la escuela por causa de sus senos en desarrollo, o si tu hijo siente que no es bueno para los deportes, es posible que estos problemas los lleven a identificarse con el género opuesto. Sólo un diagnóstico riguroso puede identificar la verdadera causa de sus conflictos. Mientras tanto, no hacer juicios es la mejor herramienta que tienes para ayudar a tu hijo a sentirse cómodo en la exploración de su identidad de género o identidad sexual.

Cómo hablar acerca del cuerpo del sexo opuesto

El sexo opuesto suele ser un misterio para nosotros, incluso durante la infancia. Más o menos al mismo tiempo que los niños empiezan a distinguir los roles de género, también comienzan a hacer preguntas como: "mami, ¿por qué los niños tienen pene?" o "¿por qué las niñas tienen senos y los niños no?". Estas preguntas pueden ser incómodas y alarmantes la primera vez que se presentan, pero recuerda que no reflejan ningún interés sexual. Los niños quieren conocer la anatomía del sexo opuesto no sólo para satisfacer su curiosidad, sino también para conocer el suyo.

Al desmitificar la anatomía del sexo opuesto a una edad temprana, puedes mantener a tu hijo informado, remover la necesidad de explorar de otras maneras ("yo te enseño el mío y tú me enseñas el tuyo") y contribuir para que tu hogar se convierta en un ambiente abierto para el desarrollo.

Define y explica la anatomía femenina y masculina de la forma más precisa que puedas, usa los cuadros y las definiciones de las páginas 24 y 25. Es una buena idea mostrarle a tu hijo los diagramas de ambos sexos, así estarás normalizando la importancia de comprender la anatomía sexual de ambos sexos. Recuerda que los genitales del sexo opuesto no tienen el mismo impacto en tu hijo de 3 años que en un adulto. Al enseñarle estas ilustraciones, simplemente satisfaces su curiosidad por la anatomía y te aseguras de que comprenda que los niños y las niñas son físicamente distintos.

Los roles de género en las primeras amistades

Las primeras interacciones sociales de tu hijo no sólo le enseñarán a compartir, comunicarse y a desarrollar una conducta social adecuada; también aprenderá invaluables lecciones sobre la conducta de género. Muchos niños disfrutan jugar con sus amigos del sexo opuesto, a veces hasta la adolescencia o hasta los 8 o 9 años, cuando comienzan a sentirse atraídos por primera vez hacia alguien más. Estas amistades pueden ser fundamentales para la manera en que tu hijo se relacione con el sexo opuesto en su vida futura. Los niños que establecen

"Los niños quieren conocer la anatomía del sexo opuesto no sólo para satisfacer su curiosidad, sino también para conocer el suyo".

amistades con el sexo opuesto a una edad temprana tienden a interactuar con mayor facilidad con el género opuesto cuando son adultos, y aprenden a aceptar un mayor rango de comportamientos.

Tu hijo aprenderá mucho de sus amigos del mismo género, cómo debe comportarse y cómo no. De hecho, algunas de las lecciones más influyentes sobre los roles de género pueden venir de sus primeras amistades, por ejemplo, si a sus amigos les gusta explorar las conductas de género, ya sea que estas conductas se consideren "sólo de niñas" o "sólo de niños", tu hijo adquirirá con ello un entendimiento del género más fluido y auténtico. En cambio, si tu hija tiene amigos que vienen de hogares conservadores, podría sentir desagrado por las cosas masculinas, como a sus amigas les enseñaron. Pon atención a la conducta de tu hija y a sus conversaciones cuando esté con sus amigos, si tu hija tiene un amigo que refuerza los estereotipos de género o la molesta por tener una amplia gama de intereses, encuentra un momento adecuado para tener una conversación con ella y refuerza sus valores familiares acerca del género. **Puedes decirle:** "Escuché a [el nombre de su amigo] decirte que a las niñas les gustan las muñecas y no los deportes. ¿Tú sabes que eso no siempre es cierto? A las niñas les pueden gustar ambas cosas y a los niños también. Todos tienen distintas preferencias que les parecen divertidas. Por eso es importante hacer nuevos amigos e intentar nuevas actividades".

¿CÓMO CONTESTAR SUS PREGUNTAS ACERCA DEL GÉNERO?

Algunas de las primeras preguntas que te hará tu hijo estarán relacionadas con el género. Recuerda que tu objetivo siempre debe ser darle la información adecuada para su edad a través de respuestas honestas que no expongan muchos detalles específicos.

P. ¿Por qué los niños y las niñas son diferentes?
R. Porque físicamente poseen diferentes partes. Los niños tienen pene y testículos; las niñas, vulva y senos. Pero también ambos pueden compartir muchas cosas en común, así que puedes tener amigos niños o amigas niñas y ¡divertirte igual con los dos!

P. ¿Por qué las niñas tienen senos?
R. Las mujeres tienen senos porque con ellos alimentan a los bebés.

P. ¿Los niños son más fuertes que las niñas?
R. Los niños y las niñas tienen cuerpos diferentes, a veces los niños son más fuertes, pero las niñas pueden jugar lo mismo que ellos. Ambos pueden correr, atrapar pelotas y practicar cualquier deporte.

P. ¿Las niñas son más inteligentes que los niños?
R. Cualquiera puede aprender lo que desee si se esfuerza, no importa si es niño o niña. Ambos tienen la misma capacidad de aprender.

P. ¿Por qué las niñas usan vestidos y los niños pantalones?
R. Algunas niñas usan vestido porque se ven más lindas, pero también usan pantalones. En la mayoría de los países, los niños, por lo general, utilizan pantalones, sin embargo, en Escocia o Sudáfrica, no los usan, pero sí una falda corta, porque es el código de vestimenta normal en su sociedad.

APRENDIENDO ACERCA DE LAS DIFERENCIAS DE GÉNERO

Hablar de las diferencias entre los órganos reproductores de los niños y las niñas a una edad temprana, ayuda a evitar posibles malos entendidos. Planea una primera plática para cuando tu hijo tenga entre 5 y 7 años, y elabora otra para años posteriores. Utiliza los siguientes diagramas para ilustrar los genitales, pero no olvides explicarle que éstos sólo son representaciones abstractas; y que si así lo quiere, puede examinar sus propios genitales para entender cómo se ven y saber cómo funcionan en su propio cuerpo.

Anatomía masculina

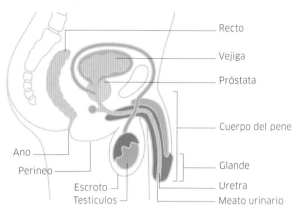

Recto
Vejiga
Próstata
Cuerpo del pene
Glande
Uretra
Meato urinario
Ano
Perineo
Escroto
Testículos

1 ¿CUÁLES SON LAS PARTES DE LOS GENITALES MASCULINOS?

Pregunta a tu hijo los nombres de los genitales. Si necesita ayuda, señala los testículos y menciónale que se encuentran en una bolsa llamada escroto. Cuando los niños llegan a la pubertad, los testículos comienzan a producir espermas, los cuales sirven para fertilizar los óvulos de la mujer y así se forma un bebé. El pene es por donde pasa el esperma y la orina.

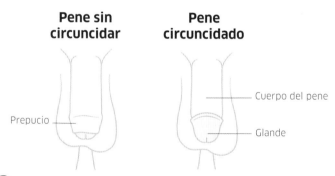

Pene sin circuncidar

Pene circuncidado

Cuerpo del pene
Glande
Prepucio

2 ¿QUÉ ES LA CIRCUNCISIÓN?

El pene en su estado natural tiene prepucio, una manga de piel que cuelga sobre la cabeza; éste puede ser removido por medio de la circuncisión. Los varones nacen con prepucio, pero algunos de ellos son circuncidados, por lo general cuando aún son bebés. Este proceso no tien e impacto en la manera en la que un hombre realiza sus funciones.

DESPUÉS DE ESTA LECCIÓN TU HIJO PROBABLEMENTE...

- Aprenda por qué los genitales de los niños y las niñas son distintos.
- Sea capaz de identificar las partes de los genitales de ambos sexos.
- Se sienta más a gusto al hablar contigo de los órganos reproductores.
- Sea más consciente de cómo funciona su cuerpo y se sienta con más control sobre él.
- No se confunda con la información errónea que sus amigos o compañeros le dan.

Anatomía femenina externa

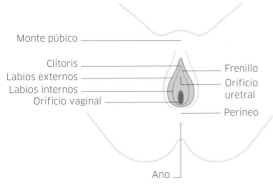

Monte púbico

Clítoris
Labios externos
Labios internos
Orificio vaginal

Frenillo
Orificio uretral

Perineo

Ano

Anatomía femenina interna

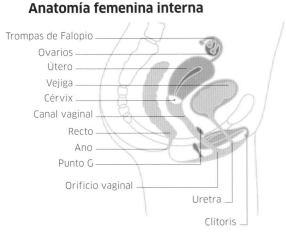

Trompas de Falopio
Ovarios
Útero
Vejiga
Cérvix
Canal vaginal
Recto
Ano
Punto G

Orificio vaginal

Uretra

Clítoris

Anatomía de los senos

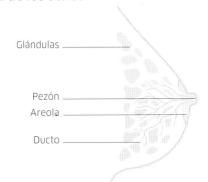

Glándulas

Pezón
Areola

Ducto

3 ¿QUÉ PARTES DE LOS GENITALES FEMENINOS PUEDES VER?

Enséñale a tu hijo a identificar los labios externos, los labios internos, el clítoris, la vagina y el orificio uretral. Explícale que el clítoris es un bulto lleno de terminaciones nerviosas y se ubica en la parte superior de los labios internos. También aclárale que la mujer tiene tres "orificios": la uretra, por donde sale la orina; la vagina, por donde sale la menstruación y los bebés; y el ano, a través del cual expulsa sus heces fecales.

4 ¿QUÉ PARTES DE LOS GENITALES FEMENINOS NO PUEDES VER?

Señala los ovarios y dile que las mujeres tienen dos, uno de cada lado; éstos contienen millones de óvulos. Explícale que al empezar la pubertad, un óvulo viaja a través de las trompas de Falopio cada mes. Muéstrale en dónde se encuentra el útero y menciona que ahí es donde crecen los bebés. No olvides hablarle del cérvix, que es la entrada al útero; y del canal vaginal que conduce hacia éste último. Cuando tu hija sea mayor, podrás abordar el tema del punto G, un punto de placer que reacciona cuando se estimula, por ejemplo, el clítoris.

5 ¿PARA QUÉ SON LOS SENOS?

Pregúntale a tu hijo por qué las mujeres tienen senos y los hombres no. Si necesita ayuda, menciona que sirven para alimentar a los bebés. Señala las glándulas y explica que éstas se desarrollarán eventualmente conforme crezca. Cada glándula tiene un ducto al final donde la leche se almacena, éstos se localizan en las áreas oscuras de los pezones, llamadas areolas. Cuando un bebé succiona el pezón, la leche sale. Los senos también contienen tejido adiposo, lo que les da forma y soporte. Después de hablar de sexo con tu hijo a una edad más avanzada, explícale que los pezones, tanto en hombres como en mujeres, poseen cientos de terminaciones nerviosas, esto es importante porque entonces tienen la posibilidad de experimentar placer con su estimulación.

Aprendamos juntos

Cómo hablar de los tocamientos inapropiados

Explicar las diferencias entre los buenos y los malos tocamientos es uno de los aspectos más importantes dentro de la educación sexual. Esta información le servirá a tu hijo para cuidar su cuerpo y protegerse del abuso sexual. Si desde el inicio platicas con él de manera abierta, se sentirá más seguro para hablar contigo de sus preocupaciones a cualquier edad.

¿Cómo mantener abiertas las líneas de comunicación?

Hablar de los tocamientos inapropiados debe ser una conversación continua. Esto significa que no debes sentir la necesidad de darle esta gran plática en una sola discusión, ya que es muy importante que tu hijo reciba esta información de manera consistente y confiable. Cuando los padres no le dan a los niños la información correcta acerca de los buenos y los malos tocamientos, los agresores pueden manipular su ignorancia y llenarlos de mentiras como: "tú lo buscaste, es tu culpa" o "si le dices a alguien, te meterás en problemas".

Otro beneficio de darle a tu hijo pequeños bloques de información constante, es que puedes mantenerlo informado sin asustarlo o hacerlo desconfiar de los demás. A partir de los 2 o 3 años, cuando tu hijo sea capaz de entender de manera general el tema, explícale que sus genitales son partes privadas. Pon énfasis en que nadie tiene permitido tocarlos, salvo él, sus padres, el médico y las cuidadoras cuando lo estén ayudando en el baño. Resalta que si en algún momento se siente incómodo con la forma en que un adulto lo toca, debe decírtelo inmediatamente.

Una vez que hayas dejado en claro que las partes privadas no deben ser tocadas por nadie, puedes iniciar la siguiente conversación: "si alguien te toca de forma que te asuste o te haga sentir triste, siempre puedes decírmelo. Yo nunca me enojaré contigo si me cuentas que alguien te toca o te lastima". Después contesta sus preguntas o trata de aclarar cualquier preocupación que tu hijo pueda tener, una vez que lo hayas hecho, cambia el tema por uno más liviano.

Después de unos meses tienes la opción de decirle: "¿recuerdas que te dije que estas son tus partes privadas y nadie más que tú las debe tocar? No olvides que si alguien lo hace, puedes decirme, yo siempre te escucharé y nunca me voy a enojar contigo". Esta conversación ayudará a reforzar el mensaje en tu hijo.

Aunque suele ser una conversación difícil, vale la pena reforzarla con cierta frecuencia. Además, tu hijo procesará y entenderá la información de forma distinta a diferentes edades. Al enfatizar este mensaje durante su infancia, el niño será capaz de entenderlo en niveles más profundos y esto lo protegerá mejor.

Tocamientos inapropiados entre amigos

Es una buena idea explicarle a tu hijo que las reglas anteriores también se aplican cuando juega. Aunque muchos juegos son sólo el reflejo inevitable de la curiosidad de los niños, algunos pueden llegar a ser víctimas sexuales de sus amigos, quienes pueden estar reproduciendo los abusos físicos sufridos en su casa o el tipo de vida que llevan. Por eso es importante enfatizarle a tu hijo que incluso sus amigos tienen prohibido tocar sus partes privadas, y que, de la misma manera, él tampoco debe tocarlos bajo ninguna circunstancia.

Para iniciar esta conversación, tú puedes decirle: "Me pareció haber visto que tú y [el nombre de su amigo] jugaban al doctor hace un rato. ¿Es interesante aprender del cuerpo, verdad? Sin embargo, recuerda que nadie debe tocar sus partes privadas, esto quiere decir que nunca debes tocar los genitales de tu amigo, ni él los tuyos".

Tocamientos inapropiados de tipo no sexual

Tal vez tu hijo se queja de que su compañero no deja de abrazarlo o tu hija se siente frustrada porque su hermana no para de empujarla. En estos casos es importante dejarle en claro que cualquier tipo de contacto indeseable es innecesario, inapropiado y debe detenerse.

Por ejemplo, aconseja a tu hijo: "Dile a tu amigo [o familiar] que no te gusta que te abrace". Mantente a su lado mientras habla y después dirígete al otro niño: "Cuando alguien te dice que no le gusta que lo abracen, toquen o empujen, debes detenerte. Y si alguien te trata de una manera que no te gusta, dile que debe parar. Si no se detiene, cuéntale a algún adulto en quién confíes, él te ayudará".

¿Cómo proteger a tu hijo de los tocamientos inapropiados?

Conforme tu hijo crece, una de las mejores maneras para protegerlo de posibles peligros es mantenerse atento de lo que ocurre a su alrededor y confiar en tu instinto. Sólo siete por ciento de los niños son acosados por extraños, aunque parezca impensable que un amigo de la familia o un familiar pudiera dañarlos, esta es una triste realidad para muchas familias. Mantente alerta, incluso cuando alguien que conoces muy bien esté observando a tu hijo. Mantente alerta de quienes parezcan demasiado interesados en tu hijo, especialmente si es de manera "sensiblera". Los depredadores sexuales suelen usar frases como "rozar", "dar un masaje" o "frotar" para hacerle creer a los niños que son tocamientos inofensivos, así que reitérale frecuentemente a tu hijo que hay partes de su cuerpo que nadie debe tocar y que tú quieres saber de cualquier tocamiento que lo haga sentir incómodo, incluso si es en una parte "aceptable" de su cuerpo. Si tu hijo parece tímido o incómodo cerca de un amigo, no temas hablar con él o alejarlo de la situación.

"Hablar de los tocamientos inapropiados debe ser una conversación continua. Esto significa que no debes sentir la necesidad de darle esta gran plática en una sola discusión".

Violaciones por conocidos

Si a tu hija le has enseñado acerca de los tocamientos inapropiados desde su infancia, significa que estará mejor protegida durante su adolescencia. Aún así, las violaciones por parte de las parejas o los conocidos tienden a ser tristemente comunes. Tan sólo en Estados Unidos, las dos terceras partes de las violaciones son cometidas por alguien que conoce a la víctima, y aun los niños mejor informados no siempre pueden protegerse de estas situaciones peligrosas. Es importante hablar con tu hija acerca de qué es una violación por parte de la pareja antes de que comience a tener citas. Comenta con ella acerca de cómo las violaciones se pueden dar incluso entre personas que están en una relación, y explícale cómo es que incluso si ella quiere besar o abrazar a alguien, es una violación si tiene sexo sin quererlo. Déjale saber que cualquier tocamiento físico no deseado es un asalto sexual, ya sea por un entrenador, su novio o el vecino de a lado.

Las violaciones suelen ocurrirles a las chicas, como también a los chicos. De hecho, más de 2.5 millones de hombres en Estados Unidos fueron víctimas de agresión sexual o violación, lo que significa que la instrucción acerca de tocamientos inapropiados y violación debe ser la misma para ambos sexos. Con estas advertencias verbales, a las y los jóvenes puedes darles el poder de protegerse a sí mismos.

Es una buena idea utilizar también esta conversación para enfatizar la importancia de respetar siempre los límites físicos que señala la pareja. Aunque es estereotipado, este es un tema muy importante que debemos enseñarle a los chicos. Habla con tu hijo acerca del consentimiento, y enfatiza que "no" significa no, sin importar lo bien que se siente o qué tan excitada parece su pareja. Enfatiza que es importante tener el consentimiento de la pareja durante todo el proceso sexual. Esto quiere decir revisar el progreso sexual que tienes con tu pareja, y que ambos quieren seguir avanzando en la misma dirección. Enseñarle a tu hijo a respetar a su pareja, ya sea en el ámbito sexual o incluso romántico, es un regalo que le ayudará a reafirmar que las relaciones sean sanas física y emocionalmente.

▶▶▶ ¿CUÁLES SON LAS SEÑALES DEL CONTACTO SEXUAL INAPROPIADO?

Sin importar qué tan protector seas o qué tanto le enseñes a tu hijo, probablemente en algún momento sospecharás que abusan de tu hijo de alguna manera. Las señales de abuso sexual pueden incluir problemas de conducta, dolor físico y comentarios o acciones sexuales abiertas. La siguiente lista tiene sólo algunas banderas rojas, y no significa que el abuso se ha llevado a cabo.

- Señales emocionales de abuso sexual incluyen depresión, problemas para dormir, coqueteos, alejamientos u otro comportamiento sexual inadecuado o inusual para su edad, secretos, sentimientos de baja autoestima y miedo o ira cuando se queda en un lugar o cerca de alguien.
- Síntomas físicos de abuso incluyen sangrado vaginal o rectal, dolor, picor, hinchazón de los genitales, flujo e infecciones vaginales. Si tu hijo es varón, puede quejarse de dolor genital e irritación, o tocarse compulsivamente los genitales, incluso después de haberle explicado que sólo se hace en privado.

Cómo recuperarse de un tocamiento inapropiado

Si descubres que han abusado de tu hijo, trata de mantener la calma. Ten en mente que gran parte de lo que tu hijo puede recuperarse de esta experiencia depende de cómo se maneje el tema. Lo que puedes hacer por tu hijo es escucharlo. Pues si intentas poner una cara feliz después de tan seria agresión, sólo aumentarás su herida. Pregúntale a tu hija acerca de la situación, enfatiza que no es su culpa y que no estás enojada(o) con ella. Hablar es crucial para el proceso de sanación, y tu hija necesita saber que no hizo nada mal, y que puede acudir a ti cuando se sienta triste, asustada o confundida por lo sucedido.

Después de hablar con tu hija, el primer paso es llevarla a que le practiquen un examen médico físico y una evaluación psiquiátrica. Estos doctores también pueden orientarte acerca de lugares en la comunidad que proveen el apoyo necesario y la guía para estos casos. Conforme comiencen con el proceso de sanación, refuerza constantemente el hecho de que el abuso no fue culpa de tu hija y que muchas personas pasan por la misma situación. Hazle saber que puede hablar contigo cuando lo desee.

Es importante asegurarte de que tu hija no tenga ningún contacto con su agresor, y buscar ayuda legal como parte del proceso de sanación. Estos pasos proactivos concretos le ayudarán a tu hija a tener la sensación de seguridad. Es importante reservar un tiempo para asegurarte de que emocionalmente eres capaz de hacer frente a la situación. Busca asesoramiento y habla con alguien acerca de tus sentimientos. No es egoísta hacerlo, es un regalo para tu hija y para ti. Entender y sanar tu propio trauma emocional te permitirá procesar cualquier sentimiento de enojo y culpa, y te permitirá ser la mejor fuente de compasión y consuelo para tu hija mientras sana de esta fuerte experiencia.

QUÉ DECIR...
SI CREES QUE HAN ABUSADO DE TU HIJO

Puede ser especialmente difícil para un niño pequeño hablar acerca del abuso sexual, pues puede ser que no entienda por completo lo que pasó. Intenta escoger un momento y un lugar en donde el niño se sienta seguro, y en donde acostumbran hablar. Puede ser en el asiento del carro o cuando lo llevas a dormir. Asegúrate de tener su atención y de que nada lo distraiga.

Inicio de conversación: "¿Cómo te has sentido últimamente? ¿Ha habido algún momento en que te sientas asustado o herido? Siempre puedes hablarme acerca de ello".

Dale a tu hijo la oportunidad de responder, entonces comienza a hablarle específicamente de los genitales y de los tocamientos inapropiados.

Seguimiento: "¿Recuerdas que hemos hablado de que tus genitales son partes privadas y que nadie debe tocártelos?".

Después de comenzar con la conversación, espera y escucha a tu hijo. Toma en cuenta si parece incómodo o retraído. Si no responde, puedes utilizar preguntas más directas.

Inicio de conversación: "¿Alguien ha intentado tocar tus partes privadas o te ha pedido que toques las suyas? Recuerda que siempre me interesa si hay algo que te dé miedo y que nunca vas a estar en problemas sin importar lo que me digas".

Si tu hijo reconoce que alguien lo ha tocado de manera inapropiada, lo más importante es reafirmarle que no es su culpa, y darle tiempo para hablar más a fondo de lo ocurrido.

Seguimiento: "Estoy muy contenta de que me dijeras esto, y me siento muy triste por lo que te pasó. No es tu culpa y haremos todo lo posible para que nunca más te vuelva a pasar".

Fomentar una imagen corporal saludable

Una imagen saludable es el fundamento de una sexualidad y un comportamiento sexual sanos. Cuando los niños y las niñas respetan sus cuerpos, también aprecian la importancia de esperar a tener sexo, y de hacer que el sexo sea algo tan especial e importante como sus cuerpos. Una autoestima positiva y la aceptación de su propio cuerpo fomentan en los hijos la abstinencia del sexo casual quizá más que otras herramientas.

La importancia de una imagen corporal saludable

Una imagen saludable del cuerpo es una parte importante de una autoestima sana. Investigaciones han encontrado que el ochenta por ciento de las niñas estadounidenses de 10 años de edad, hacen dieta con el fin de bajar de peso, y que un número abrumador de las jóvenes entre 11 y 17 años sienten insatisfacción con sus cuerpos y que su principal deseo es ser más delgadas. Los estudios indican que el número de chicos que sufren de una autoestima baja ha aumentado, así como los índices de depresión y suicidio entre las personas de su edad.

Aunque no podemos tener el control total sobre la autoestima de nuestros hijos, los padres tenemos una gran responsabilidad de ayudar a nuestros hijos a crear y mantener sus propios sentimientos de valía y orgullo. Es una buena idea instalar estas lecciones de valía a una edad temprana, cuando nuestros pequeños hijos comienzan a entender cómo es que sus cuerpos forman parte de sus vidas, y cuando comienzan a notar que todo el mundo tiene un cuerpo diferente.

Como parte de la conversación, puedes enfatizar que, aunque cada persona es valiosa y cada cuerpo, único y especial, el peso a veces puede ser un problema de salud. Enséñale a tu hijo que tener un cuerpo saludable depende de la altura y complexión, y que ser extremadamente delgado es tan dañino como tener sobrepeso. Esto no debería ser causa de estrés en un niño pequeño. Puedes hacer que sea divertido estar saludable al cocinar una variedad de comidas y fomentar actividades y ejercicios durante el tiempo de recreo.

Cómo poner el ejemplo

No nos damos cuenta de que lo que decimos alrededor de los niños es tan importante como lo que les decimos de manera directa. Por ejemplo, si te ves en un espejo y haces comentarios despectivos o bromas acerca de tu cuerpo, tu hijo absorberá estas emociones negativas y autocrítica. Lo mismo ocurre cuando haces comentarios acerca de las personas a tu alrededor, incluso de las personas en televisión. Esta negatividad se internaliza en el propio guion mental de tu hijo, y pronto se vuelve un punto de partida para ver "gordo" su propio cuerpo, y el cuerpo de las demás personas.

Los problemas corporales son parte natural del proceso de crecer, y tu hijo tendrá que lidiar con ellos en algún momento de su vida aun si tiene padres que se sientan saludables con sus cuerpos y promuevan la aceptación corporal. Tu hijo es como una extensión de ti, ya sea que lo haga de manera consciente o no, así que cuando te criticas o encuentras fallas en tu cuerpo, de hecho estás criticando a esa pequeña versión de tu cuerpo. Enfócate en iniciar un diálogo que

promueva la aceptación del cuerpo y una imagen corporal y una autoestima elevada.

Cuando te des un gusto y cenes una pizza, no te levantes de la mesa quejándote: "No debería haberme comido eso". En vez de eso, pregúntale a tu hija si quiere ir a dar un paseo para hacer un poco de ejercicio, o si desea que prepares una cena saludable la próxima vez. Así, ella entenderá la importancia de una dieta balanceada y del ejercicio sin sentir que hizo algo mal. Los nutriólogos están de acuerdo en que relacionar las culpas con las opciones de comida hacen que los niños sientan que son malos cuando eligen comidas no saludables.

Enséñale a tu hijo a que vea su cuerpo como algo que debe disfrutarse, no juzgarse. Lleva a tus hijos a ejercitarse al gimnasio local o, en sus bicicletas, hagan una carrera por el vecindario. Después déjense caer en el pasto, tras el paseo en bici, recuérdale a tus hijos la lección, diciendo algo como: "Nuestros cuerpos son muy fuertes, ¿verdad? ¿Acaso no se siente bien lo que tu cuerpo puede hacer?".

Cómo descubrir hábitos alimentarios poco saludables

Los niños que presentan hábitos de comida poco saludables tienen más probabilidad de desarrollar desórdenes alimentarios en etapas posteriores a la adolescencia, tales como anorexia y bulimia. Es muy importante notar cualquier hábito poco saludable que tengan tus hijos, y hacer un esfuerzo

para controlarlos antes de que sea demasiado tarde. Si tienes la preocupación de que tu hijo esté desarrollando esos hábitos, quizá sea buena idea revisar la relación que toda la familia tiene con la comida. Por ejemplo: al sentarse a la mesa, ¿comen como una familia? O, ¿acaso prenden la televisión y se distraen mientras comen? ¿Preparan comidas juntos y han vuelto a la cocina parte de una rutina diaria? O, ¿haces algo rápido y fácil en el microondas? Ser más consciente de la manera en que tu familia come y motivar a tu hijo para que apoye en la cocina puede ayudar a transformar la forma en la que tu hijo piensa y experimenta la comida y además puede ayudar a protegerlo contra futuros desórdenes alimentarios.

Cómo ayudar a un niño con sobrepeso

Comer demasiado no es sano y puede ser una señal de que tu hijo tiene otros problemas. Los niños con sobrepeso muy probablemente serán adolescentes y adultos obesos, lo que puede causar dificultades emocionales y sociales. Por el bien de tu hija, es importante que trates este problema de manera rápida. Hay que manejar este asunto de manera delicada, para que tu hija no sienta que la estás castigando por la cantidad de comida que consume o por el aspecto de su cuerpo.

Comer sanamente tiene que ser la meta de toda la familia. Asegúrate que vea que su cuerpo es hermoso sin importar su forma o tamaño, pero que también alimentarse sanamente y hacer ejercicio ayudará a que crezca fuerte y sana.

>>> **TU HIJO PUEDE TENER UNA RELACIÓN POCO SALUDABLE CON LA COMIDA, SI...**
Es natural que a tu hija le gusten o no otras cosas de la comida, pero aún así debería de disfrutar de bocadillos saludables, además de que sentarse a comer no debería ser algo doloroso o desagradable. Las señales de un problema incluyen:

- Ver las comidas como algo desagradable, algo que incomoda o disgusta.
- Tener dificultad para comer o con la cantidad de comida que se debe comer.
- Comer lentamente o ser un comensal muy quisquilloso.

Fomentar una autoimagen genital saludable

Una autoimagen genital saludable se traduce en una sexualidad saludable. Si tu hijo siente que sus genitales son hermosos, saludables y normales, o lo opuesto a sucios, apestosos o demasiado pequeños (cualquiera de las inseguridades comunes sobre los genitales o mensajes que la gente internaliza), será más probable que él trate su cuerpo como algo precioso y valioso. Esto también quiere decir que tu hijo respetará su cuerpo absteniéndose de sustancias o actividades dañinas; incluso es probable que posponga la actividad sexual. Puedes incorporar esos mensajes positivos cada que hables sobre anatomía.

Intenta decir algo como "tu pene es una parte hermosa y especial de tu cuerpo", empezando desde la edad más temprana. Reitéraselo a tu hijo en pláticas subsecuentes.

En especial inculcar una autoimagen genital positiva durante la adolescencia, ya que los cuerpos de los niños se transforman por primera vez y ellos están aprendiendo a acostumbrarse a los cambios en su apariencia. Las jovencitas se preocupan por el tamaño de sus senos y las pueden molestar en la escuela, ya sea por desarrollar senos a edades tempranas o por desarrollarlos más tarde que sus semejantes. Los jovencitos pueden sentirse inseguros sobre el tamaño y forma de su pene y testículos, y pueden comparar sus genitales con los de sus compañeros en los vestidores. Tú puedes ayudar a que tu hijo tenga una imagen genital saludable asegurándole que cada quien se desarrolla en tiempos diferentes y que su cuerpo es único y hermoso.

Hay que tener cuidado para asegurarte de que tu hija se sienta cómoda con sus genitales: esto ocurre de forma más natural con los chicos que con las chicas. No le enseñes que su vulva es "sucia" al decirle que no se debe lavar con sus manos, o que debe usar una esponja diferente para esa parte de su cuerpo. Estimúlala para que sienta que sus genitales son una parte natural, útil y hermosa de su cuerpo.

MOMENTOS DE ENSEÑANZA
CÓMO HABLAR SOBRE EL PESO

A la edad de 2 o 3 años, los niños empiezan a fijarse en el peso de otra persona, y quizá puedan empezar a hacer comentarios como: "Papi, ¡mira a esa mujer gorda!" o "mami, ¿por qué ese hombre está tan grande?". Estas preguntas brincan de manera natural en la mente de tu hijo cuando él empieza a conceptualizar el cuerpo humano como algo que debe ser notado, comentado y hasta criticado.

• **Afortunadamente,** estas "metidas de pata" (a veces penosas) pueden usarse no únicamente para mejorar la educación social de tu hijo, sino también para darle una imagen corporal positiva. Cuando tu hijo haga un comentario o una pregunta sobre el peso, apariencia o discapacidad de alguien, puedes responder diciendo: "Todos los cuerpos están hechos de manera diferente. Algunas mamás son altas y otras pequeñas; algunas son duras y otras son suaves. Es como tú y [di el nombre de amigo/hermano/compañero] que se ven diferentes. Si todos nos pareciéramos sería muy aburrido, ¿verdad?". Tu hijo deberá empezar a entender que no todos tienen que pertenecer a un rango de peso y valore su propio cuerpo y el de los demás.

Inicio de conversación 1: "¿Ya te diste cuenta de que tus amigos tienen una forma de cuerpo diferente? Sus papás también. Una de las razones por las cuales todos nos vemos diferentes es por la genética familiar".

Inicio de conversación 2: "El papá de tu amigo es más grande que el tuyo, ¿verdad? ¡Es como un jugador de futbol americano! Tu papá es alto, y por eso le gusta jugar basquetbol. Todos los cuerpos están hechos para algo diferente".

La concepción y el nacimiento

Durante las edades de 5 a 9 años, tu hijo empezará a hacer preguntas acerca del sexo y cómo se hacen los bebés, y tú puedes darle información honesta acerca de la mecánica básica del sexo. Recuerda que hasta que los niños llegan a la pubertad no conceptualizan el sexo como un acto erótico. Los niños pequeños tan sólo lo ven como un rompecabezas donde el punto A interseca con el punto B.

Cómo iniciar la conversación

Para muchos padres, no hay nada que dé más miedo que la pregunta: "¿De dónde vienen los bebés?". Esta curiosidad ha alarmado a los padres por tantos siglos que éstos incluso se tomaron la molestia de inventar una elaborada historia sobre una cigüeña que entrega a los bebés. Aunque la historia de la cigüeña sea adorable, encubrir la verdad sobre la concepción y el nacimiento puede crear falta de confianza y aprensión alrededor de esta lección crucial de educación sexual. Los niños son más observadores que lo que los adultos creen, y empiezan a localizar pruebas sobre el sexo a edades tempranas. Si complicas o confundes su entendimiento temprano sobre el nacimiento, tu hijo puede perderte la confianza y también puede crecer con la idea de que es malo hablar sobre sexo.

En un nivel muy básico, puedes empezar a tener una conversación sobre la concepción y el nacimiento tan pronto tu hijo tenga curiosidad. Por supuesto, un niño pequeño no entenderá las realidades del sexo a un nivel adulto, pero hay maneras de contestar a las preguntas de tus hijos sobre el embarazo y el nacimiento sin entrar en detalles que sientas abrumadores o eróticos.

Cuando empieces a explicar el proceso de la concepción o del nacimiento, también puedes incluir tus valores familiares, religiosos o morales. Éstos son tan importantes como los detalles mecánicos y ayudarán a que la lección sea personalizada. Con niños más grandes, envolver la información en valores familiares les hará entender que estás proporcionando información sobre su salud, no que estás validando o permitiendo la actividad sexual.

¿De dónde vienen los bebés?

Esta es la pregunta más común que hacen los niños de 1 a 5 años. Idealmente, ya estarás usando los términos apropiados para referirte a los genitales, así que tu hijo ya estará listo para entender parte de la logística. Dile a tu hijo que las mamás tienen huevos dentro de ellas, como los de los pájaros, pero más pequeños. Explícale que no puedes ver esos huevos porque están dentro del cuerpo. Luego dile que los papás tienen semillas especiales llamadas espermas, y que cuando las mamás y los papás quieren tener un bebé, un esperma fertiliza su huevo y se vuelve un bebé. Describe cómo el bebé crece dentro de un lugar especial de la panza de la mamá, llamado útero, hasta que es lo suficientemente grande para salir.

Esto debería ser suficiente información para aclarar la parte básica del proceso. Si tu hija hace más preguntas, como: "¿Cómo llega el esperma al huevo?" o "¿cómo sale el bebé?", entonces puedes contestar esas preguntas, pero nada más. Puedes decir: "El esperma sale del pene de papá y nada hacia el huevo" o "el bebé sale de la vagina de mamá". Sé tan simple y tan abierta como puedas.

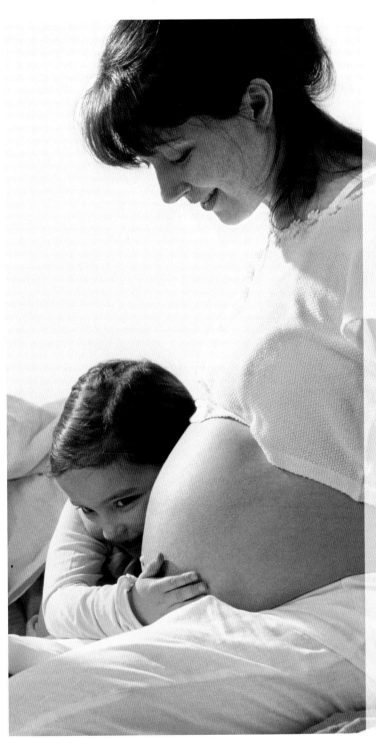

QUÉ DECIR...
SOBRE CÓMO NACEN LOS BEBÉS

Cuando tu hija aprenda de dónde vienen los bebés, probablemente su siguiente pregunta será: "¿Cómo nacen los bebés?". La idea de que una pequeña persona está creciendo dentro de un cuerpo y luego llega al mundo puede ser una fascinación infinita para los niños. Darle a tu hijo esta información puede ayudarle a entender mejor.

Inicio de conversación: "Los bebés empiezan siendo muy pequeños. En el primer mes después de que son concebidos, no son más grandes que un grano de arroz".

Continúa hablando del desarrollo del bebé, paulatinamente, hasta llegar al momento del nacimiento.

Seguimiento: "Un bebé crece por nueve meses. A la mitad de este tiempo, un bebé mide seis pulgadas y puedes empezar a ver cómo crece la pancita de la mamá".

Una vez que tu hijo entienda cómo crece un bebé, puedes empezar a hablar sobre la labor de parto.

Seguimiento: "Por el final de los nueve meses, la mamá empezará a sentir presión repetida en su pancita. Esto significa que ya casi es hora de que el bebé nazca. El proceso por el que pasa una mamá para que el bebé nazca se llama 'labor de parto'".

Si quieres, puedes hablar de tus propias decisiones sobre el nacimiento; por ejemplo, si fuiste al hospital o pariste en casa.

Seguimiento: "La mamá empieza a pujar y a pujar hasta que el bebé sale de su vagina".

Puedes incluir tus valores personales en estas conversaciones. Puedes decirle a tu hija que las mamás y los papás hacen un bebé sólo "cuando están casados" o "cuando están enamorados".

Si tu hijo hace una pregunta que no estás preparada para responder, di algo así como: "Esa es una pregunta muy importante. Voy a averiguar más sobre la respuesta a tu pregunta y luego te lo haré saber". Tómate un momento para ordenar tus pensamientos; vuelve con tu hija con la verdad. Una respuesta directa generalmente satisfará su curiosidad. Sin embargo, si tu hija tiene más preguntas para ti o parece que tiene preguntas inusuales para su edad, quizá sea bueno hablar con ella para saber qué ocasionó que ella pensara en esas preguntas.

La mecánica del sexo

De los 5 a los 9 años, tu hijo empezará a darse cuenta con más claridad de lo que sucede a su alrededor. Él puede escuchar la palabra "sexo" en la televisión, o escuchar a sus amigos. Este es el momento en el que debes empezar a ser más elaborada y detallada en tus explicaciones de lo que pasa durante la concepción. Aunque puede sonar abrumador hablarle a un niño de 5 años sobre sexo, recuerda que es natural que pregunten sobre esa etapa del crecimiento, si respondes con información directa y veraz ayudarás a aclarar su significado.

Puedes explicar la mecánica del sexo diciendo: "Cuando una mamá y un papá quieren tener un bebé, él pone su pene dentro de la vagina de ella y sale el semen o esperma. Cuando el esperma está dentro de ella, viaja a sus óvulos. Esto se llama sexo. Cuando él hace esto, ellos se pueden embarazar y tener un bebé".

Ahora es el momento de dar información temprana sobre los cambios físicos que permiten concebir. Con un niño, puedes decirle que cuando sea más grande y empiece a pasar por la pubertad, empezará a producir esperma. Con una niña, puedes decirle que ella nace con todos sus óvulos, pero que cuando llegue a la pubertad, sus óvulos empezarán a madurar para que un día puedan ser un bebé.

Continúa reforzando esas lecciones a tu hija de los 9 a los 12 años. En ese tiempo, tu hija puede hacer preguntas más detalladas sobre el sexo, los besos y otras demostraciones de afecto e intimidad que se ven en la televisión.

Puedes repetir lecciones anteriores y ponerlas en un contexto personal diciendo: "Cuando seas más grande y estés casada, estés enamorada, seas adulta, [insertar aquí valor familiar] tendrás sexo. Te estoy platicando de eso porque no quiero que te confundas o te asustes si oyes hablar del sexo en la escuela o en la televisión".

En esta etapa, puedes entrar en más detalle sobre la mecánica del sexo, explicando las erecciones, las eyaculaciones y el proceso de inseminación. Usa la información de las páginas 38 y 39 para enseñarle a tu hijo cuándo y cómo ocurren esos procesos. Cuando tu hijo tenga la edad de 13 a 15 años puedes hablarle de sexo, incluyendo lo relacionado con las respuestas sexuales. No tienes que ser muy gráfico, pero deberías darle una idea de qué sentimientos físicos y emocionales pueden experimentar.

"Es natural que los niños pregunten sobre esa etapa del crecimiento, si respondes con información directa y veraz ayudarás a aclarar su significado".

Por ejemplo, puedes decir: "Cuando los hombres y las mujeres sienten atracción sexual, sus genitales se llenan de sangre. En los hombres, esto causa una erección. En las mujeres, causa que su clítoris crezca y que su entrada vaginal se ensanche. Algunas mujeres también notan que sus senos están sensibles. Esta es la manera natural de preparar el cuerpo para la penetración.

Cuando sientas esta excitación, también puedes sentir un intenso deseo de tener sexo. Recuerda que puedes liberar estas sensaciones sin tener coito: por ejemplo, con la autoestimulación. Estas sensaciones son completamente naturales y sanas, pero sólo deberás experimentarlas con otra persona cuando seas mayor, estés casado, [insertar valores personales aquí]".

Embarazo y nacimiento

Cuando tu hijo empiece a hacer preguntas acerca de la procedencia de los bebés, intenta encontrar momentos de la vida cotidiana que puedan servir para ilustrar tus explicaciones. Responde las preguntas de la forma más completa y honesta que puedas, teniendo cuidado de no abrumar a tu hijo con información innecesaria.

Si ves a una mujer embarazada en la televisión o en la calle, puedes preguntarle a tu hijo si sabe que hay un bebé en su estómago. O si tienes una familiar embarazada a la que no le incomode que tu hijo toque su vientre, es una buena oportunidad para que él entienda las realidades del embarazo.

CÓMO CONTESTAR LAS PRIMERAS PREGUNTAS ACERCA DEL SEXO

La clave para tener conversaciones cómodas madre-hijo sobre el sexo, es asegurarte de que no des demasiada información. Responde las preguntas de manera simple y directa, así como responderías preguntas sobre cualquier otra preocupación física, como crecer más o enfermarse. Abajo hay ejemplos de las primeras preguntas más comunes sobre sexo, además de maneras posibles de responderlas.

P. ¿Qué es el sexo?
R. El sexo es la forma en la que las mamás y los papás hacen bebés.

P. ¿De dónde vienen los bebés?
R. Desde dentro de la barriga de mamá.

P. ¿Cómo llega allí el bebé?
R. Las mamás tienen óvulos dentro de su útero, y los papás tienen esperma. Cuando una mamá y un papá quieren tener un hijo, su óvulo y su esperma se juntan y se convierten en un bebé.

P. ¿Qué es el esperma? ¿Qué son los óvulos?
R. Los hombres tienen esperma dentro de sus testículos. Las mujeres tienen óvulos dentro de su útero. Cuando un esperma y un óvulo se encuentran durante el sexo, una mujer se puede embarazar.

P. ¿Cómo sale el bebé?
R. Cuando el bebé es lo suficientemente grande y fuerte, sale de mamá por su vagina. Entonces los papás se llevan al bebé del hospital y lo cuidan, como nosotros contigo.

P. ¿Los niños pueden tener bebés también?
R. No, únicamente las mujeres pueden tener bebés. Los hombres no tienen óvulos como las mujeres. Pero ellos ayudan a las mujeres a embarazarse con su esperma, y cuando nace el bebé tienen un papel tan importante como el de la mamá al ayudarla a cuidar al bebé.

Aprendamos juntos

APRENDIENDO ACERCA DE LA REPRODUCCIÓN

A los niños les fascina la reproducción. Ver bebés y animales pequeños a su alrededor alimenta su curiosidad natural por saber de dónde vienen. Puedes empezar a enseñarles sobre el proceso reproductivo entre las edades de 6 a 8 años. Mantén la información en un nivel básico y no sobrecargues a tu hijo con detalles. Intenta mantener el diálogo y acércate al tema de manera despreocupada para que puedas mantener a tu joven audiencia atenta. Eso te ayudará a tener varias conversaciones sobre este tema en vez de una.

DESPUÉS DE ESTA LECCIÓN, ES PROBABLE QUE TU HIJO...
- Entienda la mecánica del sexo, incluyendo para qué sirve un pene y por qué cambia de forma.
- Sepa cómo se fertiliza un óvulo, qué es un embrión, y cómo es que el embrión se vuelve un feto.
- Aprecie cómo un bebé crece y se desarrolla dentro del útero.
- Se sienta cómodo haciéndote preguntas del proceso reproductivo.
- Esté mejor informado y se sienta menos abrumado ante grandes preguntas, como: "¿De dónde salí?" y "¿cómo se hacen los bebés?".

1   ¿QUÉ ES EL ESPERMA Y CÓMO SE HACE?

Un espermatozoide es una célula reproductiva masculina muy pequeña. Está compuesta por tres partes y parece un renacuajo. Tiene una cabeza relativamente grande, que contiene todo el material genético necesario para hacer un bebé; un cuerpo o parte media que le da energía y una cola larga que lo ayuda a nadar. El esperma se forma en los testículos (¡un espermatozoide crece en casi 72 días!). Para mantenerse saludables, los espermatozoides deben mantenerse en una temperatura constante, que es de tres a cinco grados más baja que la temperatura corporal normal. El escroto (el saco que contiene los testículos) tiene un termostato incluido, que mantiene a los espermatozoides a la temperatura correcta mientras están almacenados. Cada vez que un hombre eyacula, libera aproximadamente de 200 a 500 millones de espermatozoides. Un hombre adulto continuará produciendo esperma durante toda su vida.

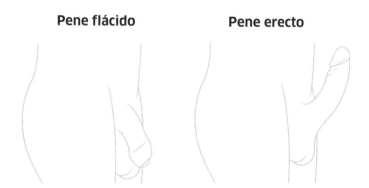

Pene flácido   **Pene erecto**

2   ¿POR QUÉ SE PONE ERECTO UN PENE?

Explícale a tu hijo que el pene de un hombre, que es normalmente suave y cuelga, puede volverse más grande y más duro cuando el tejido esponjoso dentro de él se llena de sangre. Entonces se vuelve más largo y más ancho y sobresale del cuerpo. A veces, una erección pasa sin razones obvias, quizá en la mañana cuando tu hijo se esté levantando, o cuando esté teniendo pensamientos que lo hagan sentir bien. O puede tener una erección cuando esté teniendo sexo. En este caso, el hombre mete su pene erecto en la vagina de la mujer y tienen sexo hasta que salen los espermatozoides y empiezan a nadar hacia su óvulo.

1. Fertilización del óvulo

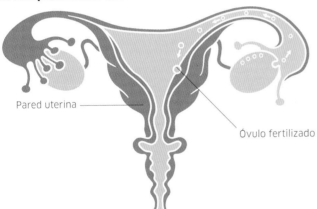

Trompas de Falopio

Útero

Cérvix

Vagina

Ovario

Óvulos que ha liberado el ovario

El esperma nada por la trompa de Falopio

2. Acoplamiento del embrión

Pared uterina

Óvulo fertilizado

3 ¿QUÉ PASA CUANDO UN ESPERMATOZOIDE SE ENCUENTRA CON UN ÓVULO?

Explícale que los espermas nadan a través del cérvix, dentro del útero y las trompas de Falopio. Si un óvulo está ahí, cientos de espermas nadan para llegar a él. El primer esperma en penetrar el óvulo es el que hará al bebé. Luego, el óvulo fertilizado se mueve por la trompa de Falopio y empieza a crecer. Cuando alcanza el útero, el óvulo se adhiere a un revestimiento grueso que se ha ido formando ahí por el transcurso de un mes. Ya no es un óvulo, sino un embrión, el cual es muy pequeño para verse, pero es el inicio de un bebé.

Bebé en útero: 16 semanas

La cabeza es más grande que el cuerpo

Las uñas de los dedos son apenas visibles

Bebé en útero: 32 semanas

La cara es lisa, con muy pocas arrugas

La cabeza está hacia abajo, en el útero

Bebé en útero: 40 semanas

El cabello empieza a crecer

4 ¿CÓMO CRECE UN BEBÉ?

A un bebé le toma nueve meses desarrollarse. A partir de las ocho semanas, el bebé ya no se llama embrión, sino feto. Para las 12 semanas ya tiene brazos, piernas, y dedos de las manos y de los pies, además de cara. Para las 24 semanas, los huesos empiezan a endurecerse y el feto puede escuchar sonidos. Explícale que el bebé sigue creciendo hasta que se acomoda en una posición cabeza-abajo. Esto significa que ya puede nacer.

Aprendamos juntos

La pubertad y los cambios físicos

La pubertad puede ser tanto un cambio de crecimiento emocionante como difícil. Entre más prepares a tu hijo para estos cambios, más fácil será la transición. Tu hijo no se sentirá desubicado o asustado por la pubertad si sabe que esos cambios son normales, que le suceden a todo el mundo, y que sus emociones son aceptadas y pueden ser comentadas de forma abierta y honesta.

Iniciando la conversación

Es bueno empezar a hablar de la pubertad antes de que tu hija entre a esta etapa, que es alrededor de los 7 u 8 años. Ahora las niñas están entrando a la pubertad mucho antes que en generaciones anteriores; a veces desde los 9 años. No sabemos por qué sucede esto: una teoría es por el uso de los insecticidas, que se disuelven en compuestos que pueden afectar los niveles de estrógeno en las niñas. Otras teorías se basan en el uso de hormonas y más grasa en la comida, y un estilo de vida menos activo.

Esto quiere decir que esta conversación debe suceder más pronto de lo que hayas planeado. Y, si las niñas pequeñas están entrando a la pubertad, los niños pequeños también necesitan esta conversación. Sus cambios físicos quizá no reflejarán la pubertad tan pronto como los de las niñas, pero los cambios mentales y emocionales seguramente empezarán, gracias a las hormonas y a los cuerpos cambiantes de quienes lo rodean.

¿Qué es la pubertad?

La palabra "pubertad" se refiere a todos los cambios físicos y emocionales que ocurren en la adolescencia. En esta etapa los preadolescentes y adolescentes se sienten cansados e irritables constantemente, sus cuerpos están creciendo de forma rápida por las hormonas cambiantes.

Los procesos de la pubertad empiezan en niños y niñas cuando el cerebro libera una hormona que a su vez libera gonadotropina, o HLGn (Hormona Liberadora de Gonadotropina). La HLGn estimula la glándula pituitaria, localizada en la base del cerebro, la cual a su vez estimula dos hormonas adicionales, que son la hormona luteinizante (HL) y la hormona foliculoestimulante (HFE). Esto generalmente ocurre entre las edades de 9 a 16 años en el caso de las niñas, y entre las edades de 10 a 15 años en los niños.

Es importante compartirle a tu hijo que todo el mundo llega a la pubertad en momentos diferentes. En otras palabras, a un niño le puede crecer vello púbico a la edad de 10 años, pero puede no tener una emisión nocturna o eyacular mientras duerme hasta varios años después. En el otro caso, una niña puede tener su primer periodo a la edad de 10 años, pero sus senos se pueden desarrollar hasta mucho después. Es también una buena idea programar una revisión médica al menos una vez al año, para que el médico de tu hija pueda revisar su desarrollo y tranquilizarla a su vez.

Cuando la pubertad inicia oficialmente, las hormonas actúan sobre los niños y niñas de diferente manera. En las niñas, la hormona foliculoestimulante y la hormona luteinizante estimulan los ovarios, creando estrógeno. En los niños, la HFE y la HL viajan a los testículos y señalan la producción de esperma y testosterona.

Cambios físicos en la pubertad

Aunque la pubertad empieza generalmente un poco antes para las niñas que para los niños, las etapas de crecimiento generales son similares para ambos, y los cambios físicos transforman sus cuerpos en el de un adulto.

8 a 11 años: Los niños y las niñas pueden tener un "estirón" y sus brazos y piernas se alargan. Los hombros de los niños se ensanchan, sus testículos empiezan a madurar, e inicia la producción de testosterona. En las niñas los ovarios se hacen más grandes e inicia la producción de hormonas. Algunas niñas también tienen su primer periodo en estos años.

11 a 13 años: Los niños y las niñas siguen experimentando un "estirón", incluyendo un aumento de altura y de peso. El acné generalmente aparece durante estos años,

---

SEXPLICACIÓN
¿QUÉ SON LAS EMISIONES NOCTURNAS?

También conocidas como "orgasmos espontáneos", las emisiones nocturnas son las descargas involuntarias de semen durante el sueño. Éstas generalmente empiezan durante las primeras etapas de la pubertad para liberar el exceso de esperma cuando empieza la producción. Las emisiones nocturnas también pueden ocurrir por sueños y pensamientos sexuales, pero no es siempre el caso.

Usar el término médico correcto ("emisiones nocturnas") ayudará a normalizar y a justificar la experiencia, y a hacerla lo que es: una parte del crecimiento típica, natural y común. Explícale a tu hijo que algunos hombres adultos todavía llegan a experimentar emisiones nocturnas de vez en cuando. También puedes mencionar que puede escuchar que llaman a esto "sueños húmedos" ya sean sus compañeros o la televisión, y que estos términos significan lo mismo.

---

además de un humor corporal más fuerte. Este es el resultado de las nuevas hormonas que afectan las glándulas en la piel, las cuales, a su vez, crean químicos malolientes.

Las niñas empezarán a ganar peso en las caderas y a desarrollar botones mamarios, si no lo han hecho ya. El tamaño de sus pezones también puede cambiar y pueden experimentar dolor alrededor del pezón y de los senos. Es común que los senos se desarrollen en diferentes momentos, así que un seno puede ser más grande que el otro. Tranquiliza a tu hija asegurándole que esto es normal y que cambia con el tiempo, aunque también puedes indicarle que es común que las mujeres adultas tengan una ligera diferencia en el tamaño de sus senos.

En los niños, el pene empezará a crecer, tanto en longitud como en ancho, y los testículos se harán más grandes. El vello púbico de las axilas y del pecho también puede empezar a desarrollarse, aunque primero será escaso y fino. Más tarde, puede crecer y ser más áspero.

13 a 15 años: El "estirón" de tu hijo continúa. Los niños pueden llegar a tener su primera erección por un pensamiento sexual, y tal vez su primera eyaculación, aunque esto puede pasar antes. Las emisiones nocturnas (conocidas como "sueños húmedos") también pueden empezar a ocurrir. Las voces de los niños se vuelven más profundas aunque pueden llegar a quebrarse. El vello facial también empieza a crecer, aunque inicialmente es escaso.

Con las niñas, la vagina se agranda y puede empezar a producir descargas blancas o transparentes. Esto es parte de la limpieza de los genitales femeninos y no es para preocuparse si no hay otros síntomas que la acompañen. Muchas niñas tienden a tener su primer periodo por esta edad. Los periodos iniciales son muy erráticos, así que tu hija puede tener su primer periodo y no experimentar otro por varios meses. Puedes tranquilizar a tu hija diciéndole que esta irregularidad menstrual no

MOMENTOS DE ENSEÑANZA
CÓMO HABLAR DE LA MENSTRUACIÓN

Un buen momento para hablar de la menstruación es cuando tu hija tenga 8 o 9 años. Sin embargo, esto puede ser tanto para niños como para niñas: cada niño debería aprender sobre este momento clave del crecimiento. La menstruación puede ser una de las partes de la pubertad que da más miedo, así que busca momentos de enseñanza donde puedas explicar este proceso de una manera relajada.

• **Viendo televisión:** Un momento en el que es fácil iniciar una conversación acerca de la menstruación es cuando ves la televisión. Cuando veas un comercial sobre tampones o toallas sanitarias, pregúntale a tu hija si sabe de qué se trata el comercial, y continúa con una explicación sobre lo que significa tener su periodo. Hazle saber que algunas niñas llegan a la pubertad antes que otras, y di algo como: **"Pueden pasar años antes de que tengas tu periodo, pero quiero que tengas toda la información ahora, para que no te asustes o te confundas la primera vez que pase".** También puedes usar este momento para hablar con tu hijo sobre la menstruación, haciéndole saber cómo y cuándo le puede suceder esto a sus compañeras de clase.

• **En la tienda:** Usa el pasillo de higiene femenina para empezar una conversación sobre las diferentes formas en que las mujeres lidian con la menstruación. Por ejemplo, puedes decir: **"A mí me gusta usar tampones cuando tengo mi periodo, porque yo siento que son cómodos. Pero cuando tú empieces con tu periodo, quizá querrías usar toallas sanitarias [muestra las toallas en la repisa]".** Luego puedes preguntarle a tu hija si tener su menstruación la pone nerviosa, o si conoce a alguien que ya haya empezado a menstruar.

• **Con una hermana mayor:** Si tienes una hija mayor que ya haya empezado a menstruar, pueden compartir sus experiencias con tu hija más pequeña. Esto ayuda a normalizar el proceso. Intenta decir algo como: **"Tu hermana no se siente bien porque está teniendo su periodo. ¿Sabes qué es eso?".**

Inicio de conversación 1: "¿Sabes cómo funciona un tampón y cómo funciona una toalla sanitaria? Ambos son muy diferentes, pero ambos sirven para absorber tu periodo y son métodos de protección femenina fáciles y discretos".

Inicio de conversación 2: "¿Ya empezaron a menstruar tus amigas? ¿Has platicado de eso con ellas? ¿Qué te dicen de esa experiencia?".

es para preocuparse, pero aun así es buena idea programar las citas regularmente con un médico profesional de confianza después de su primer periodo, para que ella pueda aprender más acerca de mantener su salud sexual.

15 a 19 años. Los niños alcanzan su estatura adulta cuando tienen 16 o 17 años, mientras que otros continúan creciendo hasta que cumplen 21. Para esta edad, el pene y los testículos han alcanzado el tamaño adulto, mientras que el vello corporal y facial ha crecido completamente. La voz llega a su timbre adulto.

Las niñas generalmente alcanzan su estatura adulta cuando tienen 15 o 16 años. Los senos alcanzan su tamaño adulto a la edad de 15, y el crecimiento del vello púbico también está completo. La menstruación se vuelve regular.

El ciclo menstrual

Un buen momento para empezar a hablar sobre la menstruación es cuando tu hija tenga más o menos 9 años, ya que muchas niñas alcanzan la pubertad a esa edad. Comparte el tema con niños y niñas al mismo tiempo, ya que también es importante que los niños sepan y entiendan qué es la menstruación y cómo se relaciona con la concepción y el nacimiento.

Explícale que en la adolescencia empezará a pasar por un ciclo menstrual mensual, donde muda el revestimiento de su útero. Cada mes su cuerpo liberará hormonas que crean un proceso maravilloso que algún día le permitirá embarazarse [inserta aquí tus valores personales sobre el sexo y el embarazo].

También puedes explicar lo que sucede en cada una de las cuatro etapas del ciclo menstrual: la fase preovulatoria, la fase de ovulación, la fase postovulatoria y la fase menstrual, usando los diagramas y las definiciones de las páginas 48 y 49.

Las realidades de la menstruación

Ayúdale a tu hija a sentirse cómoda con la idea de la menstruación explicándole que es un regalo que significa que un día ella podrá tener hijos. También es una buena idea mencionar que muchas mujeres tienen cólicos en su menstruación. Explica que esto ocurre cuando se contrae el útero, lo que sucede para ayudar a mudar su revestimiento. Los cólicos varían de intensidad: los analgésicos como el acetaminofeno y el motrin, o los remedios naturales como la aplicación de calor pueden ayudar a remediarlos. **Minimiza los temores que tu hija pueda tener** sobre el dolor menstrual diciendo algo como: "Algunas mujeres experimentan cólicos u otros síntomas cada mes. Sin embargo, hay remedios para disminuirlos, y muchas mujeres encuentran uno que las mantiene cómodas durante su periodo".

Escogiendo protección femenina

Muchas niñas pequeñas se ponen nerviosas cuando van a usar protección femenina por primera vez. Tu hija puede preocuparse de que los niños en la escuela noten que está usando productos femeninos, especialmente si usa toallas sanitarias que hacen mucho bulto. Los tampones también pueden ser causa de preocupación porque

"Ayúdale a tu hija a sentirse cómoda con la idea de la menstruación explicándole que es un regalo que significa que un día ella podrá tener hijos".

SEXPLICACIÓN
¿CUALÉS SON LOS TIPOS DE PROTECCIÓN FEMENINA?

Para ayudarle a tu hija a escoger la protección con la que se sienta más cómoda, explícale los beneficios y complicaciones de usar toallas sanitarias, tampones y copas menstruales y déjala experimentar con cada uno. Tranquilízala diciéndole que cuando se usan de forma correcta, todas las opciones son cómodas, discretas y seguras.

TIPOS DE PROTECCIÓN	PROS Y CONTRAS
Tampones. Se insertan en la vagina y absorben el fluido menstrual desde dentro de tu cuerpo. Tienen múltiples absorbencias, así que puedes escoger tu tampón basándote en cuánto sangres. Los tampones te permiten nadar, hacer deporte y seguir con tu rutina normal.	**Pros:** Cuando se insertan correctamente, pueden ser más fáciles de usar y más cómodos que las toallas. **Contras:** Cuando no se insertan correctamente, son incómodos. En raros casos, pueden llevar al síndrome de shock tóxico, una infección bacteriana que ocurre cuando un tampón se queda adentro por mucho tiempo.
Toallas sanitarias. Son desechables y se usan dentro de la ropa interior. Existen de varios tamaños y formas para ajustarse a diferentes necesidades o niveles de flujo.	**Pros:** Son fáciles de usar, especialmente cuando se está acostumbrando a usar productos femeninos. **Contras:** Pueden ensuciar o ser incómodas, y difíciles de usar cuando se hace deporte.
Copas menstruales. Son menos comunes que los tampones y las toallas. Se insertan en la vagina para que "atrapen" el fluido menstrual. Se usan unas cuantas pulgadas abajo del cérvix. Pueden usarse de 6 a 12 horas y están hechas de una amplia gama de materiales (goma, silicón, etc.).	**Pros:** Son saludables, seguras, amigables con el ambiente y efectivas en cuanto a costo, ya que puedes reusar una copa por muchos años. **Contras:** Pueden ser difíciles de insertar y quitar, particularmente al inicio, y muchas mujeres las encuentran muy grandes o incómodas.

son más difíciles de usar, y pueden ser incómodos si no se insertan correctamente. Algunas chicas también se preocupan de que los tampones puedan "perderse" dentro de su cuerpo. Para tranquilizar estos temores, regresa al diagrama de la página 25 y explica a tu hija cómo es imposible que un tampón se vaya más allá del cérvix.

Algunos padres tienen dudas sobre el hecho de que las jovencitas usen tampones. Incluso se preguntan si insertar un tampón en la vagina pone en riesgo la virginidad de su hija. El hímen de una niña puede romperse haciendo cualquier actividad física; sin embargo, la virginidad se trata del acto sexual y el ámbito emocional involucrado, y esto no se pone en riesgo usando un tampón. Los tampones son una manera segura e higiénica de manejar la menstruación, y muchas compañías están haciendo ahora tampones delgados especiales para jovencitas. Si tu hija decide usar tampones después de todo, recuérdale que se debe cambiar su tampón cada cuatro o seis horas para prevenir el síndrome de shock tóxico.

Enséñale a tu hija cómo funciona un tampón y cómo absorbe su sangrado sin escurrir, poniéndolo en un vaso de agua y viendo cómo se expande para absorber el "flujo menstrual". Explícale que este proceso ocurre exactamente de esa manera dentro del cuerpo.

Aprendamos juntos

APRENDIENDO ACERCA DE LA MENSTRUACIÓN

Para una chica, iniciar su periodo puede ser un cambio que da mucho miedo. Habla con tu hija de las fases del ciclo menstrual cuando tenga 7 u 8 años, para que entienda qué pasará dentro de su cuerpo. Durante esta etapa, también puedes hablar de cosas prácticas como elegir protección femenina. Los niños también deben aprender sobre el ciclo menstrual, porque también tiene implicaciones para ellos, y porque les ayudará a superar cualquier desagrado que les cause el asunto.

DESPUÉS DE ESTA LECCIÓN ES PROBABLE QUE TU HIJA...

- Esté preparada para su primer ciclo menstrual y para que su experiencia sea positiva.
- Entienda que el sangrado menstrual es un proceso muy normal y que no tiene que sentirse apenada o preocupada por eso.
- Aprecie lo que pasa dentro de su cuerpo cada mes y por qué pasa.
- Sepa qué tipo de protección quiere probar y cómo se usa.
- Esté dispuesta a compartirte las dudas o problemas que tenga.
- Entienda (si es un niño) lo que las niñas experimentan.

---

1   ¿QUÉ ES EL CICLO MENSTRUAL?

Explícale a tu hija que el ciclo menstrual empieza en el primer día de la menstruación y termina el día antes de que empiece el siguiente periodo. La duración promedio del ciclo menstrual es de 28 días, aunque puede ser tan corto como 21 días o tan largo como 40 días, todos son normales. El ciclo puede ser impredecible cuando tu hija empiece a menstruar. Después se acomodará en un patrón más regular, durante el primer año. El ciclo tiene cuatro fases (véase página 47) controladas por las hormonas.

2   ¿QUÉ ES LA OVULACIÓN?

Enséñale a tu hija los diagramas en la página siguiente y explícale cómo cada mes crecen más o menos 20 óvulos pequeños en uno de los ovarios. Usualmente, un óvulo crece más que los otros y se libera a la trompa de Falopio, que conecta el ovario con el útero. Esto sucede generalmente 10 a 16 días antes del inicio de la menstruación. Si el óvulo no se fertiliza, se vuelve a absorber en el cuerpo. En ese momento, se rompe el revestimiento del útero y se libera por la vagina, como periodo menstrual.

3   ¿CÓMO USAS UN TAMPÓN?

Usa la información de la página 45 para asegurarte de que tu hija conozca los diferentes tipos de protección femenina que están disponibles. El más difícil de aprender a usar es el tampón, aunque en muchas formas es también el más conveniente y cómodo. A tu hija probablemente le ponga nerviosa usar un tampón por primera vez, así que es una buena idea guiarla con los diagramas de la derecha para asegurarse de que sepa cómo insertarlo. Para empezar, ella querrá escoger el tamaño más pequeño de tampón, ya que éstos son los más cómodos. Explícale que tendrá que sentarse o pararse en una posición relajada −quizá ayude poner una pierna sobre el excusado o la tina−. Después, debe sostener el medio del tampón, donde el tubo interno, más pequeño, encuentra al tubo más largo, con el hilo apuntando hacia abajo. Luego debe empujar el aplicador externo gentilmente dentro de la vagina hasta que esté completamente dentro, y luego debe empujar el tubo interno hacia arriba, dentro del tubo externo, para así liberar el tampón absorbente. Puede usar su pulgar y dedo medio para remover el aplicador, asegurándose de que el hilo quede fuera de la vagina.

1. Fase preovulatoria

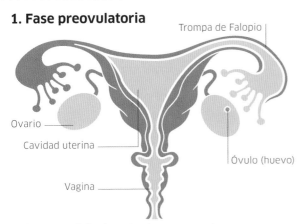

Trompa de Falopio

Ovario

Cavidad uterina

Óvulo (huevo)

Vagina

La hormona foliculoestimulante se produce en mayor cantidad y en menor, la luteinizante. Aumenta el estrógeno y engruesa el endometrio.

2. Fase ovulatoria

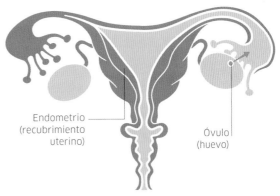

Endometrio (recubrimiento uterino)

Óvulo (huevo)

Los niveles de estrógeno bajan los niveles de HFE. El óvulo se libera junto con la hormona progesterona.

3. Fase posovulatoria

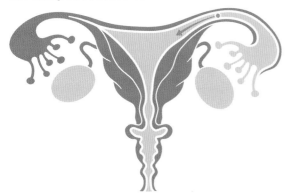

Aumenta la progesterona. El recubrimiento del útero sigue engrosándose y, si hubo concepción, puede mantener al óvulo fertilizado.

4. Fase menstrual

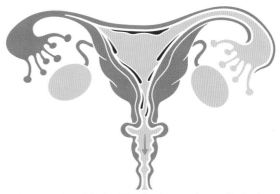

Si un óvulo no ha sido fertilizado ahora, el revestimiento del útero se muda y empieza el flujo menstrual. Cuando el flujo termina, la fase preovulatoria comienza de nuevo.

CÓMO INSERTAR UN TAMPÓN

Enséñale a tu hija que el tampón está diseñado para que entre fácilmente y sin dolor en su cuerpo. El primer paso a la derecha muestra cómo deslizar el aplicador dentro del tubo externo del tampón, para una inserción fácil (ver instrucciones completas a la derecha). El segundo paso muestra cómo quitar el aplicador, dejando el tampón seguro dentro del cuerpo.

PASO 1

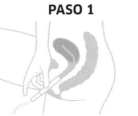

PASO 2

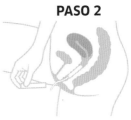

Aprendamos juntos

APRENDIENDO ACERCA DE LA PUBERTAD

Para ayudar a tu hijo a sobrellevar la pubertad de manera exitosa, intenta prepararlo para los cambios físicos y emocionales que vendrán. Cuando tengan entre 9 y 10 años hazle saber que el acné, los estirones y el aumento de peso son normales durante estos años. Explícale que no importa cuándo empiece su desarrollo sexual. No afecta cómo será de adulto. Los niños y las niñas deben ver y aprender de ambos diagramas cómo impactan los cambios a ambos sexos.

DESPUÉS DE ESTA LECCIÓN ES PROBABLE QUE TU HIJO...

- Tome los primeros signos de pubertad con calma cuando empiece a experimentar los cambios.
- Entienda mejor lo que le pasa a sus amigos si ellos están pasando por la pubertad antes.
- Mantenga una imagen saludable de su cuerpo mientras se vuelve un adulto.
- Sienta que puede acercarse por ayuda si no entiende los cambios de su cuerpo.
- Se dé cuenta de que todo el mundo tiene que lidiar con problemas de adolescentes y que no hay nada de qué apenarse o avergonzarse.

---

1   ¿CÓMO AFECTAN LAS HORMONAS A MI CUERPO DURANTE LA PUBERTAD?

¿Tu hijo ya sabe qué son las hormonas? Explícale que las hormonas actúan como mensajeros, viajando alrededor del cuerpo y coordinando procesos difíciles, tales como: cómo creces o cómo digieres tu comida. Dile a tu hijo que un poco después de los 9 años (o tal vez tan tarde como a los 15 años) su cerebro liberará la hormona liberadora de gonadotropina (HLGn) que estimula la producción de otras dos hormonas llamadas hormona luteinizante (HL) y la hormona foliculoestimulante (HFE). En los niños, estas dos hormonas hacen que el cuerpo produzca testosterona. En las niñas, estas hormonas estimulan los ovarios para que produzcan estrógeno y progesterona. Dile a tu hijo que el estrógeno, la progesterona y la testosterona son las hormonas del sexo, y que son las responsables de los cambios corporales que volverán a los niños adultos.

2   ¿LAS HORMONAS PUEDEN HACER QUE SUBA DE PESO?

Ésta puede ser una preocupación común, especialmente para las niñas. Tu hija se puede preocupar si sube mucho o muy poco de peso, dependiendo de cómo se desarrolle su cuerpo en comparación con el de sus compañeras. Explícale a tu hija que los niños y las niñas empiezan a engordar cuando pasan por la pubertad y que los niños, en particular, desarrollan más masa muscular. Esto es perfectamente normal y es una parte importante para crecer como un adulto sexualmente maduro. También explícale que pueden pasar tres o cuatro años para ganar todo el peso y masa muscular que tendrá como adulto —y que esto puede cambiar incluso después de la pubertad.

3   ¿POR QUÉ HUELO DIFERENTE?

Las hormonas cambiantes impactan mucho el aroma personal, lo que puede ser extraño y hasta preocupante para los niños. Explica que en la pubertad las hormonas trabajan horas extras y que esto causa que suden más que antes y a veces en partes del cuerpo donde antes no habían sudado. Algunas veces este sudor o humedad huele y crea humor corporal (HC). Tranquilízalo diciéndole que bañarse diario ayuda a combatir el humor corporal. Es una buena idea darle a tu hijo el desodorante, ya que lo puede hacer sentir más seguro de estos cambios hormonales, y más cómodo para que pueda participar en algunas actividades deportivas.

4 ¿QUÉ LES PASA A LAS NIÑAS DURANTE LA PUBERTAD?

Dile a tu hija que identifique los cambios que las chicas experimentan durante la pubertad. Usa los diagramas de la derecha para ayudar a describir estos cambios. Si tiene problemas para comenzar, señala cómo cambia la figura de una niña cuando crece, volviéndose más alta y más pesada. Muéstrale cómo sus senos cambian y se vuelven más grandes, sus caderas se vuelven más curvas, y cómo crece el vello en las axilas y los genitales. Explícale que dentro del cuerpo de una niña, sus órganos reproductores también se desarrollan. Cuando sus ovarios empiezan a soltar óvulos, ella empieza a menstruar. Además, su piel se puede volver más grasosa y le pueden salir barros. Explícale que el cuerpo de una niña continúa creciendo hasta que crezcan sus senos, su vello se vuelva tan grueso como el de un adulto, y llegue a su altura adulta (diagrama de la derecha).

5 ¿QUÉ LE PASA A LOS NIÑOS DURANTE LA PUBERTAD?

Pídele a tu hijo que identifique los cambios que les suceden a los niños en la pubertad. Para empezar, puede mirar los diagramas y señalar cosas que ya sepa, como el aumento de peso o el crecimiento de vello. Explica que los hombros de un niño se ensanchan, desarrollará más músculos, será más alto, y le empezará a crecer el vello en sus axilas y alrededor de sus genitales, aunque puede ser muy delgado al inicio. El pene y los testículos también crecen. Después, el vello corporal se vuelve más grueso y crece en los brazos, piernas, cara y pecho, además de engrosarse en los genitales. La voz se hará más profunda o se quebrará, y empezará a sudar más. Su piel también se vuelve más grasosa, así que también le pueden salir barros.

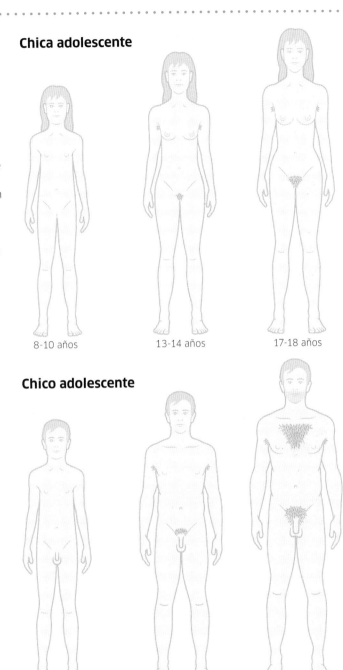

Chica adolescente

8-10 años   13-14 años   17-18 años

Chico adolescente

8-10 años   13-14 años   17-18 años

Aprendamos juntos

El placer y la autoestimulación

La forma de ayudar a tu hijo a que se sienta cómodo con sus pensamientos y sentimientos sexuales es discutir el acto de darse placer. Este puede ser un tema difícil para los padres, pero comentar la autoestimulación es la forma de normalizar los sentimientos sexuales y de encontrar una manera segura de liberarlos.

Cómo hablar acerca de tocarse a sí mismo

Alrededor de los 9 años, puedes empezar a hablar de la autoestimulación, como empezaste a hablar de tocarse los genitales cuando tu hijo era un bebé. Esto significa que mientras le enseñas a tu hija sobre su anatomía sexual y los cambios que vienen con la adolescencia, también le puedes enseñar que es sano y normal mirar y explorar sus genitales. Enséñale el clítoris en un diagrama (véase página 25) y dile que ésta es un área rica en terminales nerviosas, lo que quiere decir que habrá mucha sensación ahí. Dile que es normal que explore esa área y que vea cómo se siente ahora y cuando crezca. Haz lo mismo con tu hijo, mostrándole un diagrama de su pene y sus testículos (véase página 24).

Alrededor de los 12 años, puedes decir: "Cuando empieces a crecer, tus hormonas pueden hacer que tengas sentimientos sexuales. Eso es completamente normal y también le está pasando a todos los demás en tu grado". Explícale abiertamente que ella pensará acerca del sexo y que eso es normal.

Simplemente, permítele saber a tu hija que entiendes y aceptas su progresión hacia un ser humano sexual, puedes ayudar a que se sienta segura para acudir a ti con preguntas sexuales. Esto es muy importante. Estableciéndote como alguien con quien tu hija puede ir para tener información y apoyo sobre preguntas y preocupaciones sexuales, estás ayudando a asegurar que tú eres una de las influencias más dominantes para establecer los conocimientos sexuales de tu hija y para guiarla durante sus decisiones sexuales. Esto significa que tu hija no buscará información en los medios o con sus compañeras.

Es especialmente importante que trates el tema del placer sexual con las jovencitas, ya que es muy común pasar de largo las necesidades sexuales de las chicas y las mujeres. Si, en vez de eso, le haces saber a tu hija que sus sensaciones son naturales y normales, ella no se sentirá apenada o avergonzada de su sexualidad. También sentirá más control de su sexualidad, lo que significa que habrá menos razones para que sucumba a la presión o a la tentación de tener sexo.

Hablar de la masturbación

Alrededor de esa misma edad, te puedes volver más específica hablando de la masturbación como una forma de liberación sexual. Esto puede horrorizar a los padres, pero recuerda que puede ser lo que haga la diferencia sobre si tu hija quiere retrasar o no las relaciones sexuales. Tener esta conversación te permite sugerir otras formas para que tu adolescente maneje fuertes sentimientos sexuales, en vez de brincar a la actividad sexual antes de estar mental o emocionalmente preparada para ella. Cuando le enseñas a tu hijo a manejar sus sentimientos sexuales, a entenderlos y a ser el único dueño de ellos, es menos probable que lo tiente la presión o que se deje llevar por alguien más en situaciones sexuales, así que es más probable que espere para tener sexo.

Para empezar, puede ayudarte que uses el término "autoestimulación" en vez de masturbación, ya que esto probablemente será más fácil que lo digas y más fácil que tu hijo lo escuche. Dile cómo la autoestimulación es una forma sana de experimentar placer sexual, y cómo lo puede proteger de dolor emocional y riesgos físicos como enfermedades de trasmisión sexual o embarazos. Aunque parezca que tu hijo no está prestando atención (o quizá actúe apenado y voltee los ojos y se queje durante la plática), puedes estar seguro de que está escuchando todo lo que le estás diciendo, y de que estás dando un gran paso para protegerlo del sexo no seguro.

Estimulación con vibradores

Mientras muchos chicos adolescentes no tienen problema conociendo la autoestimulación y logrando orgasmos, puede ser mucho más difícil para las niñas. Para las chicas adolescentes generalmente es difícil encontrar como autoestimularse, y entonces no es fácil darles el poder para descubrir y lograr su propio placer sexual. Hablar abiertamente sobre la autoestimulación puede ayudar a tu hija a sentirse cómoda explorando esto, pero quizá también ayude algo más práctico.

Los padres de niñas de 15, 16 o más años pueden pensar en comprarle a sus hijas un vibrador pequeño, para clítoris, para que conozcan su propia anatomía y placer sexual. No necesita ser nada grande o espantoso, o algo que requiera inserción vaginal. Es tan sólo una pequeña herramienta para ayudar a tu hija a aprender sobre su cuerpo y su placer sexual sin envolverse en comportamientos emocionales o físicamente peligrosos.

QUÉ DECIR...
CUANDO HABLES DE LA AUTOESTIMULACIÓN

Muchos padres sienten que la autoestimulación no es un tema que deban hablar con su hijo, pero la realidad es que puede hacer una gran diferencia en la forma en que tu hijo se siente sobre su cuerpo y cuánto quiera esperar antes de volverse sexualmente activo. Intenta aproximarte a este tema de forma sensible.

Inicio de conversación: "Sé que tus hormonas hacen que pienses mucho sobre sexo, y que tienes curiosidad de experimentar eso que piensas. Estas sensaciones son parte normal de ser un adulto, pero aunque tu cuerpo está listo para el sexo, tu mente no lo está".

Tu hijo puede verse apenado en este momento, pero sigue. Incluso si esquiva contacto visual o voltea los ojos, te sorprendería saber todo lo que está absorbiendo.

Seguimiento: "Todavía estás en pleno desarrollo y no me gustaría que te precipitaras al sexo antes de que estés listo y te lastimes. El sexo se siente bien, pero hay otras formas de sentirse bien sin precipitarse a tenerlo con otra persona".

Es importante reconocer la tentación del placer. Negar la existencia de esta motivación natural, del placer sexual, puede causar que tu hijo piense que debe mantener esas sensaciones en secreto y actuar de manera no segura. Ser abierto sobre estas sensaciones puede ser una medida protectora muy poderosa.

Seguimiento: "Sé que es vergonzoso hablar de esto, pero tocarte tus genitales y alrededor de ellos es absolutamente normal y es una forma sana de explorar las sensaciones sexuales. Muchos adolescentes y adultos se estimulan como una manera de liberar las sensaciones sexuales y para conectarse con sus cuerpos y su sexualidad. Esto es cierto tanto en hombres como en mujeres: casi todo el mundo se autoestimula, y es una mejor opción que tener sexo con alguien antes de que estés listo".

Fomentar un estilo de vida saludable

Los niños que aprenden a cuidar, a apreciar sus cuerpos y a tomar decisiones saludables de vida son más propensos a cuidar sus cuerpos mientras crecen y se enfrentan a tomar decisiones sexuales. Ayuda a tu hijo a ver su cuerpo como algo qué proteger y nutrir, y así estará mejor equipado para estar emocional y físicamente seguro en el futuro.

Cómo señalar estándares nutricionales

Criar a los niños para que hagan elecciones sanas respecto a la alimentación nunca había sido tan preocupante. Los problemas de salud que acompañan el exceso de peso, incluyendo la diabetes, está presente en niños pequeños mucho más que antes. Si tu hija no está en un programa de nutrición saludable desde pequeña, puede tener riesgos en la salud y problemas de peso en el futuro cercano y lejano. Los niños obesos son propensos a crecer y a volverse adultos obesos, con todos los problemas emocionales y físicos asociados con la obesidad. Las investigaciones también demuestran que padres obesos están propensos a tener hijos obesos, así que tomar decisiones sanas para ti ayudará mucho a tus hijos.

Los niños en crecimiento tienen diferentes requerimientos nutrimentales por cada etapa de su desarrollo. Siempre debes comentar con el doctor las necesidades nutrimentales de tu hijo, pero en promedio, el consumo diario de calorías debe ser de 1300 al día durante la edad de 1 a 3 años; 1800 al día entre 4 a 6 años; y 2000 al día de 7 a 10 años. Los niños de 11 a 14 años generalmente necesitan 2500 calorías al día, y los niños de 15 a 18 años necesitan 3000 al día. Las niñas de 11 a 14 años necesitan 2200 al día y las de 15 a 18 años necesitan 2500 al día. Es una buena idea evitar usar la comida como recompensa. Es tentador recompensar el buen comportamiento con bocadillos y dulces, pero esto puede causar que tu hijo no tenga una relación sana con la comida. Los niños que reciben recompensas azucaradas tienden a ver la comida sana como castigo, en vez de disfrutar su sabor y relacionarla con cuerpos fuertes y saludables. Una mejor idea es hacer la mejor recompensa con juguetes, actividades, o tiempo libre.

Planea tus comidas para que se enfoquen en la salud y en la variedad. Cuando prepares la comida, no te enfoques en las calorías, los carbohidratos, o la grasa. En vez de eso, crea comidas balanceadas y variadas que incluyan todos los grupos de comida. Trae vegetales nuevos, de temporada, así tu hijo puede interesarse e involucrarse más en la nutrición.

Cómo fomentar el atletismo

Estudios demuestran los beneficios de los deportes en la vida de un jovencito. Éstos enseñan resistencia, disciplina, confianza y hasta una imagen corporal positiva. Cuando tu hijo aprenda que su cuerpo es algo de valor, fuerza y poder, será menos probable que se critique basándose en el peso y la apariencia, y será más probable que se enorgullezca de su cuerpo. Además, las endorfinas liberadas en el ejercicio y los químicos cerebrales le ayudan a sentirse bien y le dan pensamientos felices y positivos. Los niños activos, a su vez, son más propensos a mantener un peso sano en una forma que les da más poder y autoestima que simplemente contar calorías.

Si tu hijo no está interesado en deportes de equipo o atletismo organizado, intenta hacer que se mueva de formas diferentes. Por ejemplo, puede ir a dar un paseo contigo después de la cena, o puedes llevarlo al parque a jugar. Lo importante es estar activo por al menos 20 o 30 minutos al día, y no importa si la actividad es un juego de beisbol o jugar entre las hojas de los árboles.

Cómo enseñarle a tener buenos hábitos de sueño

El sueño es una parte crucial de una vida sana. Las investigaciones muestran que los niños de 1 a 3 años de edad necesitan de 12 a 15 horas de sueño, los niños de 3 a 5 años necesitan de 11 a 13 horas, los de 5 a 12 años necesitan de 9 a 11 horas y los adolescentes necesitan de 9 a 10 horas. Estos números pueden parecer extremos, pero son reales: el sueño afecta todo, desde la salud física hasta las funciones cognitivas y el peso. Puedes ayudar a tu hija a desarrollar hábitos de sueño saludables llevándola a la cama y despertándola a la misma hora todos los días. Incluso los fines de semana, es una buena idea que ella sólo tenga una hora más de sueño. Esto mantendrá el cuerpo de tu hija en un ciclo de sueño regular, lo que es crucial para un sueño saludable.

Para ayudar a estimular este hábito una buena idea es que tu hijo se prepare para dormir al menos una hora antes. Estudios han encontrado que sentarse frente a la televisión o la computadora puede interferir con el REM (movimiento rápido de ojo, etapa de sueño profundo) en la noche por las luces de las pantallas. En vez de eso, baja las luces y haz que tu hijo lea o juegue un juego de mesa.

Los niños más grandes pueden elegir no seguir esta rutina. Si tu hija elige quedarse despierta en su cuarto, dejarla tomar esta decisión es generalmente efectivo, aunque puedes prohibir el celular, la televisión o la computadora. Después de algunas mañanas de sentirse demasiado cansada como para despertarse, ella empezará a buscar más descanso.

2

CÓMO HABLARLE ACERCA DE LA MENTE

EVALUANDO TUS VALORES: LA MENTE

El cliché es cierto: tu mente es el órgano sexual más importante. La forma en la que piensas sobre la sexualidad determinará cómo tus hijos piensan sobre el sexo, desde la infancia, pasando por la adolescencia y hasta la vida adulta. Tómate un momento para analizar cómo ves el impacto emocional del sexo, la orientación sexual y la toma de decisiones sexuales. Responde a estas preguntas de manera privada, luego discute con tu pareja qué valores le quieres dar a tu hijo.

Cómo explorar los pensamientos sexuales

Piensa sobre los valores sexuales con los que creciste y cómo le quieres pasar esos mismos valores a tu hijo.

• ¿Qué lecciones te enseñaron tus padres sobre el sexo y la sexualidad, ¿fueron verbales y no verbales?

• ¿Qué guías morales ayudan a dirigir tus propias decisiones sexuales?

• ¿Qué recuerdas sobre tus pensamientos sexuales cuando adolescente?

• ¿Cómo impactan tus creencias religiosas o morales tu punto de vista sobre el momento apropiado para volverse sexualmente activo?

• ¿Cuáles crees que son los beneficios de esperar hasta la edad adulta para tener sexo?

• ¿Qué crees que significa tener "sexo responsable"? ¿Cómo fomenta esto planear tus experiencias sexuales?

Cómo explorar las emociones

Considera la historia emocional de tus relaciones sexuales. Esto afectará todas tus primeras lecciones sobre el sexo, aunque no las comentarás abiertamente hasta mediados de la adolescencia.

• ¿Cuál es tu reacción inmediata cuando piensas sobre el sexo? ¿Te sientes feliz, cómodo, ansioso, triste, vulnerable, _____?

• ¿Cómo reaccionaste, emocionalmente, a tu primer encuentro sexual?

• ¿Crees que los hombres y las mujeres tienen diferentes vínculos emocionales con respecto al sexo?

• ¿Qué tan enterado estabas del lado emocional del sexo antes de volverte sexualmente activo?

• ¿Qué cambios emocionales crees que ocurren cuando alguien llega a ser sexualmente activo?

• ¿Crees que hay emociones que son "negativas" y que no deberían expresarse?

• ¿Crees que la depresión puede ser situacional, causada por eventos, o que es una condición de largo plazo causada por la genética?

Cómo explorar la orientación sexual

Identificar tus pensamientos sobre la orientación sexual temprana te ayudará a planear cómo hablar sobre este tema tan delicado y a veces controversial.

• ¿Crees que durante la vida, la sexualidad es fluida o estática?

- ¿Cómo crees que los detalles naturales, incluyendo genética y herencia, impactan la sexualidad?

- ¿Crees que la homosexualidad pasa por elección?

- ¿Alguna vez te has sentido atraído por alguien de tu mismo sexo, ya sea en la vida real o en fantasías?

- ¿Cuál sería tu primera reacción si te enteraras de que tu hijo es gay?

CÓMO EXPLORAR LA COMUNICACIÓN

Pensar sobre el tipo de comunicación que se tiene es clave para determinar cómo puedes conectarte con tu hijo y enseñarle.

- ¿Se te hace fácil escuchar a otras personas activamente? ¿Crees que esto es importante?

- Cuando eras niño, ¿cómo recibías las críticas de tus padres? ¿Han impactado tu estilo de comunicación como adulto?

- ¿Sientes que es necesario juzgar u opinar sobre las decisiones de otras personas?

- ¿Cuál crees que es la mejor manera de reprender a tu hijo?

- ¿Qué formas disciplinarias crees que son las más efectivas?

- ¿Cómo crees que debe cambiar la disciplina mientras crece tu hijo?

- ¿Qué tan involucrados crees que deben estar los padres en la toma de decisiones sociales (y posteriormente sexuales) de su hijo?

- ¿Cuál crees que es la forma más efectiva de comunicar tus valores familiares sobre el sexo a tu hijo?

Aplicando tus respuestas. Ya que tú y tu pareja hayan comentado estas respuestas te sentirás más segura para iniciar una conversación sobre pensamientos sexuales y valores con tu hijo. Si hay problemas en los que tengan diferentes puntos de vista (como la homosexualidad o cómo influye la religión en las decisiones sexuales) continúen hablando hasta que lleguen a un consenso. Estos son problemas grandes y a veces controversiales, por eso es importante que presentes un punto de vista claro a tu hijo, para no crear confusión.

El desarrollo mental de tu hijo

Todos los niños se desarrollan mental y emocionalmente de manera diferente, pero hay ciertos comportamientos que los padres pueden esperar que sucedan en ciertos momentos. Nota las cuatro etapas de desarrollo mental y cómo éstas se ligan a la identidad sexual de tu hijo; después intenta mantener una plática continua sobre la salud sexual que corresponda con cada etapa.

Etapas del desarrollo cognitivo

Hay cuatro etapas de desarrollo cognitivo por las que un niño pasa en su camino a la adultez, definidas por el psicólogo infantil suizo Jean Piaget. Esto significa que tu hija se ve constantemente obligada a ajustar su visión del mundo para acomodar las nuevas piezas de información. Algunas veces, la información que recibe ("la estufa está caliente") únicamente requerirá un ajuste menor en su forma de pensar ("cuídate de la estufa porque está caliente"). Sin embargo, hay momentos en que la nueva información requiere un mayor ajuste en el pensamiento y el comportamiento, como cuando se recibe información sobre conceptos complicados como anatomía o sexo.

En cada etapa de su desarrollo, tu hija procesará la información de forma diferente, lo que significa que esto puede afectarle dependiendo de su edad. Saber esto te puede ayudar a personalizar la información para que sea apropiada para su edad y para que quede con el nivel de procesamiento de cada etapa. Las etapas principales por las que pasará tu hija son las siguientes:

Sensomotora. Desde el nacimiento hasta la edad de dos años, los procesos mentales de tu hija se derivan de la sensación y del movimiento.

Durante esta etapa, ella aprende que es una entidad separada del ambiente. Ella está orientada a los objetos y repite los comportamientos que le dan placer. Esto probablemente incluirá tocar y explorar su cuerpo, incluyendo sus genitales. Los niños son seres sensuales. Les nutre ser tocados, acariciados, abrazados y apapachados. Entre más se identifique tu hija con su cuerpo durante esta etapa y entre más esté relacionada y nutrida por sus cuidadores primarios, más segura se sentirá con su cuerpo y su autoestima.

Preoperacional. De los dos a los seis años, tu hijo estará firmemente enfocado en su punto de vista y creerá que los otros ven el mundo como él. También, su pensamiento está basado en la fantasía, o en el animismo, donde se cree que los objetos inanimados tienen pensamientos o sentimientos. Puede pensar que su juguete favorito tiene propiedades humanas o emociones, por ejemplo. Esta es la etapa donde las amistades imaginarias son comunes.

"En cada etapa de su desarrollo, tu hija procesará la información de forma diferente, lo que significa que esto puede afectarle dependiendo de su edad".

Durante este periodo te darás cuenta que tu hijo es natural y curioso acerca de su cuerpo y de lo que lo rodea. Él no se sentirá acomplejado por tocar su cuerpo o genitales a menos de que reciba retroalimentación negativa. Tu hijo también tendrá ideas firmes sobre los roles de género y empezará a identificar las conductas que considere apropiados para su género. Mientras más permisiva puedas ser en estos años, mejor, porque este es el momento en el que tu hijo empezará a comprender su propio cuerpo y ganará control sobre él. Si se siente juzgado o ansioso durante estos años, esto puede perjudicar su autoestima y su imagen corporal.

Concreta operacional. De los 6 a 12 años, tu hija empezará a pensar lógicamente. Ya no es egocéntrica y puede juzgar el punto de vista y los sentimientos ajenos. Puede resolver problemas y ordenar y clasificar cosas. Este es también el momento en que se relacionará con sus semejantes. Puedes darte cuenta de que, al menos de los 6 a los 9 años, estará menos enfocada en explorar su cuerpo.

En estos años, los niños también serán conscientes de qué es una conducta apropiada e inapropiada. Entre los 9 o 10 años, el enfoque social de tus hijos puede empezar a incluir "novios" o "novias". Platica con tu hija sobre lo que significan estas relaciones y pregúntale qué es lo que hacen los novios. Estas relaciones son inofensivas y para intentar conceptos adultos. En esta etapa, las relaciones raramente incluyen contacto o jugueteo sexual, pero si tu hija empieza a hablar de este tipo de comportamiento contigo o con sus amigos, pregúntale qué significa esto y recuérdale que sus partes íntimas son privadas y que no está bien que alguien toque las suyas o las de alguien más.

Tu hija ya puede entender la mecánica del sexo de forma lógica, y por las edades de 11 a 12 años puedes explicarle con más detalle cómo funciona el sexo. En esta conversación es bueno empezar a hablar de las enfermedades de

SEXPLICACIÓN
¿QUÉ SIGNIFICA EL SEXO?

Tu hijo pensará de diferente manera sobre el sexo a medida que se desarrolla su mente. Mientras crece, una conciencia general del proceso mecánico del sexo se volverá una identificación más personal con pensamientos y situaciones sexuales. Empezará a tener preguntas individuales, deseos, y dudas asociadas con el sexo.

Etapa sensomotora, 0 a 2 años: Tu hijo sólo tiene pensamientos abstractos sobre el sexo.
- "¿De dónde vienen los bebés?".

Etapa preoperacional, 2 a 6 años: A tu hijo le fascinará cómo se hacen los gemelos, la logística del óvulo y del espermatozoide, y la idea que la parte "A" entra en la parte "B" para que haga un bebé. Pueden pensar:
- "¿Cómo es que dos bebés crecen en la panza de una mamá?".
- "¿Qué pasa cuando tienes sexo?".
- "¿Cómo encuentra un espermatozoide al óvulo?".

Etapa concreta operacional, 6 a 12 años: Tu hija reflexionará cómo le puede afectar el sexo.
- "Cuando crezca, ¿algún día tendré sexo?".
- "¿Tendré bebés?".
- "¿Cuándo llegará mi periodo?".

Etapa formal operacional, 12 a 15 años: Tu hijo empezará a tomar decisiones sobre el sexo, y empezará a tener más preocupaciones y preguntas.
- "¿Acaso soy el único en mi grado que no tiene sexo?".
- "¿Estoy listo para tener sexo?".
- "¿En verdad quiero tener sexo?".
- "¿Qué pasa si no soy bueno en el sexo?".
- "¿Qué pasa si él o ella se ríen de mi cuerpo?".

trasmisión sexual y las opciones para sexo seguro, además de la abstinencia (ver página 148). Cuando hagas esto, puedes reforzar tus valores familiares y aclarar que únicamente estás dando información importante para la salud, no permiso o apoyo para involucrarse en actividades sexuales o íntimas.

Formal operacional. Entre las edades de 12 a 15 años, tu hijo desarrolla la habilidad de pensar de manera abstracta. Empieza a fantasear sobre su vida futura, y también cambia la forma en la que piensa sobre los problemas sociales. Piaget nombró a este modo de pensar "egocentrismo adolescente". Implica un alto nivel de conciencia propia, en la que el chico se imagina que una audiencia está juzgando su conducta y también siente invencibilidad u originalidad exageradas.

El egocentrismo adolescente no únicamente afecta el proceso mediante el cual tu hijo toma decisiones generales, sino también las sexuales. Esto es cierto por dos razones. Primero, ve que su comportamiento está siendo juzgado a gran escala. Segundo, como se siente súper confiado, esto lo puede llevar a un comportamiento riesgoso, que puede equivaler a acelerar en la carretera a más de 80 km/h, experimentar con las drogas y el alcohol o tener sexo sin protección. En esta etapa de su desarrollo, la realidad de las enfermedades de trasmisión sexual, embarazos y paternidad no le afectan. Tu hijo sabe que existen estos peligros, y tal vez conozca a gente que los haya experimentado, por eso, es una buena idea reforzar las lecciones anteriores sobre sexo seguro y los valores familiares en esta etapa.

Cómo recibir y procesar la información sexual

A mediados de la adolescencia, el cerebro no está completamente desarrollado. El córtex prefrontal dorsal-lateral, que es la parte que se supone está a cargo del juicio y de pensar los riesgos, no madura hasta que tu hijo alcanza las edades de 18 o hasta los 21 años. Esta falta de desarrollo cerebral en los adolescentes los puede llevar a tomar decisiones malas o peligrosas. Un adolescente tiene múltiples pensamientos que pueden complicar su proceso de toma de decisiones, particularmente las de tipo sexual. Ella sentirá una tremenda presión para encajar en un grupo y para impresionar a sus semejantes, además de que se siente especial, como si las reglas de la vida no aplicaran en ella. Es lamentable que la educación sexual no toma en cuenta estos factores. Muchas escuelas se enfocan en educación sexual centrada en la abstinencia y usan tácticas de miedo para intentar mantener a los adolescentes lejos del sexo. Aunque las intenciones sean buenas, la educación sexual que sólo se centra en los peligros del sexo no es muy útil para un adolescente que cree que eso no le pasará a otras personas. Una adolescente que todavía está desarrollando sus habilidades para tomar decisiones y que se siente invencible ante el peligro no escuchará fácilmente las advertencias sobre herpes o embarazos, y menos con las hormonas corriendo por ahí. Esta es una de las razones por las cuales es mejor ofrecer educación *sexual* y no *centrada* en la abstinencia.

> "La educación sexual que sólo se centra en los peligros del sexo no es muy útil para un adolescente que cree que eso no le pasará".

Cómo discutir acerca de los valores

Los valores familiares acerca de sexualidad tendrán un papel influyente en las decisiones sexuales de tu hijo, especialmente si comienzas a enseñar éstos desde una edad temprana. Hacer de éste un diálogo abierto y permanente, permitirá que tu hijo piense con más cuidado sobre el sexo y que se sienta más confiado para acercarse a ti con preguntas e inquietudes durante toda su infancia y adolescencia.

Compartir tus valores

Los momentos de enseñanza que surgen a partir de los medios de comunicación o las situaciones sociales pueden proveer oportunidades fáciles y naturales para empezar diálogos acerca de tus valores familiares, y de manera ideal los utilizarás en esta etapa de tu hija para retomar conversaciones acerca de la toma de decisiones sexuales. Otra buena idea es tener tiempo para discutir tus valores familiares con mayor profundidad. Una conversación planeada le ayudará a tu hija a entender que este es un tema serio acerca de quiénes son como familia y en quién se convertirá ella cuando crezca.

Un buen momento para tener esta conversación formal es cuando tu hija tenga 11 o 12 años. Puedes comenzar la conversación hablándole acerca de cómo este es un momento especial en su vida, y de lo emocionada que estás de que esté creciendo. Dile que hay algunas cosas de las que le quieres hablar. **Por ejemplo, puedes decirle:** "Estoy tan contenta de ver que te estás convirtiendo en una joven y hermosa mujer. Estás creciendo, aprendes cosas nuevas, y te conviertes en un adulto. Tal vez te enamores de alguien. También te enfrentarás a grandes decisiones; tal vez en este momento tengas incluso amigos que ya tuvieron sexo. Sin embargo, como sabes, en nuestra casa, nosotros creemos que es correcto esperar hasta ser mayor o estar casada. La decisión de esperar no siempre es sencilla, pero sé que es algo de lo que no te arrepentirás".

También es una buena idea hablarle a tu hija acerca de la responsabilidad como un valor sexual. Esto le ayudará a asociar las decisiones sexuales inteligentes, no sólo el sexo, con la madurez y la adultez. Explícale que cuando respetas tu cuerpo y eres responsable de cuidarte, no te involucras con el sexo inseguro, lo que incluye el sexo para el que no estás emocionalmente preparada. Permite que tu hija sepa que ser responsable va más allá que simplemente usar condón. Explícale que ser responsable significa cuidar de su persona y emociones, así como las de su pareja. Si tu hija puede entender que apresurarse o tener sexo antes de estar lista es una decisión física y mentalmente irresponsable, entonces será más probable que tome mejores decisiones y con mayor cuidado acerca del sexo.

Cómo expresarle tus valores acerca de esperar

Alienta a tu hijo a hablar acerca de sus propios sentimientos. Si te dice que sus amigos en la escuela ya tienen sexo o que se siente presionado a tenerlo, es importante que enfatices el porqué esperar es un valor importante en tu familia. Los padres suelen sentirse apegados a una sola razón para posponer el sexo: "Aún no estás listo" o "porque es lo correcto". Sin embargo, influye mucho más ser capaz de explicarles por qué esperar es importante, no sólo porque no esperar está mal. Piensa acerca de la lección básica con la que quieres que tus hijos se queden, tal como que el sexo o conservar la virginidad debe ser una decisión bien pensada.

Para expresar esto, intenta decir algo como: "Probablemente ya piensas en sexo, esto es normal. Sin embargo, espero que sepas que tu cuerpo y tu sexualidad son dos de los regalos más asombrosos y especiales que tienes. Por eso los valoramos y cuidamos tanto".

Cómo reflexionar acerca del sexo

Para personalizar más estos valores, una buena idea es alentar a tu hijo a pensar acerca de sus propios valores sexuales. Mientras más piense acerca de sus valores en un contexto personal, es más probable que se guíe por estándares que protejan su cuerpo y su sexualidad. También es más probable que logre formar una conexión entre el placer físico y la responsabilidad emocional que viene con él. Tal vez quieras darle a tu hijo un diario con un candado, para este propósito, para que él se sienta seguro de escribir sus pensamientos privados.

Puedes decirle algo como: "Sé que hablamos mucho acerca del sexo y que tenemos una relación abierta para tratar el tema, pero conforme vayas creciendo, probablemente querrás tener más privacidad al respecto yo respeto eso y te proporcionaré la privacidad que necesitas para que saques tus propias conclusiones. Después de todo, yo sólo puedo ayudarte como una guía del camino correcto, pero no puedo tomar todas las decisiones por ti. Por eso es muy importante que dediques tu tiempo para pensar o tal vez escribir lo que quieres en una relación y acerca de tus propios valores sexuales. Puede que te encuentres con algunas interrogantes conforme piensas el asunto, y quieras venir conmigo y hablar acerca de ellas cuando quieras".

MOMENTOS DE ENSEÑANZA
CÓMO HABLARLE ACERCA DE LOS VALORES RELIGIOSOS Y EL SEXO

Si asistes a una sinagoga, escuela o mezquita y hay una lección acerca de la sexualidad y la moral, es una buena idea que vayas con tu hija al servicio. Tu hija probablemente tendrá preguntas acerca de los temas que se tratan, particularmente los relacionados con su vida presente y en el futuro. Si no estás seguro de cómo contestar preguntas difíciles (tales como "¿si tengo sexo antes del matrimonio me iré al infierno?" o "escuché que los católicos no deben usar anticonceptivos. ¿Esto significa que jamás podré usar pastillas anticonceptivas o condón?"), dile que retomarás estas preguntas más adelante y encuentra la manera de tratar estas dudas y preocupaciones.

Inicio de conversación 1: "El servicio de hoy fue interesante, ¿no lo crees? ¿Tienes alguna duda acerca del sexo y la moral? ¿El rabino trató algún tema en que ya hubieras estado pensando?".

Inicio de conversación 2: "¿Qué opinas de la lección que acabamos de escuchar? ¿Alguna vez han hablado tú y tus amigos del sexo tomando en cuenta la religión? ¿Crees que las lecciones que el pastor mencionó tienen sentido o parecen pasadas de moda y difíciles de seguir?".

Cómo guiar las decisiones

Para que los valores sexuales echen raíces, tu hija necesita ser capaz de personalizar estos valores. Una parte importante de criar a una niña sexualmente saludable es ayudarla a procesar la información relacionada con su sexualidad, y ayudarla a reflexionar acerca de lo que ella quiere en una relación, tanto en el presente como en el futuro.

Cómo alentarlos a tomar decisiones sexuales inteligentes

Cuando se habla de sexo, ayudarle a tu hijo a tomar decisiones positivas suele comenzar por apelar a su sentido de la moral, aunque quizá no de la manera en que tú esperabas. Recuerda que los adolescentes son capaces de pensar en un nivel abstracto, así que tu hijo es capaz de procesar conceptos tales como el amor, así como los conceptos de pureza o monogamia. Así, mientras las decisiones de tu hijo aún pueden ser complicadas debido a la sensación de invencibilidad, éste también es capaz de pensar en ideas abstractas como el amor verdadero y esperar esa "persona especial".

En lugar de utilizar tácticas que lo asusten para alentarlo a tomar decisiones sexuales inteligentes, intenta que estas decisiones se den por medio de un diálogo continuo acerca del sexo, que se inicia en una adolescencia mucho más temprana, ya que mientras más pronto comiences más tiempo tendrán los valores para establecerse y volverse parte de su propio proceso de pensamiento. Asegúrate de que la conversación se dé de manera abierta con sus ideas y preguntas. Mientras más abierto estés, más seguro se sentirá contigo para confiarte sus miedos y esperanzas. También es más probable que te escuche. Esto te permite involucrarte más mientras él procesa todo mejor.

Cómo hablarles de las consecuencias

También puedes enseñarles a tomar decisiones positivas al ayudarle a tu hija a pensar en las posibles consecuencias de sus acciones. Una vez que tu hija visualice la totalidad de las consecuencias, será más probable que se dé cuenta de cómo las malas decisiones la pueden alejar de la felicidad. Suele ser útil compartir experiencias personales como un punto de inicio para comenzar estas conversaciones, así no parecerá que la estás regañando. Por ejemplo, puedes ayudarla a entender que el primer amor no suele durar para siempre, hablándole de tus primeras relaciones amorosas.

Intenta decirle algo así como: "Cuando tenía tu edad, estaba muy enamorada de mi primer novio. Pensamos que estaríamos juntos por siempre, pero terminamos durante el transcurso del año. En ese momento tenía el corazón roto, pero después de algunos meses volví a salir con alguien más. Eso es lo lindo de ser joven, hay muchas personas por conocer y con las cuales salir".

Puedes preguntarle cuánto cree que dure su relación, y cómo se sentiría si tuviera sexo con su pareja y luego terminaran. Ayudarle a recorrer este tipo de caminos, que tal vez no recorra de otra manera, puede ser útil para entender los "que tal si" de la relación y evitarle tomar decisiones basadas en la idea de que su primer novio es alguien con quien estará por siempre.

QUÉ DECIR ...
SI TÚ Y TU HIJO TIENEN VALORES DIFERENTES CON RESPECTO AL SEXO

Si ustedes tienen valores diferentes en cuanto a la sexualidad y las actividades sexuales, puede que sea difícil encontrar un punto medio. Sin embargo, pueden lograr establecerlo al acordar respetar la opinión del otro y comenzar a partir de la aceptación, en lugar de los juicios. No obstante, esto no implica que debas permitir que tu hijo tome cualquier tipo de decisión acerca de su actividad sexual.

Inicio de conversación: "Sé que consideras estar listo para ser sexualmente activo, pero difiero. Podrás tomar tus decisiones acerca de tu vida sexual cuando seas adulto (cuando vayas a la universidad, por ejemplo) por ahora, te pido respetes cómo me siento al respecto".

Permítele a tu hijo responder, entonces resalta cuál sería tu respuesta si él no siguiera las reglas de la familia acerca del sexo.

Seguimiento: "Si rompes las reglas de la casa referentes al sexo, te castigaremos, justo como lo haríamos si rompieras las reglas acerca del alcohol o las drogas".

Permítele a tu hijo, una vez más, la oportunidad de responder. Concluye reforzando la idea de cuánto deseas que tu hijo tenga un futuro sexual feliz.

Seguimiento: "A diferencia del alcohol o las drogas, la sexualidad es una hermosa experiencia que espero disfrutes algún día, pero hasta que seas lo suficientemente mayor para practicarla de manera segura".

Cómo hablar acerca de la orientación sexual

Aún estamos descubriendo los factores naturales, biológicos y de comportamiento que afecta la orientación sexual. Debido a esto, puede ser difícil abordar este tema con tu hijo, pues probablemente sentirás que no tienes todas las respuestas. Lo importante, sin embargo, no es poder contestar todas las preguntas, sino ser abierto, directo y respetuoso al comenzar con esta conversación.

La naturaleza de la homosexualidad

Hay muchos puntos de vista con respecto al origen de la orientación sexual, incluso en los campos médicos y psiquiátricos. De hecho, no fue sino hasta 1986 que la Asociación Psiquiátrica Americana quitó la homosexualidad del *Manual diagnóstico y estadístico de desórdenes mentales* (DSM). Hasta ese momento, algunas conductas homosexuales se seguían considerando patológicas y que requerían de tratamiento médico. Sin embargo, ahora estamos mucho mejor informados acerca de la homosexualidad y la orientación sexual, y acerca de cómo la genética impacta en la identidad sexual y en las preferencias.

Investigaciones recientes incluso apuntan a un gen de la homosexualidad. Un estudio realizado por un grupo de investigadores de la Universidad de Chicago logró aislar un gen relacionado con las preferencias sexuales de las moscas de la fruta. Si este gen muta, entonces la mosca es bisexual y deja de reconocer entre las moscas hembras y machos. Los humanos tenemos un gen similar, aunque aún se requiere de más investigaciones para determinar si éste tiene el mismo efecto en la orientación sexual humana. Aun así, esto sugiere que la orientación sexual no es una elección. Otras investigaciones indican que la sexualidad puede estar relacionada con el orden de los nacimientos.

Otras más, que cada vez que una madre da a luz a un hijo, la posibilidad de que éste sea gay es mayor. Esto se debe a los niveles de testosterona que se desarrollan en el cerebro del bebé; pues si una mujer ha dado a luz a uno o más varones los niveles de testosterona en su útero disminuyen y esto hace que tenga menos testosterona para darle al cerebro del siguiente hijo varón, lo cual puede afectar su orientación sexual después del nacimiento. De hecho, los estudios muestran que con cada hermano mayor se aumentan las posibilidades de desarrollar una orientación sexual homosexual entre 28 y 40 por ciento. Por ahora, no existe una correlación parecida en la sexualidad femenina.

La educación de la homosexualidad

Las investigaciones muestran que la sexualidad humana es mucho más fluida de lo que originalmente se pensaba. De hecho, las personas pueden moverse de un lado a otro del espectro sexual a lo largo de sus vidas. Por ejemplo, puedes sentirte identificado la primera mitad de tu vida, con la heterosexualidad, pero más adelante puedes descubrir fuertes inclinaciones bisexuales, tal vez porque conociste a una persona de tu mismo sexo que te atrajo mucho o debido a la aceptación de sentimientos sexuales enterrados a los que les ha dejado de importar los tabús de la sociedad. Cuando la gente es honesta y abierta a explorar su sexualidad, al parecer sólo un pequeño porcentaje de las personas se

reconoce completamente homosexual o heterosexual. Esto es cierto en cualquier etapa de la vida y puede identificarse en los juegos infantiles con el mismo sexo, las fantasías y la experimentación adulta. Algunos estudios sugieren que las mujeres tienen una sexualidad fluida, en parte porque la conexión emocional puede trastocarse fácilmente en atracción física.

Cómo hablarle de las familias homoparentales

Una buena manera de introducir el concepto de la homosexualidad es hablándole a tu hijo acerca de cómo es que existen diferentes tipos de familias. Hazle saber, desde una edad temprana, que algunos niños tienen dos mamás, algunos dos papás, y algunos sólo uno de ellos. Tal vez quieras hacer esto cuando vean una pareja homosexual en la televisión o caminando en la calle. Si te sientes cómodo con esta idea déjale saber que no importa cómo es que se construya una familia siempre y cuando haya amor y respeto en su hogar. Señala ejemplos que hayan visto en la televisión o entre sus amigos, de ser posible. Esto le ayudará a tu hijo a crecer como un ciudadano que no juzgará a sus compañeros, basado en los sistemas familiares o la orientación sexual. Presentarle el tema y ayudarle a sentirse cómodo discutiendo todos los tipos de sexualidad hará que sea también más probable que acuda a ti con cualquier duda que tenga acerca de su propia orientación sexual. **Puedes decirle:** "Así como las personas tienen todo tipo de formas y tamaños, las familias también tienen todo tipo de formas y tamaños. Algunos niños tienen dos mamás, algunos dos papás. Algunos tienen uno de cada uno. Y algunos más tienen una mamá y una madrastra o un papá y un padrastro. No importa cómo se componga su familia lo importante es que se amen los unos a los otros".

Cómo apoyar a un hijo gay

Si tu hijo se identifica como una persona homosexual, lo mejor que puedes hacer es ofrecerle tu apoyo y asegurarle que tu hogar es un lugar amoroso y en el que no se juzgan las preferencias sexuales. Los jóvenes gay y lesbianas tienden más al suicidio que los demás

---

MOMENTOS DE ENSEÑANZA
CÓMO HABLARLE ACERCA DE LA HOMOSEXUALIDAD

Una buena manera de comenzar una conversación acerca de la sexualidad es cuando estén viendo la televisión y se crucen con una celebración gay o un personaje gay. Dile: "Tú sabías que [inserta el nombre del famoso] es gay? ¿Sabes lo que significa ser gay? Bien, pues a algunas personas les gustan los hombres y a otras las mujeres, a algunas más les gustan ambos, Por ejemplo, algunas chicas tienen novios, pero algunas otras tienen novias o algunos chicos tienen novios y otros novias, algunos más tienen novios o novias. El amor se da de distintas maneras. Esto puede ser a veces controversial, pero en nuestra familia creemos que no importa a quién ames siempre que sean felices".

Inicio de conversación 1: "¿Has hablado alguna vez con tus amigos acerca de lo que significa ser gay? ¿Hay en tu clase niños que parezca que están interesados en las personas de su mismo sexo?".

Inicio de conversación 2: "¿Te acuerdas de mi amigo Jaime? Él y su novio se aman mucho, y tienen una fuerte relación basada en el apoyo, justo como tu padre y yo. De hecho, seguramente tienen una familia más adecuada que muchas de las parejas 'tradicionales' que no se corresponden adecuadamente o sienten el mismo amor el uno por el otro".

jóvenes. Adicionalmente, los estudiantes que se describen como lesbianas, gays, bisexuales o transgénero tienden a perder más clases por sentirse inseguros, y es más probable que se involucren en el uso de drogas u otras actividades peligrosas.

Recuerda que a pesar de tus sentimientos acerca de la homosexualidad, no puedes controlar la orientación sexual de tu hija. Lo que sí puedes hacer es ayudarle a construir su autoestima. Si tú crees que tu hija puede ser lesbiana, lo que puedes hacer es dejarle saber que la aceptas como sea. Puede que no esté lista para admitir que se siente atraída por personas del mismo sexo, pero si permaneces sin hacer juicios de valor y mantienes la línea de comunicación abierta, es más probable que ella se sincere contigo. Al hacer esto, es una buena idea que tengas una conversación directa acerca de la homosexualidad, aunque esto no debe ocurrir sino hasta que tenga al menos 12 años, a menos que ella exponga el tema en la conversación.

Puedes decirle: "¿Recuerdas cuando hablamos acerca de que existen todo tipo de familias y relaciones? Bien, pues a veces una mujer ama a otra mujer, y a veces un hombre ama a otro hombre; y a veces un hombre y una mujer se aman. Sólo quiero que sepas que como seas y a quien quiera que ames, yo siempre te amaré y estaré orgullosa de ti. Si tienes alguna pregunta o te sientes confundida acerca de a quién amas o por quién te sientes sexualmente atraída conforme creces, siempre puedes acudir a mí".

Incluso si tienes dificultad para aceptar la orientación sexual de tu hija, es crucial que le des el apoyo y compasión que ella requiere en este tiempo. Las asesorías le pueden ayudar a tu familia a hacerle frente a esta transición, así como puede enseñarte técnicas comunicativas para mantener una relación sana con tu hija. Además, muchas comunidades religiosas comienzan a aceptar la homosexualidad.

SEXPLICACIÓN
¿CÚAL ES EL RANGO DE LA SEXUALIDAD HUMANA?

El biólogo estadounidense Alfred Kinsey sugiere una forma que hoy se conoce como la "escala Kinsey" o el "continuo sexual" para examinar la orientación social. La teoría sugiere que la sexualidad humana no es tan simple y sencilla como la división entre homosexual y heterosexual. En su lugar, nuestra sexualidad es fluida y abierta, y la mayoría de nosotros tenemos al menos algún interés sexual incidental en miembros de nuestro mismo sexo. En algunos de nosotros, esto puede permanecer en un estado latente y nunca surgir, en otros, puede que se presente en fantasías menores de nuestra vida sexual. Otros más que tienen una sexualidad más abierta puede que descubran que se sienten atraídos por ambos géneros al punto de reconocerse bisexuales. También puede que descubran que sus preferencias sexuales cambian. En algún momento puede que se sientan atraídos sólo por los hombres y después sólo por las mujeres. Los que se encuentran en la cima no sienten atracción alguna por los miembros del sexo opuesto.

Clasificación	Descripción
0	Exclusivamente heterosexual
1	Predominantemente heterosexual; homosexual sólo incidentalmente.
2	Predominantemente heterosexual; pero homosexual más que incidentalmente.
3	Igualmente heterosexual y homosexual; también conocido como bisexual.
4	Predominantemente homosexual; pero heterosexual más que incidentalmente.
5	Predominantemente homosexual; heterosexual sólo incidentalmente.
6	Exclusivamente homosexual.

La pubertad y los cambios emocionales

Los cambios emocionales y de humor son parte inevitable de la pubertad. El incremento en la edad y su experiencia adquirida causan el inevitable proceso de su crecimiento, por lo que el resultado de esto es que tu relación con él cambie. Sin embargo, con paciencia y entendimiento puedes establecer un nuevo y resistente lazo con tu hijo que guíe a una relación aún más significativa.

La pubertad y las hormonas

En cuanto a las emociones, es difícil definir las etapas de la pubertad. Sin embargo, es común para los adolescentes experimentar una leve sensación de depresión. Los cambios hormonales dejan sus cuerpos y mentes agotados, lo que ocasiona cambios de humor. Puede que pierdan el temperamento rápidamente y que estén especialmente sensibles, siendo sencillo ofenderlos o herirlos. Ya que no querrás que haga un desplante de emociones, es una buena idea que le respondas con gran entendimiento y paciencia durante este tiempo.

Crecer y tener un cuerpo nuevo y desconocido mientras se trata de conocer el lugar que se tiene en este mundo no es una tarea fácil, y esto se complica más debido al estrés y a la presión de los compañeros con la que todos los adolescentes lidian en algún momento. Hacerlo sentir en un ambiente seguro es hacerle entender que lo apoyas y lo amas, lo que puede minimizar su confusión emocional durante este tiempo.

Cómo lidiar con los cambios de humor

Cuando te enfrentes con una adolescente malhumorada, intenta darte cuenta de que tus pensamientos son más claros que los de ella. El cerebro joven aún se está desarrollando, lo que significa que su habilidad para tomar decisiones aún no se ha terminado de desarrollar. Debido a esto, tu hija puede lidiar con el enojo azotando puertas y gritándote. Un adulto, en cambio, miraría estas conductas y se preguntaría: "¿Qué tipo de actitudes son éstas?".

La respuesta es que ella no está al nivel en que tú estás. En su mente, estas conductas parecen medios para lidiar con sus conflictos. Esta falta de juicio no debería ser una excusa para malas conductas, pero, en cambio, sí te ayudan a conocer el proceder de tu hija: ella no está loca, sólo se encuentra muy emocional y llena de hormonas. Una vez que te des cuenta de que tu hija está respondiendo favorablemente, podrás acercarte a la situación con paciencia y tratando de entenderla.

"Hacerlo sentir en un ambiente seguro es hacerle entender que lo apoyas y lo amas, lo que puede minimizar su confusión emocional durante este tiempo".

Cómo fomentarle una liberación emocional

Las buenas noticias son que si tú le enseñas a tu adolescente nuevas maneras de lidiar con su estrés y emociones, podrás prevenir muchas actitudes explosivas. Una de las mejores maneras de hacerlo es que tu casa sea un lugar seguro para que ella pueda expresar sus emociones. Esto significa que se deben fomentar todas las emociones. Creemos que las emociones son "positivas" o "negativas". Tendemos a rehuir las emociones que consideramos negativas, como la tristeza, la ansiedad o el miedo, las cuales se relacionan con el terreno de los adolescentes. Pero la verdad es que no existen las emociones negativas o positivas. Todas las emociones son parte de la experiencia humana y vale la pena explorarlas y expresarlas todas.

Cuando no se exploran estas emociones, entonces éstas nos pueden controlar y generarnos amargura o depresión. Las muestras explosivas de emociones ocurren como resultado de reprimir las emociones por mucho tiempo, por lo que cuando se liberan lo hacen a un mismo tiempo. Si motivas a tu hija a identificar cómo se siente, ya sea que se sienta triste, asustada, atemorizada o emocionada, y a hablar acerca de ello de manera regular, podrás minimizar la frecuencia de los ataques explosivos y podrás ayudarle a manejarlos de manera segura.

Los chicos y las emociones

Es importante alentar las emociones y más cuando se trata de chicos. Tradicionalmente los hombres crecen en donde la regla, explícita o implícita, es "los niños no lloran". Así, cuando los jóvenes llegan a la pubertad y de manera natural comienzan a sentir tristeza o miedo, no se sienten seguros de expresar sus emociones. De hecho, puede que se sientan culpables. Por eso se deciden por la ira o la violencia, ya que han aprendido que estas son las únicas formas aceptables de expresar sus emociones.

CÓMO CONTESTAR SUS PREGUNTAS ACERCA DE LAS EMOCIONES DURANTE LA PUBERTAD

Habla de manera abierta con tu hija acerca de cómo se siente durante la pubertad. Reconoce que todo el mundo tiene respuestas emocionales dramáticas de vez en cuando, especialmente conforme crecen.

P. ¿Son las hormonas la razón por la que siento ganas de llorar sin razón alguna?
R. Sí. Los cambios hormonales que ocurren en la pubertad pueden hacerte llorar por cosas insignificantes por las que antes no habrías llorado. La buena noticia es que tu cuerpo se irá ajustando lentamente a las hormonas y te irás sintiendo mejor.

P. ¿Para qué necesito las hormonas si me hacen sentir triste?
R. Necesitas hormonas para crecer saludablemente y convertirte en un adulto fuerte. Aunque las hormonas te hagan sentir mal a veces, también son parte importante de tu desarrollo como adulto.

P. ¿Es debido a las hormonas que las personas quieren tener sexo?
R. De cierta manera, sí. Las hormonas hacen que tu cuerpo se desarrolle física, mental y sexualmente. Sin embargo, sólo porque tu cuerpo está madurando, no significa que estés listo para las actividades sexuales. De hecho, las hormonas pueden ocasionar cambios de carácter que pueden hacerte difícil tomar decisiones, que es por lo que deberías esperar hasta que seas lo suficientemente maduro emocionalmente como para tomar decisiones que no estén basadas sólo en tus hormonas.

Ayúdale a tu hijo a sentirse seguro cuando experimente todo el rango de emociones humanas, al enseñarle desde una edad temprana que llorar es una forma sana de desahogarse. Enséñale que los niños a veces también sienten miedo, ansiedad o depresión, y que todo esto es normal. Déjale saber que mientras más hable de sus sentimientos, mejor se va a sentir, y que confinar sus emociones negativas dentro puede hacerle daño. Puedes darle un ejemplo al no tener miedo de compartir tus emociones o al ser abierta, especialmente con tu familia.

Cómo acercarte a tu hijo

El hecho de declarar que todas las emociones son aceptables y saludables no implica que tu hijo vaya a decirte siempre cómo se siente. Tal vez hayas leído la sección anterior que habla acerca de formar un hogar seguro donde se puedan expresar las emociones y pensamientos, y pensarás: "Pero hago lo que se sugiere y a mi hijo no le interesa. No me habla de nada, ni menciona sus sentimientos". Esta separación no es inusual y es casi una parte requerida en el crecimiento. Tu hijo está buscando su propia identidad y sus hormonas lo inducen a buscar una separación de las figuras de autoridad.

Puedes ayudarlo a sentirse más a gusto al compartir sus emociones permitiéndole escoger cuándo y dónde hacerlo. Tal vez él no quiera sentarse y hablar acerca de cómo se siente, pero tal vez se sienta más cómodo para hacerlo mientras realizan otra actividad. Al mantenerte abierta a las cosas que a él le interesan y sin presionarlo para que hable acerca de lo que piensa, puedes demostrarle a tu hijo que inviertes tu tiempo en él, pero que respetas su necesidad de privacidad.

Intenta encontrar algo que los dos disfruten hacer juntos, como jugar videojuegos, ver películas o caminar, y mantén la actividad constantemente. En medio de la confusión y los cambios al crecer, a tu hijo le gustará tener algo que compartir, como un juego semanal de tenis o una cena familiar los domingos. Esto también podrá proveerle a tu hijo una oportunidad regular con la que se pueda sentir cómodo para abrirse sin sentir la presión de tener que hablar.

Si tu adolescente aún tiene problemas para abrirse contigo, intenta preguntarle cómo se siente, pero no lo presiones. No puedes forzar a alguien a que sea honesto emocionalmente, sólo puedes darle una guía y el espacio para que pueda compartir sus pensamientos. Forzar a tu hijo a hablar sólo lo molestará y causará que se aleje más. Si no percibe tus esfuerzos por conversar, prueba en otro momento e intenta descubrir qué ocurre en su mente.

El aumento de su independencia

Una parte del porqué los adolescentes se sienten tan frustrados durante la pubertad es el hecho de que ellos creen ya haber alcanzado la adultez. Tú sabes que tu hija aún no está lista para asumir todas las responsabilidades que implican ser adulto, es una buena idea que reconozcas estos sentimientos que tiene dándole la libertad de tomar sus propias decisiones. Puedes limitar su libertad fijando contingencias como el que sus calificaciones deben permanecer altas o que su conducta debe ser la adecuada, señala además qué medidas disciplinarias se realizarán en caso de incumplir con lo establecido. Este tipo de responsabilidades limitadas le ayudarán a aprender que sus acciones tienen consecuencias específicas. Al permitirle formar su pequeña escala de decisiones, también le ayudarás a sentir control, en lugar de sentirse frustrada y considerada como una niña. Esto puede ir de la mano con su mejora de conducta y humor.

Apoya a tu hija a conseguirse un trabajo para que pueda pagar su transporte, o aumentar su hora de llegada los fines de semana. Puedes sugerirle que comience a fijar su propio horario, al escoger cuándo hacer sus tareas y cuándo tener actividades extracurriculares.

MOMENTOS DE ENSEÑANZA
CÓMO HABLARLE ACERCA DE EXPRESAR SUS EMOCIONES

Cuando notes que tu hijo se siente enojado de alguna manera, usa ese momento de enseñanza como una herramienta para compartir con él cómo lidiar con las emociones difíciles. Primero, explícale cómo usar sus sensaciones físicas para identificar sus emociones. Por ejemplo, puedes decirle que el miedo se acompaña generalmente de una presión en el pecho; que la tristeza se acompaña de un hormigueo en los ojos, y el enojo generalmente tensa los hombros, espalda y quijada. Encuentra nuevas formas en que tu hijo pueda liberarse de sus emociones. Por ejemplo, si se siente enojado, dile: "Intenta liberar tus sentimientos gritando sobre una almohada. Esto siempre me ayuda a sentirme mejor.

Inicio de conversación 1: "Pareces enojado esta tarde. ¿Quieres hablarme acerca de algo? Usualmente cuando yo me siento enojada, mis hombros y espalda se sienten apretados por toda la tensión que se reúne ahí".

Inicio de conversación 2: "Parece que has tenido un día muy tenso en la escuela. Una manera de ayudarte a liberar el estrés es encontrar una manera física de deshacerte de él, como salir a correr o caminar. Incluso puedes gritar en una almohada o clóset, o algún otro lugar silencioso y privado. Con el simple hecho de reconocer esa tensión puedes comenzar a sentirte mejor".

APRENDIENDO ACERCA DE LOS CAMBIOS HORMONALES

Aprendamos juntos

Además del desarrollo físico en la pubertad, tú hija tendrá que hacerle frente a la montaña rusa emocional que pueden provocar las hormonas en los niños y las niñas. Esto puede ser confuso para las más jóvenes, quienes se preocupan por ser las únicas que tienen que lidiar con estas complejas emociones. Ayúdale a tu hija reafirmándole que no está sola y que sus cambios emocionales son tan normales como sus cambios físicos. Es una buena idea tener esta plática antes de la llegada de su pubertad, alrededor de 9 o 10 años, pero recapitula el tema cuando lo creas necesario.

DESPUÉS DE ESTA LECCIÓN TU HIJO PROBABLEMENTE...

- Sea capaz de identificar lo que siente y por qué.
- Entienda que es normal experimentar cambios de humor y emociones intensas.
- Acepte que esto es una fase temporal y que no siempre se sentirá así.
- Se sienta más cómodo para expresar sus emociones.
- Investigue formas de lidiar con sus emociones y sentirse mejor.

---

1 ¿QUÉ SON LAS HORMONAS?

¿Sabe tu hijo que la palabra "hormona" significa excitar o estimular? Eso es lo que las hormonas le hacen a tu cuerpo. Estos mensajeros químicos circulan en tu torrente sanguíneo e influyen todas tus funciones corporales principales, desde qué tan alto eres y cuánta energía tienes hasta cómo respondes al estrés. Tienes más de 30 de estas hormonas orquestando y regulando de manera constante todas las funciones de tu cuerpo. Cada que te enojas, cansas, ríes, lloras, despiertas, sientes hambre, o te duermes tu cuerpo está respondiendo a estas hormonas. Muchas hormonas se producen por tu sistema endocrino, que incluye la glándula pituitaria, la glándula pineal, la tiroides, las glándulas adrenales y tus testículos u ovarios. También existen células que secretan hormonas en tu tracto digestivo, riñones y páncreas. Las hormonas producidas por los testículos u ovarios son conocidas como hormonas sexuales, y son la testosterona, la progesterona y los estrógenos. Estos son los responsables del desarrollo de tu hijo en cuanto a la madurez sexual. La hormona del crecimiento, producida en la pituitaria, hace que el cuerpo crezca, a veces muy rápidamente. Las hormonas también afectan las emociones. Incluso los adultos tienen que aguantar sus efectos, como sentirse felices, tristes, ansiosos, agresivos, como también afectan el apetito y causan antojos, especialmente por el azúcar y otros carbohidratos. Durante la adolescencia, tus hormonas se desbordan, lo que significa que sus efectos son más exagerados, y esto puede provocar que les cueste más trabajo sobrellevarlas.

2 ¿CÓMO AFECTAN LAS HORMONAS NUESTROS SENTIMIENTOS?

¿Sabe tu hija cómo cambian su humor las hormonas? Si ella está pasando por la pubertad, probablemente será capaz de identificar cierto rango de emociones difíciles. Explícale que son causadas por las descargas rápidas y abruptas de hormonas. Aliéntala para ser abierta acerca de sus sentimientos. ¿Está sintiendo emociones más intensas? Tal vez algo no le gustaba antes, pero ahora lo detesta, por ejemplo, o antes solía sentirse triste pero ahora se deprime regularmente. Además de estas fuertes emociones, su estado de ánimo cambia de manera drástica. ¿Siente que está llena de felicidad en un momento y al siguiente sus ojos se llenan de lágrimas? ¿Se siente súper sensible por las críticas o bromas? ¿Está convencida de que nadie la entiende, incluso las personas más cercanas a ella? Todo esto puede ser una respuesta hormonal.

3 ¿CUANTO DURARÁ?

Le puedes asegurar a tu hija que lo que está experimentando es un desajuste temporal. Las hormonas suelen normalizarse con el tiempo. Mientras tanto es importante que ella se dé cuenta que no está sola. Hazle saber que incluso las personas que parecen tener todo bajo control, probablemente están luchando en contra de los mismos sentimientos de vez en cuando. Intenta ayudarle a ver que, aunque se sienta terrible, no es sano que se lo guarde. Pídele que hable contigo, y déjale saber que tú harás todo cuanto puedas para que se sienta mejor.

4 ¿PUEDEN CONTROLARSE LAS EMOCIONES?

Habla con tu hija acerca de estrategias que le ayuden a lidiar con sus emociones y cambios de humor. Sugiérele, tal vez, que hable con amigos de confianza de su edad acerca de cómo se sienten. Ellos puede que estén pasando por lo mismo o sepan cómo ayudarla. Por lo menos, serán capaces de escucharla, simpatizar con ella y proveerle cierto desahogo. También es una buena idea alentarla a encontrar opciones creativas para sus emociones. Si, por ejemplo, le gusta dibujar, pintar, escribir, componer o cantar, estas ocupaciones pueden ser una buena manera de tranquilizar su ansiedad. Incluso escribir en un diario para expresar sus sentimientos puede ayudarle.

5 ¿QUÉ MÁS PUEDE AYUDAR A MINIMIZAR O A PREVENIR LAS EMOCIONES NEGATIVAS?

Comer sano es una buena manera de ayudar a las emociones, ya que los cambios de humor pueden ser peores debido al consumo de muchos alimentos procesados o al azúcar. Una mezcla balanceada de todos los grupos alimenticios (frutas, vegetales, granos y proteínas), le ayudarán a tu hija a tener energía y evitarán que se sienta cansada y deprimida. Mantén fruta y bocadillos saludables en tu casa para que tu hija no se vea tentada a ingerir comida poco saludable. La comida rica en hierro, como los vegetales de hojas verdes y la carne magra, así como las alubias son buenas cuando están menstruando, un momento en el que las emociones estresantes son intensas, ya que sus cuerpos pierden hierro por el sangrado. Mientras enfatizas la conexión entre nutrición y hormonas, reafírmale a tu hija que su cuerpo es hermoso y que debe comer sanamente.

CÓMO CONTESTAR LAS PREGUNTAS RELACIONADAS CON LOS CAMBIOS HORMONALES

Simpatiza con sus preguntas, pregúntale si hay algo que puedan hacer ustedes dos para lidiar fácilmente con las hormonas. Asegúrale que la amas. Ella tal vez no lo muestre, pero los niños necesitan saberse amados más que nunca durante estos momentos turbulentos. Si tu hija no quiere hablar contigo, aliéntala para hacerlo con algún hermano mayor, tu esposo, un amigo de la familia o tal vez algún líder espiritual o consejero.

P. ¿Por qué siento que nadie me entiende?

R. Estos son momentos en los que es probable que te sientas muy sensible y a veces veas las cosas fuera de proporción. Es parte de crecer y forjar tu identidad, pero no te sentirás así por siempre.

P. ¿Por qué no puedo controlar mis emociones?

R. Recuerda que tú eres la que está a cargo y no tienes por qué dejarte llevar por tus sentimientos. Esto puede ayudar a sentirte más segura conforme conozcas a la "nueva tú".

Aprendamos juntos

Cómo fomentar una comunicación abierta

A veces parece que lo último que quieren los adolescentes de sus padres es tener una conexión; en su lugar pareciera que buscan acrecentar la distancia. Esto es parte natural de su crecimiento, pero con las herramientas para generar una comunicación apropiada, puedes crear una fuerte y abierta relación duradera.

Cómo comunicarte con tu hijo

Una regla importante al comunicarte con tu hijo es hablar con él, en lugar de hablar de él. En el momento en que empiezas a sermonearlo, tu hijo dejará de escucharte. En lugar de regañarlo o gritarle, enmarca tu comunicación de una manera útil y considerada. Dale siempre a tu hijo la oportunidad de responder, y cuando estés equivocada, admítelo y discúlpate. Habla con tu hijo como si lo hicieras con un igual, y trátalo como alguien cuya opinión valoras y cuyos sentimientos respetas. Mantén la calma aun cuando te moleste su actitud.

Intenta decir algo como: "He notado que tus calificaciones han bajado en los últimos meses. Hablemos de por qué ha ocurrido esto y cuáles serán las consecuencias si éstas no mejoran". Escuchar a tu hijo es igualmente importante. Una de las principales quejas de los adolescentes es que sus padres no los escuchan. No es siempre sencillo alejar el bullicio del mundo exterior y sentarte a escuchar realmente a tu hijo, pero una vez que comiences, te asombrarás de la diferencia que esto marca en tu relación con él. Si tu hijo te dice que siente que no lo escuchas, trata su opinión con respeto. De ser posible date tiempo para hablar con él, y pregúntale cuáles son las razones específicas por las que siente que no lo escuchas. Durante la conversación, escucha cuidadosamente, practica tu lenguaje corporal, y hazle preguntas acerca de las preocupaciones específicas que tenga. Cuando termine de compartir contigo lo que le preocupa, es una buena idea resumir el mensaje con él, para que estés segura de que ambos están en la misma "frecuencia" y que tú entendiste claramente lo que le molesta.

>>> **TU HIJO PUEDE ESTAR SUFRIENDO DE DEPRESIÓN SI ...**

Incluso los padres que se involucran más con sus hijos descubren a veces que éstos no se sinceran con ellos o no les hablan. Un niño que se distancia del resto de la familia puede estar pasando por un trauma emocional. Por eso, es importante no dejar que las señales de tristeza pasen inadvertidas o sin tratar. Tu hijo puede estar deprimido si...

- De manera regular parece ansioso o enojado.
- Sus hábitos alimenticios y de sueño cambian drásticamente.
- Pierde el interés por sus calificaciones, o ya no convive con sus amigos.

Cómo darle retroalimentación negativa

La disciplina y la crítica son parte de enseñarle a tu hijo lo que significa ser un adulto responsable. La manera en que le enseñas esto, puede hacer toda la diferencia en la calidad de su relación y en la autoestima de tu hijo. Si tú lo criticas o insultas, reforzarás cualquier sentimiento negativo que pueda tener dentro. Y él podría alejarse sintiendo falta de pertenencia o que siempre comete errores.

En lugar de eso, dale a tu hijo retroalimentación negativa. Esto significa que en lugar de atacar a una persona que hizo algo mal, se le explica qué fue lo que hizo mal, le ofreces retroalimentación y le das opciones para corregir el error. Esto significa que tú criticas la acción y no a la persona. En lugar de insultar o gritarle a tu hijo, intenta explicarle lo que hizo mal y cómo puede corregirlo en un futuro. También puedes resaltarle las consecuencias que habría si no hace lo que se le sugiere.

Por ejemplo, puedes decirle: "Te pedí que sacaras la basura cinco veces. Cuando no me escuchas, haces que sienta que no me respetas y también que no me aprecias. Quiero que saques la basura y contribuyas con el mantenimiento de la casa. Si no lo haces no te dejaré salir esta noche".

Cómo evitar los juicios

Es muy difícil crear un ambiente sincero y honesto en tu hogar mientras les haces juicios a tus adolescentes o al mundo que te rodea. Ten cuidado de no darles mensajes contradictorios. Si le dices a tu hija adolescente que puede acudir a ti cuando lo necesite, pero por ejemplo, usas también palabras que condenan como "fácil" o "zorra", ella probablemente dejará de sentirse segura de acudir a ti cuando tenga miedos o preocupaciones sexuales. Si desdeñas las decisiones de otras personas, naturalmente se preocupará de que hagas lo mismo con ella.

3

CÓMO HABLARLE ACERCA DE LOS MEDIOS DE COMUNICACIÓN

EVALUANDO TUS VALORES: LOS MEDIOS DE COMUNICACIÓN

Los mensajes de los medios de comunicación lo impregnan todo en nuestra cultura y parecen dominar nuestras acciones: compra esto, viste esto, come esto y, por supuesto, haz esto. Como padre, estos mensajes han moldeado tu identidad desde la infancia. Esta experiencia te ayudará a planear la exposición mediática de tu hijo. En privado y después con tu pareja, piensa en las siguientes preguntas acerca de cómo asegurar que tu niño crezca en una cultura mediática segura e instructiva.

CÓMO ESTAR ALERTA DE LOS MEDIOS

Estar informado acerca de lo que ocurre en el mundo de los medios de comunicación es importante conforme tu hijo crece y comienza a identificarse de maneras más cercanas con lo que observa, lee y escucha. Reflexiona acerca de las siguientes preguntas para saber cuál es tu nivel de conciencia.

- ¿De qué formas crees que la televisión y las películas son valiosas? ¿Cómo es que éstas impactaron tu vida como niño y como adulto?

- ¿Cómo te sientes acerca de la programación actual de la televisión? ¿Qué reglas deberían ponerse acerca de ver la televisión en casa y fuera de ella?

- ¿Qué tan consciente estás de la música de hoy y qué piensas acerca de la música popular?

- ¿Deberías permitirle a tu hijo escuchar música con letra que toque temas sexuales explícitos? Si es así, ¿a qué edad crees que esto es apropiado?

- ¿Qué sabes de las redes sociales de internet como Facebook o Twitter? ¿Debería haber restricciones en el perfil de tu hijo?

- ¿De qué forma crees que el internet es valioso y en qué formas peligroso? ¿Cuánto tiempo pasas en línea?

- ¿Qué reglas deberías tener acerca del internet?

CÓMO SUPERVISAR LOS MEDIOS DE COMUNICACIÓN

Supervisar la influencia de los medios en tu hijo puede fortalecer su relación al acercarte a su mundo. Qué tan estricto eres al supervisarlo dependerá de sus intereses y su nivel de madurez, así como en el nivel de supervisión que tú recibiste cuando eras niño.

- ¿Qué tanto supervisaron tu exposición a los medios de comunicación cuando eras niño?

- ¿Supervisas cuánto tiempo pasa tu hijo frente al televisor o la computadora? ¿Cómo ha cambiado esto conforme él ha crecido?

- ¿A qué edad crees que tu hijo será capaz de tomar sus propias decisiones acerca de qué programas ve y qué música escucha?

- ¿Crees que es apropiado supervisar los libros de contenido adulto que tu hijo lee? ¿Qué tal las revistas, incluyendo las de celebridades y moda?

- ¿Crees que es apropiado supervisar el uso de su celular, incluyendo sus fotografías y mensajes? ¿Es una invasión a su privacidad o un mal necesario en estos días?

- ¿Crees que tu hijo debería tener una televisión o computadora en su cuarto? Si es así, ¿a qué edad es apropiado?

CÓMO MEDIR EL IMPACTO DE LOS MEDIOS

Los medios de comunicación tienen un impacto en todos nosotros de maneras en que no nos damos cuenta. Puedes ayudarle a tu hijo a mantener una perspectiva realista al identificar qué medios te impactan de manera positiva y cuáles de manera negativa, y discutirlo entre ustedes para modificar el impacto que éstos tienen en tu hijo.

- ¿Qué tipo de medios tienen más impacto en ti (por ejemplo, la televisión, los libros, la música)?

- Sobre todo, ¿crees que los medios tienen un impacto positivo o negativo en tu autoestima y perspectiva del mundo?

- ¿Qué piensas acerca de la forma en que los medios (en particular los chismes de las celebridades y las revistas de moda) afectan la percepción de la imagen corporal?

- ¿Cómo es que esta caracterización te afecta? ¿Cómo crees que afecte a tu hijo?

- ¿Cómo es que los medios afectan tu percepción del sexo y las relaciones románticas?

- ¿Cómo crees que afectan la percepción de tu hijo acerca del sexo y las relaciones románticas, o del mundo en general?

- ¿Cómo es que las escenas románticas de las películas impactan las expectativas de tu propia relación? ¿Qué impacto tienen en tu hijo?

- ¿Qué impacto tiene la música en ti y cómo influye tu estado de ánimo y la forma en que percibes a los demás?

- ¿Ha tenido un impacto en ti como adulto el aumento del acceso a internet, incluyendo las redes sociales y las salas de chat?

- ¿Crees que podrías estar sobreexpuesto a los medios? ¿Es esto peligroso?

Aplicando tus respuestas. Una vez que hayas reflexionado en el impacto de los medios, y las maneras en que estos influyen, puede que cambien tus ideas acerca de cómo supervisar los medios a los que tu hijo se expone. De hecho, puede que también te des cuenta de elementos en los medios que dañan tu propia autoestima o te fomentan relaciones y expectativas poco realistas. Después de determinar qué medios te influyen de manera positiva y te brindan información, estarás bien equipado para comenzar a educar a tu hijo acerca de esta faceta de la cultura de la sociedad.

La exposición de tu hijo a los medios de comunicación

Nadie niega el poder de los medios de comunicación. El truco para los padres es separar las buenas influencias de las malas, para asegurar que los medios contribuyan a formar una imagen saludable en tu hijo, así como en el aspecto del sexo y las relaciones. Minimiza los riesgos supervisando la exposición que tiene tu hijo, limitando y direccionando su uso.

La prevalencia de los medios

En la actualidad, muchos niños crecen con televisores en sus recámaras. Pueden ver una gran variedad de programas en sus computadoras personales, que pueden cumplir con cualquier búsqueda. Los niños tienen celulares y dispositivos portátiles y acceso instantáneo a las salas de chismes y chat, incluso a la pornografía. Los niños leen revistas, blogs y los perfiles de sus amigos y extraños en línea. La influencia de los medios en verdad está en todas partes.

Esto es valioso en muchas maneras, pero también es atemorizante para los padres. Con los medios prevaleciendo, es difícil saber exactamente qué programación está viendo tu hijo. Hoy los medios incluyen sexo, violencia, lenguaje obsceno y situaciones adultas de manera rutinaria. Encontrar contenido apropiado para la edad de tu hijo se convierte en un reto cada vez más grande.

La influencia de los medios

Distintas investigaciones muestran que los adolescentes que ven programas con abierto contenido sexual o que escuchan música con letras sexuales explícitas tienen con mayor frecuencia relaciones sexuales poco seguras. Estos niños también son sexualmente activos a una edad más temprana que quienes no se exponen a estos medios.

Cuando los adolescentes observan contenidos sexuales, suelen no adecuarlos en el contexto de sus valores. El contenido sexual no genera sentimientos sexuales, pero si saca a flote estos sentimientos puede fomentar su exploración.

Esto no significa que los niños a los que se les permite ver todo lo que quieran no puedan convertirse en adultos saludables y responsables, pero es un gran riesgo el que se toma. Una gran exposición a los medios puede hacer que tu hijo se adentre rápidamente en aprender acerca de muchos temas para los que no está preparado del todo para procesarlos. Limitar esta exposición es una responsabilidad importante de la crianza. Si descubres que tu hijo ha visto, leído o escuchado algo con contenido adulto, encuentra tiempo para hablar con él y anímalo a preguntar.

Cómo crear un plan para los medios

Es una buena idea sentarte con tu pareja y hablar acerca de las restricciones que quieren fijar en la exposición de tu hijo a los medios. Por ejemplo, puedes discutir cuándo se le permitirá a tu hijo tener un perfil en redes sociales, o cuándo tendrá su nuevo celular. Piensa también sobre los límites que quieres fijar acerca de los programas que muestran violencia, sexo u otros contenidos para adultos. No hay respuestas correctas o erróneas a estas preguntas, cada familia tiene que encontrar lo que mejor le funcione de acuerdo con la madurez del niño.

Cómo limitar la exposición de tu hijo a los medios

Es una buena idea comenzar a supervisar la exposición de los medios de comunicación sobre tu hijo desde una edad temprana. Si limitarle la televisión, las películas o la computadora se vuelven una rutina, tu hijo probablemente no percibirá esto como un castigo. Comienza por poner los televisores y computadoras en áreas comunes, en lugar de colocar alguna en la recámara de tu hijo. Ver televisión a altas horas de la noche hará que tu hijo se exponga a programación que es demasiado adulta. Al tener tu televisión y computadora en un área central, como la sala, podrás ver todo lo que aparezca en la pantalla y supervisar de manera simple la exposición de tu hijo. Puedes supervisar también aprovechando la función de bloqueo que ofrece tu servicio de cable.

También puedes limitar la exposición sobre tu hijo permitiéndole sólo determinadas horas de televisión a la semana, por ejemplo, las caricaturas de los sábados en la mañana y las películas de los viernes en la noche. Aunque puede parecer algo normal que los niños jueguen videojuegos y vean televisión toda la noche, recuerda que tú puedes fijar límites aún más estrictos que éstos. La constante exposición de tu hijo a los medios no sólo puede afectar sus decisiones sexuales, también puede afectar su inteligencia y creatividad. Por lo que es una buena idea hacer de la televisión y las películas un lujo, en lugar de un derecho.

Cómo supervisar a los niños mayores

Limitar la exposición de tu hijo a los medios de comunicación no es muy difícil, ya que tienes un gran control sobre sus actividades diarias. Sin embargo, conforme tu hijo comience a crecer y pase más tiempo en casa de sus amigos o jugando solo en la computadora, tú perderás parte de tu habilidad para supervisar lo que él ve.

Por ejemplo, intenta decir algo como: "Tu padre y yo estamos muy orgullosos de lo mucho que estudias en la escuela. Y queremos que tengas más libertad de ver la televisión por tu cuenta o en la casa de tus amigos. Sin embargo, es importante que aún sigas las reglas de la casa, incluso sin nuestra supervisión. Si nosotros podemos confiar en que tú sigas estas reglas, podremos darte más libertad conforme crezcas. De lo contrario, tendremos que quitarte algunos de tus privilegios".

⟩⟩⟩ TU HIJO SE VE INFLUIDO POR LOS MEDIOS CUANDO ...

Qué tan temprano comienza a interiorizar tu hijo los contenidos de la televisión, las películas o la música depende de cuánto se exponga a los medios. Preguntas precoces o ciertos comentarios son, en general, el primer signo de esto, y aunque esto pueda hacer que tú y tu pareja se rían después, recuerda que estas señales también implican que tu hijo comienza a tener preguntas y preocupaciones acerca del sexo que deben discutirse. Algunas señales específicas incluyen:

- Usar palabras que imiten maldiciones o groserías que escucharon en la televisión, es una primera señal de que los medios son una influencia real.
- Pasar tiempo considerable viendo televisión o películas con algún hermano mayor.
- Hacer preguntas relacionadas con ideas adultas, tales como: "¿Qué significa *sexi*?" o "¿a qué se refería esa mujer en la tele con *preámbulo*?".

La imagen corporal y los medios de comunicación

No es ningún secreto que los medios de comunicación fomentan el culto a la delgadez y la belleza. Para proteger la imagen que tiene su hijo de sí mismo y su perspectiva de la sexualidad, es importante buscar recursos mediáticos que muestren figuras corporales realistas, darle una retroalimentación positiva de manera regular, y poner el ejemplo con las cosas que tú mismo ves y lees.

Los medios, la imagen corporal y la autoestima

Los medios de comunicación pueden impulsar o dañar la autoestima, de manera particular en los niños que se encuentran absortos en descubrir su identidad. Para los adolescentes, definir su identidad es tanto un proceso social como un proceso de autodescubrimiento; para descubrir quiénes son, los niños primero desean saber quiénes son los demás. Una gran parte de este proceso de descubrimiento requiere que los niños comparen sus propias identidades con aquellas que ven en la televisión y las películas, lo cual a veces puede llevarlos a que no aprecien sus cuerpos o tengan una opinión negativa de ellos. Esto puede hacer que la confianza de tu hijo en sí mismo disminuya, y se incrementa la posibilidad de involucrarse en actividades sexuales poco seguras.

Un destacado estudio ha descubierto que, en general, las mujeres jóvenes reportan una imagen corporal disminuida después de ver figuras delgadas en los medios, a diferencia de cuando observan cuerpos "promedio" o modelos de tallas grandes. Este efecto se aprecia más en las mujeres menores de 19 años, que están en una etapa en la que sus cuerpos se están desarrollando. Alrededor de esta edad, las niñas naturalmente comparan sus cuerpos con los de las modelos.

Esto no afecta sólo a las niñas que tienen problemas con su imagen corporal. Tanto los niños como las niñas que se identifican con estrellas de la televisión tienden a tener altos niveles de insatisfacción acerca de sus cuerpos. De hecho, otro estudio ha descubierto que los mensajes pueden causar que los niños intenten cambiar su apariencia física. La Universidad de Deakin, en Australia, entrevistó a niños de entre 12 y 15 años y descubrió que los mensajes en los medios afectan el deseo de los niños de alterar el tamaño de su cuerpo por medio del ejercicio y el entrenamiento físico.

Una pobre imagen corporal fomenta la baja autoestima y el estrés emocional, y esto puede comenzar desde una edad temprana. Parte de las razones por las que la imagen corporal es tan crucial en una autoestima es porque los medios

"Los medios de comunicación pueden impulsar o dañar la autoestima, de manera particular en los niños que se encuentran absortos en descubrir su identidad".

suelen equiparar lo bueno con lo delgado y la belleza. Un estudio reciente descubrió que el atractivo y la delgadez están asociados a más de 100 personajes femeninos que aparecen en 23 de las películas animadas de Walt Disney. Por ejemplo, en *Cenicienta*, la fea madrastra y hermanastras tienen características malvadas, mientras que la heroína, buena y noble, es hermosa y delicada. Este tema es recurrente en distintas historias para niños, lo que causa que los espectadores aprendan desde una edad temprana que la belleza es buena y la fealdad es mala.

Cómo contrarrestar los mensajes negativos

Investigaciones muestran lo mucho que los medios afectan el cómo se sienten las niñas acerca de sí mismas. Combatir estos mensajes negativos no es sencillo, especialmente cuando comienzan a una edad temprana.

Esto no significa que debas evitar que tu hija vea clásicos animados o lea revistas. Hacerle a tu hija comentarios positivos es una de las mejores maneras de mantener su autoestima alta y prevenir que busque llamar la atención de otras formas, tales como las relaciones peligrosas o teniendo relaciones sexuales. Un estudio de la Universidad de Deakin, por ejemplo, encontró que la retroalimentación basada en los cumplidos tiene un impacto positivo en la autoestima de los jóvenes. No obstante, no contrarresta del todo la influencia negativa de los medios.

Encontrar influencias mediáticas positivas también es una buena manera de inspirar una autoestima saludable en tu hijo. Intenta enfocarte en programas televisivos que ilustren los valores que quieres que tu hijo imite; busca también que no hagan énfasis solamente en la apariencia de las personas. Busca personajes que consten de distintas dimensiones y que puedan ayudarte a enseñarle a tu hijo que estos son mucho más que sólo belleza, asimismo que valoren el amor sincero y las relaciones en lugar de sólo el sexo.

MOMENTOS DE ENSEÑANZA
CÓMO HABLARLE DE LA IMAGEN EN LOS MEDIOS

Conforme crezca tu hija, se irá dando cuenta cada vez más de las imágenes que ve en las revistas y la televisión, muchas de las cuales son insanamente delgadas. Toma ventaja de estos momentos para reafirmarle a tu hija que estas imágenes no son realistas, y que Hollywood muchas veces retoca las imágenes, así como maquilla y arregla a sus artistas para crear esa falsa perfección. El sólo hecho de mencionar estas verdades en voz alta puede ser trascendente a la hora de contrarrestar los mensajes nada realistas acerca del cuerpo. Por ejemplo, puedes decir: "Noté que has estado viendo revistas de modas con tus amigas. A veces cuando yo veo revistas como esa, me siento mal acerca de mi propio cuerpo. Pero, entonces me acuerdo de que la razón para que esas modelos se vean tan perfectas es debido a que están retocadas y manipuladas digitalmente para lucir de esa manera. Yo creo que la verdadera belleza se encuentra en aquellos que están sanos y se sienten seguros e inteligentes como tú".

• **También señala lo importante que es** apreciar los cuerpos saludables y reales, como el de las atletas. Enséñale a tu hija que los cuerpos vienen en distintas formas y tamaños, y que cada uno es especial, atractivo y lo más importante, único. Celebra la belleza natural y real y has de la confianza tu principal meta, tanto en tu vida como en la de tu hija.

Inicio de conversación 1: "¿No es divertido ver a las mujeres en la final del tenis? Las atletas son tan fuertes y están tan tonificadas. Qué diferentes son de aquellas mujeres que a veces se ven en la televisión, creo que estas mujeres atletas son mucho más bellas y reales".

Inicio de conversación 2: "La gente en [inserta el nombre del programa] se ve muy bien. Pero apuesto que hasta ellas tienen días en que se sienten feas, especialmente cuando no tienen a sus maquillistas y estilistas para ayudarles".

El sexo en la televisión y las películas

Existen maneras de evitar que la televisión y las películas se vuelvan la influencia principal en la vida de tu hija. Protégela de los contenidos para adultos monitoreándola cuando ve la televisión, bloqueando los programas inapropiados y hablando con ella acerca de cómo los comportamientos que ve pueden ser inapropiados e incluso peligrosos.

Qué contenidos bloquear

El primer paso es acordar con tu pareja qué programas de la televisión y qué películas son adecuadas para la edad de tu hija. Si necesitas una guía, consulta tu control para padres. Éste es un componente electrónico que contiene diferentes *sets* televisivos que te permite filtrar los programas de acuerdo con las clasificaciones que miden los contenidos explícitos, al permitirte fijar una contraseña que restringe el acceso a cierta programación. Este componente fue creado sólo con el propósito de prevenir que los niños vean contenido sexual, violento o con otras características no aptas para ellos.

Si tu hija quiere ver un programa que está bloqueado, trata de verlo primero antes de permitirle verlo. Finalmente, estas clasificaciones son sólo una guía general. Cada niño se desarrolla y madura a una velocidad distinta, y tú eres el mejor juez cuando se refiere al material que tu hija puede procesar.

Cuando utilices tu control, puede que notes letras adicionales a la clasificación básica, éstas indican si un programa contiene niveles de violencia, sexo o lenguaje adulto. Estas letras siguen los siguientes significados: V-violencia, S-situaciones sexuales, L-lenguaje ofensivo, crudo o indecente, D-diálogos sugerentes (usualmente hablan de sexo), FV-violencia en fantasía. Además, las clasificaciones formales del control para padres son:

TV Y-Todo público (clasificación AA). Contenido apropiado para todos los niños, y todos los temas y elementos están diseñados específicamente para los niños de 2 a 6 años.
Lo que necesitas saber: No toda la televisión y los programas están libres de violencia. Algunas caricaturas con contenidos violentos se clasifican como TV-Y, como "El correcaminos".

TV Y7-Niños mayores (clasificación A). Estos programas son para niños de 7 años o más, y pueden requerir que las habilidades del niño para distinguir entre la realidad y la fantasía se hayan desarrollado. Los temas y elementos pueden incluir fantasía o comedia violenta que les preocupe a los padres, aunque en general es más leve que en los programas FV.
Lo que necesitas saber: Se supone que los programas clasificados como TV-Y7 que contienen altos niveles de violencia en fantasía deberían estar clasificados como FV. Pero, algunos programas TV-Y7 que no poseen la clasificación FV pueden contener violencia.

TV Y7 FV-Niños mayores-Violencia en fantasía (clasificación A). A los programas que contienen fantasía relacionada a combates se les da esta clasificación.
Lo que necesitas saber: Una clasificación TV-Y7-FV indica que el programa puede contener: violencia como un rasgo distintivo del programa, peleas presentadas de forma emocionante, villanos y

superhéroes que se aprecian por sus habilidades en combate; glorificación de actos violentos; ésta es presentada como una solución aceptable y efectiva a los problemas. La violencia en la fantasía puede ser parte de una caricatura, un programa con personas caracterizadas, o que combinen ambos.

TV G-Todo Público (clasificación A). Es apta para todas las edades. Los programas con esta clasificación no están diseñados para los niños, pero contienen poca o nula violencia, carecen de lenguaje ofensivo y tienen pocos diálogos o situaciones sexuales.

Lo que necesitas saber: Muchos de los programas con esta clasificación no contienen en absoluto sexo, violencia o lenguaje para adultos. Sin embargo, no hay ninguna clasificación que te indique si los programas TV-G contienen estas características o no.

TV PG-Guía para padres (clasificación B). Esta programación puede ser inapropiada para los niños debido a: violencia moderada (V), situaciones sexuales (S), lenguaje ofensivo (L) poco frecuente, o diálogos sugerentes (D).

Lo que necesitas saber: Muchos de estos programas contienen niveles moderados de diálogos sexuales o violencia, y no todos ellos tienen las clasificaciones específicas.

TV 14-Precaución para padres (clasificación B-15). Esta programación contiene algún contenido que no es apropiado para niños menores de 14 años, y deben ser supervisados. Puede contener una o varias de las siguientes características: intensa violencia (V), situaciones sexuales intensas (S), lenguaje altamente ofensivo (L) o diálogos altamente sugerentes (D).

Lo que necesitas saber: Casi todos los programas en esta clasificación contienen sexo, violencia o lenguaje para adultos. No todos los programas contienen la adecuada descripción de sus características. Sin embargo, los programas clasificados TV-14 con los niveles más altos de sexo, violencia o lenguaje para adultos, están marcados con la clasificación de sus contenidos. Un programa TV-14 sin descripción puede estar indicando que el programa trata temas para adultos.

MOMENTOS DE ENSEÑANZA
CÓMO HABLARLE DEL EMBARAZO ADOLESCENTE EN LOS MEDIOS

Las jóvenes celebridades embarazadas parecen convertirse en una epidemia virtual. Muchos padres temen que esto haga que el embarazo adolescente se vea atractivo o se vuelva una moda para sus hijos, pero en realidad se puede utilizar la situación como una herramienta para hablar del embarazo en adolescentes con tu hijo. Por ejemplo, trata diciendo: "Escuché que [inserta el nombre de la celebridad] está embarazada. Sólo tiene 16 años. Creo que ella y su novio escogieron un camino muy difícil. ¿Qué piensas tú de las adolescentes que se embarazan tan jóvenes?". Escucha a tu hija, y no juzgues su reacción. El punto es crear un ambiente seguro para que tu hija exprese sus miedos sin sentirse atacada.

Inicio de conversación 1: "¿Conoces a alguien de tu grado que esté embarazada o tenga un bebé, como esas niñas de la televisión? ¿Has pensado en alguna ocasión qué ocurriría si te embarazas (dejas embarazada a alguien)?".

Inicio de conversación 2: "Parece ser que cada día más y más parejas adolescentes están escogiendo criar hijos juntos. ¿Qué opinas acerca de eso? ¿Te parece aterrador convertirte en padre a esta edad? ¿Conoces a alguien que haya tomado una decisión similar?".

TV MA-Sólo audiencias maduras (clasificación C). Esta programación está específicamente diseñada para adultos, y puede no ser apropiada para menores de 17 años. Estos programas pueden contener: violencia gráfica (V), actividad sexual explícita (S) o lenguaje ofensivo o indecente (L).

Lo que necesitas saber: Muy pocos programas se clasifican MA.

Cómo supervisar los contenidos

Conforme tu hija crezca, será cada vez menos importante bloquear completamente el contenido y será más importante supervisarla. Una de las mejores maneras de hacer esto es sentarte con tu hija a ver sus programas de televisión favoritos. Probablemente no te interesen los programas de los jóvenes adultos con todas sus adversidades y esfuerzos escolares, pero al ver estos programas puedes ayudarle a tu hija asegurándote que su contenido es apropiado para su edad, así como puedes conocer lo que piensa. No sólo aprenderás acerca de los intereses actuales de tu hija (fantasía, romance, aventura o comedia), también descubrirás qué temas, miedos y emociones puede estar experimentando. Al sentarte a su lado mientras ella responde a lo que ocurre en el programa, tú podrás estimar cómo se siente, ¿le intriga la historia de amor?, ¿aún le desagradan los niños?, ¿responde ante las insinuaciones sexuales? Todo esto son lecciones valiosas que pueden ser más sencillas de aprender a través de la exposición a los medios de comunicación. Cuando el programa termine, puedes utilizar un inicio de conversación.

Por ejemplo, puedes decir algo como: "Noté que Jessica de [inserta el nombre del programa] tiene novio. ¿Conoces a alguien en tu salón que tenga novio?" o, "en ese programa que vimos anoche, Kelli parecía nerviosa acerca de tener su periodo por primera vez. ¿Hay algo al respecto

que a ti te preocupe?". Es importante supervisar también, en la medida de lo posible, lo que tu hija observa cuando no está en casa. Si va a una pijamada, por ejemplo, recuérdale las reglas del hogar antes de llevarla. Hablen juntos acerca de cómo es que confían en ella al punto de dejarla pasar una noche afuera de casa, y cómo es que si ella quiebra esa confianza viendo programas que no le están permitidos, esto les impedirá confiar en dejarla ir a otras pijamadas.

También puedes mantenerte involucrado hablando con los padres a cargo acerca de los tipos de programas que tu hija tiene permitido ver. Puedes decir algo como: "Mi hija está muy emocionada de ir a tu casa para la pijamada. En nuestra casa no permitimos que se vea nada con una clasificación mayor a la B. Sólo queríamos asegurarnos de que no vea nada que no se le permita, y por supuesto, estaríamos encantados de dejarla llevar algunos DVD de los que puede ver".

Cómo discutir las reglas

Conforme tu hija crezca, tendrás que comenzar a reevaluar las reglas acerca de lo que ve. Fija los límites de manera clara y señala puntos de referencia para sus futuras libertades. Esto le ayudará a entender las razones de las reglas y le enseñará qué contenidos sobrepasan los límites.

Por ejemplo, puedes decir algo como: "No queremos que veas películas clasificadas como B-15 hasta los 15 años. Esto se debe a que contienen un lenguaje y situaciones adultas, si tú muestras la madurez suficiente para manejar estas películas sin dar problemas en cuanto a tu conducta, nosotros te seguiremos dando más libertades. De la misma manera, si tú adquieres malos hábitos, al ver estos programas con contenido adulto, como llegar tarde por la noche o traer chicas cuando estás sola, entonces comenzaremos a limitarte de nuevo el uso de la televisión".

QUÉ DECIR …
PARA MOLDEAR LOS MENSAJES DE LOS MEDIOS DE COMUNICACIÓN

No importa qué tan influyentes sean los mensajes, tu influencia como padre es mayor si mantienes un diálogo constante acerca de lo que los niños ven. Una conversación continua te permitirá poner la influencia de los medios en contexto y enmarcar así los valores de tu familia.

Inicio de conversación: "Sé que te gusta ver [inserta el nombre del programa], pero creo que deberíamos hablar de algunos de los personajes principales. En el último capítulo, hablaron acerca de tener sexo con sus novios por primera vez".

Dale la oportunidad de contestar, entonces guía la conversación hacia algo más personal.

Seguimiento: "Sé que esto es algo en lo que tú también estás pensando, y es normal y sano en tu crecimiento. Pero tener sexo es una gran decisión, y no quiero que tomes grandes decisiones basadas en lo que ves en los programas de televisión".

Enfatiza la diferencia entre lo que se ve en la televisión y lo que ocurre en la vida real, entonces hazle preguntas directas para que se pueda involucrar en la conversación.

Seguimiento: "Como sabes, esas personas son actores, pero tu decisión de tener sexo tendrá un impacto duradero en ti. ¿Cuándo crees que es el momento correcto para tener sexo?".

El sexo en la música

Por supuesto, la influencia de la música es importante en los jóvenes que buscan una respuesta para descubrir su propia identidad. Es una buena idea darles su distancia para que puedan establecer sus propios intereses y gustos. Mantente atento a los mensajes y letras de su música predilecta y también si impacta su conducta e imagen propia y cómo lo hace.

Las letras y sus mensajes sexuales

¿Qué es lo que dice la música de esta generación, y en verdad contribuye en las decisiones sexuales de nuestra juventud? Investigaciones recientes sugieren que sí. Un estudio guiado por un grupo de desarrollo e investigación internacional RAND, de la Universidad de Pensilvania, relaciona la actividad sexual en los adolescentes y los niveles de sexualidad explícita con las letras de las canciones que escuchan. En el estudio, las letras sexuales explícitas se definen como letras que discuten actos sexuales tratados a detalle. En específico, las letras representan al hombre como intrépido, agresivo y dominante, mientras que la mujer se presenta sumisa y obediente. Estos roles pueden ser posteriormente adoptados por los jóvenes en sus propias relaciones sexuales.

Se descubrió que los adolescentes que escuchan música con letras sexualmente explícitas están más dispuestos a realizar actos sexuales, así como es más probable que avance en niveles de actividades sexuales no coitales. De manera sencilla, los adolescentes que escuchan de forma regular letras sexuales explícitas son más propensos a tener sexo, que los adolescentes que no las escuchan.

Por supuesto, hay personas que argumentarán que las personas que comienzan con su vida sexual a una edad temprana son más propensos a escuchar música con letras sexuales explícitas. Y esto bien podría ser verdad. Sin embargo, a pesar de la relación causa y efecto, una cosa es cierta: los adolescentes que escuchan música con letra sexualmente gráfica están recibiendo mensajes sexuales y se liberan imágenes sexuales en su cerebro. Ya sea que decidan actuar a partir de estos mensajes o no es decisión de ellos, pero la lógica sugiere que para los adolescentes mientras más escuchan estos mensajes, más difícil es evitar las tentaciones.

Cómo supervisar la música

Es particularmente importante vedar las letras que presentan a las mujeres como pasivos objetos sexuales sumisos, cuya única función es el disfrute de los hombres.

Estos mensajes pueden ser peligrosos tanto para los niños como para las niñas, ya que ambos pueden interiorizarlos y probablemente actuar bajo los estereotipos de hombre dominante y mujer sumisa, incluso si están rodeados de mensajes positivos. En lugar de simplemente fijar reglas, explícale a tu hijo por qué le prohíbes escuchar ciertas canciones con ciertas letras. **Por ejemplo, puedes decir algo como:** "Estas letras no son apropiadas para alguien de tu edad. Las letras como ésta son hostiles con las mujeres (usa un ejemplo de ser necesario) y glorifican el sexo casual y el abuso del alcohol.

Entiendo que tú tienes tu propio gusto en cuanto a la música, y quiero que lo explores, pero necesitas encontrar música con mensajes que podamos apoyar y que no vayan en contra de nuestros valores familiares".

Finalmente, restringir la libertad de tu hijo, no lo hará la persona amable, justa y ética que tú quieres que sea. Sin embargo, si te comunicas con él crearás un sentido de propósito y razón detrás de las reglas y le darás el poder para tomar decisiones inteligentes. Así será más probable que tu hijo escoja no escuchar música con letras explícitas u ofensivas. Los niños tienen un fuerte sentido de lo correcto e incorrecto, y pueden ser grandes defensores de la justicia. El explicarles por qué algunas letras son dañinas les ayudará a protegerse de influencias poco seguras, y los alentará a entender la justicia social y la responsabilidad a una edad temprana.

Las influencias musicales positivas

Tu deseo de prohibir la música con letra sexualmente explícita en tu casa, no significa que no quieran disfrutar de la música popular. El estudio RAND encontró que las letras de las canciones que tienen más veladas sus referencias del sexo no surten el mismo efecto en las decisiones sexuales de los adolescentes. Las letras que presentan el sexo como algo romántico o parte de sentirse enamorado no se relacionaban directamente con las conductas sexuales casuales o tempranas. Esto ayuda a ilustrar un punto importante: está bien hablar o pensar acerca del sexo, mientras el mensaje central sea que el sexo tiene que ser respetuoso y mutuamente disfrutable; enviar este tipo de mensajes puede alentar a tu hijo a reflexionar acerca de las relaciones románticas sanas.

QUÉ DECIR ...
SI TE PERTURBA LA MÚSICA QUE TU HIJO ESCUCHA

Las preferencias se dan por los gustos personales, y ciertamente tú y tu hija no disfrutarán de los mismos artistas. Pero si tu hija escucha música que consideras que no es apropiada para su edad, porque contiene letras violentas o de sexo explícitas, puedes preguntarle acerca de ellas.

Inicio de conversación: "Sabes, he escuchado algunas de las letras de [el nombre de la banda], y estoy preocupada por el contenido que es demasiado explícito y violento para mi gusto".

Si tu hija no te responde, sé más directa.

Seguimiento: "Dime, ¿por qué te gusta tanto este grupo? ¿Qué crees que significan estas letras en tu opinión? ¿Estás de acuerdo con lo que te digo?".

El sexo y la tecnología

La tecnología es una herramienta útil, pero también puede ser el escape para información que tu hijo aún no está listo para conocer. Cada año, hay más oportunidades para los niños de interactuar con material sexualmente explícito en internet, las redes sociales u otros medios electrónicos. Debido a esto, es importante mantenerte informada acerca de la tecnología que impacta e influye en tu hijo.

Cómo supervisar las actividades de internet

Ayúdale a tu hijo a tomar decisiones inteligentes cuando se refiere al uso de internet y el privilegio de otras tecnologías al supervisar su conducta desde una edad temprana. No tengas miedo de fijar reglas: recuérdale a tu hijo que la privacidad es un privilegio, no un derecho.

Enfatiza el uso apropiado del internet explicándole acerca de los materiales para uso únicamente de los adultos. Dirige a tu hijo a sitios específicos que sean amigables con los niños y coloca la computadora en un área visible en donde puedas estar presente para supervisar su uso. Fija reglas como: "Puedes usar internet por una hora al día" o "no hables con extraños".

Es una buena idea supervisar el tiempo que tu hijo pasa en línea y en el celular. Haz que "no usar el teléfono durante la cena" sea una regla y no te olvides de apegarte a ella tú también. Apartar tiempo en el que no se utilice tecnología te permitirá unir a la familia, que por sí misma es una de las mejores maneras de proteger a tu hijo de las influencias negativas.

Cómo protegerlo de los riesgos

Es importante enseñarles a tus hijos los posibles peligros del internet desde una edad temprana. Esto asegurará que tu hijo esté atento de los tipos de información que es inapropiada compartir y recibir, y también le ayudará a enseñarle qué términos delatan a los depredadores sexuales. Será más sencillo que tu hijo acuda a ti si aparece un contacto dudoso, si tú inicias esta conversación ayudándole a identificar acciones, lenguaje o solicitudes en línea que son inapropiadas.

Recuérdale a tu hijo que otros usuarios de internet pueden no ser lo que aparentan. Pueden aparentar ser compañeros de clase o niños de la misma edad, pero en realidad pueden ser adultos mucho mayores o incluso predadores sexuales. Enséñale a tu hijo que nunca debe dar información personal a extraños en internet, incluyendo la información de su escuela, la localización de eventos sociales, su dirección o número telefónico, así como contraseñas. También es importante alentar a tu hijo a que no chateé, le envíe mensajes, correos o tenga contacto virtual alguno con personas en línea que no conoce.

Las redes sociales

Estas son comunidades en línea cuyos miembros crean perfiles y comparten fotografías, información y detalles acerca de su vida diaria. Para los adolescentes, estos sitios les ofrecen un mundo libre de autoridades en los que pueden comunicar su identidad única y conectarse con sus compañeros. Piensa en estas redes sociales como un centro comercial virtual en el que no existen los padres o la supervisión.

En un esfuerzo por presentarse atractivos y sexis, muchos adolescentes suben fotografías similares a las que ven en los medios de comunicación. Poses sugestivas o fotos en donde mandan besos u otros actos íntimos son tan comunes, que para los adolescentes estas fotografías no cruzan ningún límite social o moral. Son simplemente una manera de encajar entre sus amigos y compañeros.

Para supervisar las fotografías y mensajes, puedes considerar convertirte en amiga de tu hijo en estas redes sociales. La presencia de un adulto puede que inhiba las conductas inapropiadas o poco seguras. Con los jóvenes mayores, otra opción es permitirles un perfil personal privado, dándoles a entender que tú tendrás acceso a este perfil cuando lo requieras.

Cómo supervisar el uso del celular

Muchos celulares permiten ahora el acceso a internet y tienen la capacidad de enviar videos y fotografías en los mensajes. Esto abre una oportunidad bastante amplia para que tu hijo acceda o incluso creé contenido explícito no supervisado, en un reino que suele parecer menos censurado y más privado que el de otras herramientas tecnológicas.

Por fortuna, revisar el celular de tu hijo y sus hábitos de enviar mensajes es tan sencillo como revisar su cuenta de celular. Su cuenta te dirá exactamente a qué números envía mensajes y qué tan frecuentemente. Habla con tu hijo si notas que envía un número excesivo de mensajes a un número desconocido. Revisar el celular de tu hijo de forma regular también es una opción. **Si tienes preocupaciones acerca de los hábitos de enviar mensajes** basada en la cuenta o simplemente en la cantidad de tiempo que tu hijo pasa enviando mensajes, intenta decir algo como: "Estaba revisando nuestra cuenta de celular el otro día y noté que salían muchos mensajes de tu celular a un número que no reconocí. ¿Podrías decirme quién es esta persona y por qué le envías mensajes tan frecuentemente?".

>>> TU HIJO PUEDE SER EL OBJETIVO DE UN PREDADOR SEXUAL SI ...

Los predadores sexuales en línea vienen en distintas formas y tamaños. Algunos pretenden ser niños pequeños y crean identidades falsas para resultar atractivos y hacer que los adolescentes confíen en ellos. Pueden pretender ser niños de su escuela o tener los mismos parientes. Adoptan el lenguaje y son comprensivos para ganar su confianza. Tu hijo podría estar en riesgo si:

• Cada vez pasa más tiempo en línea.
• Pasa mucho menos tiempo en línea o actúa de manera nerviosa ante su mención.
• Minimiza las ventanas del chat o del correo cuando entras en el cuarto.
• Recibe correos electrónicos frecuentes de alguien que desconoces.
• Recibe llamadas o correos de alguien que desconoces.
• Encuentras *spam* inusual o excesivo en tu correo electrónico o el de tu hijo.
• Actúa sospechosamente acerca de su actividad en línea.
• De repente se retrae de la familia y los amigos.
• Actúa de manera ansiosa o triste, particularmente después de estar en línea.
• Pasa cada vez menos tiempo con sus amigos.

Los mensajes sexuales o *sexteo*, y sus riesgos

La actividad explícita en la computadora y los celulares se ha vuelto cada vez más común y existe ahora incluso una nueva palabra en nuestro léxico social para definirla: *sexteo*, que significa enviar y recibir mensajes, fotografías y videos con contenidos sexuales explícitos. Una encuesta reciente realizada por Teenage Research Unlimited encontró que 20% de los adolescentes en EUA han *sexteado* con fotografías de desnudos o semidesnudos.

Cuando se refiere al internet, la persona que originalmente sube el contenido pierde el control una vez que éste aparece en línea, así que es probable que el video o la foto no sólo se trasmita en la escuela, también que pase por la web en los años venideros.

Sorpresivamente, muchos de los adolescentes están bien conscientes de estas consecuencias. El 73% de los adolescentes encuestados dijeron que sabían que enviar o subir fotografías explícitas podía tener "serias consecuencias negativas". Aun así, muchos adolescentes deciden formar parte de esta moda. Lo cierto es que no es hasta que los adolescentes experimentan por sí mismos los resultados negativos del *sexteo* que aprenden la lección. Los sentimientos intrínsecos de los adolescentes de ser invencibles hacen que les sea difícil aprender de las malas decisiones de otras personas. Agrega a eso que la mente y el sistema para juzgar de los adolescentes aún se están desarrollando, y te darás cuenta de por qué no les representa un peligro.

Mientras no exista una investigación que demuestre la relación entre enviar mensajes sexuales y el involucrarse en actividades sexuales en la vida real, interactuar con estos mensajes de manera repetida puede desensibilizar a los adolescentes y guiarlos a devaluar su sexualidad. Entre más pronto comienza a explorar su sexualidad con sus amigos, será más difícil que pueda tomar decisiones sexuales inteligentes.

SEXPLICACIÓN
¿QUÉ SIGNIFICAN LOS ACRÓNIMOS POPULARES DE INTERNET?

Para los adolescentes, una gran parte de la cultura en línea radica en usar un código de lenguaje. Algunos de estos términos son inocentes, y algunos sorpresivamente explícitos. Como toda jerga, estos términos evolucionan frecuentemente, y es una buena idea mantenerse informado acerca de lo que significa cada uno.

Acrónimo	Significado (por sus siglas en inglés)
GF	Novia (inglés: Girlfriend)
BF	Novio (inglés: Boyfriend)
BFF	Mejores amigos por siempre (inglés: Best friends forever)
BRB	Vuelvo enseguida (inglés: Be right back)
AFK	Dejo el teclado (inglés: Away from keyboard)
BAK	De regreso en el teclado (inglés: Back at keyboard)
CD9	Código 9, padres cerca (inglés: Code 9-parents are around)
PIR	Padre en el cuarto (inglés: Parent in room)
PRW	Padres viendo (inglés: Parents are watching)
POS	Padre detrás de mí (inglés: Parent over shoulder)
DOS	Papá detrás de mí (inglés: Dad over shoulder)
MOS	Madre detrás de mí (inglés: Mom over shoulder)
ILY	Te amo (inglés: I love you)
143	Te amo (inglés: I love you)
182	Te odio (Inglés: I hate you)
ASL	Edad/Sexo/Ubicación (inglés: Age/Sex/Location)
LMIRL	Conozcámonos en la vida real (inglés: Let's meet in real life)
RU/18	¿Tienes 18 años o más? (inglés: Are you over 18?)
KPC	Mi padres no tienen ni idea (inglés: Keeping parents clueless)
KFY	Te mando un beso (inglés: Kiss for you)
BANANA	Pene (inglés: Penis)
RUH	¿Estás excitado? (inglés: Are you horny?)
DUM	¿Te masturbas? (inglés: Do you masturbate?)
8	Sexo oral (inglés: Oral sex)
MEZRU	Soy fácil, ¿y tú? (inglés: I am easy, are you?)
IWSN	Quiero sexo ahora (inglés: I want sex now)
TDTM	Háblame obscenamente (inglés: Talk dirty to me)
GNOC	Desnúdate para la cámara (inglés: Get naked on camera)
GYPO	Quítate los pantalones/ropa interior (inglés: Get your pants off)
NIFOC	Desnúdate frente a la computadora (inglés: Nude in front of the computer)
FB	Amigo sexual (inglés: F*** buddy)

APRENDIENDO A ESTAR SEGURO EN LÍNEA

Internet es una invaluable herramienta y una fuente útil de información y entretenimiento para los niños. Es importante que les ayudes a aprovecharlo mientras se mantienen a salvo en línea. No necesitas ser un experto para enseñarle a tu hijo a protegerse, mucho de lo que necesita conocer se basa en el sentido común. Tan pronto como tu hijo tenga 5 o 6 años asegúrate de que sepa acerca de los posibles riesgos. Trata de que siga un código de conducta cuando esté en internet.

Aprendamos juntos

....
**DESPUÉS DE ESTA LECCIÓN
PROBABLEMENTE TU HIJO ...**
- Entienda los riesgos potenciales que implica estar en línea.
- No comparta detalles personales, los de su familia y amigos.
- Se dé cuenta de que las personas en el chat no son lo que aparentan.
- Use las redes sociales responsablemente.
- Te pregunte antes de acordar verse con alguien que conoció en línea.
- Te diga si se siente incómodo acerca de algo que ocurra en internet.
....

1   ¿CUÁLES SON LOS RIESGOS AL ESTAR EN LÍNEA?

Conversa con tu hijo cuando esté en la computadora. Siéntate a su lado y muestra interés en lo que está haciendo. Primero, pregúntale qué es lo que más le gusta de usar internet. Entonces, dirige la plática hacia las salas de chat y los posibles riesgos que se puede encontrar en ellas. Algunas preguntas posibles que hacer incluyen: ¿Se da cuenta que la gente que conoce en las salas de chat no siempre son lo que aparentan? ¿Qué cree que podría pasar si da su número telefónico, su dirección o su correo a extraños? ¿Cuáles podrían ser las consecuencias de dar su información personal o detalles acerca de su familia y amigos en redes sociales? ¿Qué haría si alguien que no conoce le pide que se reúnan en persona? ¿Cuando busca información en internet cómo distingue la verdad de la ficción? Este tipo de preguntas te ayudarán a establecer qué tanto conoce realmente tu hijo y también le ayudarán a pensar acerca de las posibles consecuencias de las decisiones y acciones descuidadas al usar internet.

2   ¿CÓMO SE PUEDEN PROTEGER LOS NIÑOS A SÍ MISMOS?

La regla de oro para todas las actividades en línea es que tu hijo nunca debe revelar información personal sin tu consentimiento. Dile que los sitios en internet suelen pedir información personal para participar en ofertas o competencias. También puedes usar esta oportunidad para hablar acerca de cómo algunas personas se comportan en las salas de chat. Recuérdale a tu hijo que sea cuidadoso con las personas que le ofrecen soluciones fáciles para problemas difíciles, o que le ofrecen algo que parece demasiado bueno para ser verdad. Dile a tu hijo que es mejor no abrir correos de personas desconocidas. Si llega a abrir alguno sin darse cuenta, dile que no debe hacer clic en ningún enlace, ni abrir ningún documento adjunto, ni realizar nada sin antes consultarlo contigo. De manera similar, él no debe enviar o subir ninguna fotografía suya sin consultártelo antes.

3   ¿CÓMO LIDIAR CON CONTENIDO DESAGRADABLE?

Explícale a tu hijo que mientras mucho del contenido de internet puede ser útil, entretenido o positivo, también hay material obsceno, altamente ofensivo, cruel, o lleno de odio, y se debe evitar a toda costa. Mientras que ciertos programas pueden en gran medida filtrar el contenido para proteger a tu hijo, estas tecnologías no son una respuesta definitiva, ya que algunos de los contenidos se presentan de maneras sutiles que no son captadas por los filtros. Enséñales a los niños a navegar en un internet no censurado, de acuerdo con tus valores familiares. Señálale que la diferencia entre lo correcto y lo incorrecto es la misma en internet que en la vida real. Adviértele de la existencia de sitios y grupos en internet que fomentan la crueldad y el odio racial. Dile que muchas veces el propósito de estos sitios no es inmediatamente obvio. Algunos incluso alientan a los niños ofreciéndoles lo que parecen actividades inofensivas para atraerlos.

4 ¿QUÉ ES EL ABUSO CIBERNÉTICO O *CYBERBULLYING*?

Explícale a tu hijo que el *cyberbullying* es un término que se utiliza para describir cualquier tipo de intimidación, tales como recibir correo desagradable o subir algo acerca de ti. Si tu hijo recibe correo inapropiado o perturbador de alguien que cree conocer, como algún compañero de la escuela, dile que no conteste. El emisor está buscando respuesta, justo como lo haría si estuviera abusando de tu hijo en persona. La mejor manera de hacer que los abusivos se detengan es no darles la satisfacción de contestarles. Hazle saber a tu hijo que si el abusivo no se detiene, tú le ayudarás a descubrir de dónde vienen los correos y a contactar a la escuela o al servicio proveedor correspondiente. Si el abuso está ocurriendo en un sitio o comunidad escolar, reafírmale a tu hijo que debería actuar justo como lo haría si estuviera siendo atacado por un abusivo cara a cara, y que debe comunicarle la situación a un maestro o a ti.

5 ¿CÓMO FOMENTAR EL MANTENERSE A SALVO?

Los niños deben aprender a cuidarse y a tomar decisiones inteligentes en línea, justo como lo hacen en el mundo real. Aliéntalo a hacerse responsable de su propia seguridad, y al mismo tiempo necesita sentir que puede acudir a ti con cualquier preocupación o pregunta. Pregúntale si él, o alguien que conozca, se ha encontrado con algo inapropiado o aterrador en línea. Si tu hijo te dice algo en confidencia, intenta no reaccionar exageradamente, culpar a tu hijo o quitarle los privilegios de internet, ya que esto podría desalentarlo a ser abierto contigo en el futuro. En lugar de eso, apóyalo y decide cuál es la mejor manera de prevenir que el problema se repita. Enséñale a tu hijo a terminar inmediatamente cualquier experiencia que le haga sentir incómodo, y a hablar acerca de esto contigo o algún otro adulto en el que confíen.

CÓMO CONTESTAR PREGUNTAS ACERCA DE LA SEGURIDAD EN INTERNET

Intenta conocer los servicios de internet que utiliza tu hijo para poder contestar las preguntas que pueda tener. También puedes pedirle que te enseñe lo que hace en internet. Alienta a tu hijo a que haga preguntas, y si desconoces la respuesta, dile a tu hijo que investigarás acerca del tema. Entonces, habla con otro adulto que use internet a menudo, o visita tu biblioteca para conseguir la información.

P. ¿La información que comparto en internet es privada?
R. Pocas cosas en internet son verdaderamente privadas. Las palabras o las fotografías que se publican en línea aparecerán al buscar tu nombre en internet.

P. ¿Cómo puedes identificar a un predador en línea?
R. Esto es difícil. Los predadores pueden ser muy inteligentes en cuanto a establecer relaciones. Mantente atento en todo momento, y dile a un adulto inmediatamente si alguien presenta contenido sexual.

Aprendamos juntos

Cómo fomentar las influencias positivas de los medios

Es importante que protejas a tu hijo en contra de la influencia negativa de los medios. Algunos te pueden ayudar a guiar e instruir a tu hijo. Una buena forma es promover medios positivos, mantenerse al tanto de la cultura popular actual y las modas, así como darle a tu hijo su espacio para desarrollar sus gustos e intereses personales.

Cómo mantenerse al tanto de la cultura pop

Entender las influencias culturales que son parte del mundo de tu hijo es algo en lo que los padres definitivamente deben involucrarse. La mejor manera de hacerlo es simplemente estar al tanto e interesado en el mundo de tu hijo. Observa, lee y escucha la programación, música y literatura popular, y pídele a tu hijo que te muestre lo que a él le interesa. La adolescencia es probablemente el primer momento en que tu hijo intenta definir lo que escucha, lo que mira y lo que lee. Permite que su curiosidad natural y expresión se desarrollen, mientras no notes nada destructivo en sus elecciones. Esta pequeña libertad puede ayudar a fomentar la confianza en su relación y mostrarle a la vez que hay interés en sus gustos y estilo.

La próxima vez que vayan en un viaje juntos, no mantengas el control estricto del estéreo. Deja que tu hijo escoja música y asimile un poco del mundo en el que está creciendo. Mientras más conozcas de la influencia de los medios en su vida, comprenderás mejor el ambiente en el que crece. Esto no te dará solamente un punto en común del cual conversar, también te ayudará a entender su punto de vista y ofrecerle el apoyo y la paciencia que necesita para crecer. Además, mostrar interés en su mundo puede ayudarle mucho a nutrir su autoestima.

Cómo promover lo positivo de los medios

Puedes contribuir a los intereses de tu hijo mostrándole influencias positivas en los medios, tal vez algunos que tú disfrutaste cuando niño. Esta es una buena manera de compartir tus intereses y para dirigir el tipo de contenido que vea. Las películas, los libros y la música que celebran el amor, no sólo el sexo, pueden ser especialmente efectivos al alentar a tu hijo a tomar decisiones basadas en sus valores, y no en la tentación física.

Forma una tradición semanal, viendo una película por la noche. Vean una película clásica de tu elección y la semana siguiente vean una película contemporánea que tu hijo escoja. Esto te permitirá supervisar que los intereses de tu hijo sean apropiados. Esto es igualmente bueno para que ambos se puedan entender y aprender a ver al otro como un individuo con intereses y gustos únicos, más allá de las simples etiquetas de "padre" o "hijo".

También puedes enfatizar la influencia positiva de los medios dándole a tu hijo algún libro que hayas disfrutado a su edad. Hablen del libro conforme tu hijo lo lee, y recuerda tus propios sentimientos y pensamientos a esa edad. Puedes entonces alentar a tu hijo a compartir un libro o autor que le guste, o a que te muestre sus revistas favoritas y te explique por qué le gustan o se siente identificado con ellas.

4

CÓMO HABLARLE ACERCA DE LOS AMIGOS Y LAS INFLUENCIAS

EVALUANDO TUS VALORES: LOS AMIGOS Y LAS INFLUENCIAS

No puedes decidir de quién se hace amigo tu hijo, pero sí puedes monitorear su círculo social y las personas que tienen un impacto sobre él. El primer paso para ser una influencia positiva es determinar qué reglas familiares y directrices quieres establecer acerca de la amistad y las actividades sociales. Lo segundo es analizar cómo tus propias amistades pueden ser un buen ejemplo. Reflexiona con tu pareja cuál es la mejor forma de guiar esta importante parte de la identidad de tu hijo.

CÓMO EXPLORAR LAS AMISTADES

Pensar acerca de las cualidades que son importantes para ti en un amigo, te ayudará a asegurarte de que le trasmites este importante mensaje a tu hijo. Esto puede ayudarte a alentar positivamente la amistad, así como fomentar relaciones románticas positivas.

• ¿Qué cualidades son valiosas en un amigo?

• ¿Qué tipo de amistades son importantes para ti?

• ¿Tienes amigos cercanos? ¿Has mantenido amistades a través de los años?

• ¿Qué lecciones le has enseñado a tu hijo acerca de la amistad, de manera consciente o inconsciente?

• ¿Vives un estilo de vida sociable, o tú y tu pareja tienden a pasar su tiempo primordialmente entre ustedes y sus hijos?

• ¿Mantienes un contacto cercano a tus hermanos u otros parientes? ¿Tiene tu hijo un fuerte lazo familiar?

• ¿Han cambiado tus amistades de manera drástica con el paso de los años? ¿Aún conservas amigos de tu infancia?

• ¿Tus amigos son de tu mismo género?

CÓMO EXPLORAR EL DESENVOLVIMIENTO SOCIAL

Mantenerte involucrada en la vida social de tu hijo es la mejor manera de supervisar su desenvolvimiento y comportamiento, y puede ayudarle a protegerse de las influencias negativas. Es una buena idea planear por adelantado cómo quieres involucrarte.

• ¿Qué tan involucrado estás en el mundo social de tu hijo, incluyendo su vida escolar y actividades extracurriculares?

• ¿Qué tan enterado estás con el estilo de vida de los compañeros de tu hijo?

• ¿Cómo puedes alentar a tu hijo a que haga nuevos amigos, y que sienta confianza al acercarse a nuevas situaciones sociales?

• ¿Qué actividades te parecen importantes supervisar?

• ¿Cómo desarrollas y mantienes la confianza en tu relación padre/hijo?

• ¿Qué harías si descubres que tu hijo es víctima de algún abusivo en la escuela?

• ¿Qué harías si él es el abusivo?

• ¿Cómo fomentas la independencia de tu hijo, si lo haces?

• ¿Qué tan bien conoces a los amigos de tu hijo?

• ¿Qué tan involucrada estás en la vida de los amigos de tus hijos? ¿Conoces a sus padres, dónde viven, qué les gusta?

CÓMO EXPLORAR LAS REGLAS SOCIALES

Determinar las reglas familiares acerca de la amistad y las actividades sociales desde una temprana edad puede ayudarte a asegurar que tu hijo crezca compartiendo y respetando valores importantes, y también te ayudará a estar consciente de que estableces un ambiente hogareño positivo.

• ¿Qué reglas se deben aplicar cuando tu hijo tiene visitas (por ejemplo, dejar la puerta abierta del cuarto, sólo cuando ustedes estén en casa, etc.)?

• ¿Qué consecuencias crees que deben existir por romper esas reglas?

• ¿Crees que deben existir reglas diferentes para los amigos del sexo opuesto?

• ¿Qué acciones te gustaría tomar en caso de que tu hijo tenga amigos en los que no confíes o no consideres apropiados?

• ¿Cuánto tiempo crees que tu hijo deba dedicarle a nutrir sus amistades (por ejemplo, tanto como quiera, tanto como quiera siempre que vaya bien en la escuela, etcétera.)?

• ¿Cuánta libertad le permitirás a tu hijo conforme crezca?

• ¿A qué edad consideras que es apropiado que tu hijo tome sus propias decisiones acerca de sus amigos, toques de queda, fiestas, etcétera?

• ¿Qué tan importante es que tu hijo tenga amigos que vengan de familias con reglas y expectativas similares acerca de las actividades sociales?

Aplicando tus respuestas. Las amistades son algo que solemos pensar que sucede de manera natural, pero la verdad es que podemos decidir conscientemente qué tipos de personas quieres en tu vida, y ayudar a tu hijo a tomar estas decisiones positivas. Si tú y tu pareja tienen opiniones distintas acerca de la amistad está bien. Lo importante es establecer la amistad como una parte vital de la salud y la felicidad. Si pueden acordar en las cualidades que forman a un buen amigo y qué tan involucrado quieres estar en la vida social de tu hijo, estás listo para esta parte de la educación de tu hijo.

El desarrollo social de tu hijo

Para ayudarle a tu hijo a establecer marcos sociales saludables, primero debes entender las realidades del día a día con las que se enfrenta. A pesar de que el desarrollo difiere en cada niño, hay etapas establecidas que pueden ayudarte y prepararte para saber el cómo verá e interactuará con este mundo. Además, estas etapas pueden señalar cuándo se dé más cuenta y esté interesado en las relaciones sexuales.

Las etapas del desarrollo social

Creados por el psiquiatra Erik Erikson en 1956, las Etapas del Desarrollo Social ilustran cómo crece la conciencia social. Por supuesto, cada niño madura de forma diferente dependiendo de distintos factores. Los niños también pueden avanzar o retroceder sin previo aviso. Sin embargo, conocer estas etapas puede ayudarte a aprender cómo relacionarte con tu hijo con respecto a los sentimientos, amigos y su sexualidad.

Confianza *vs.* desconfianza, 0-2 años: Un niño aprende a confiar y a desconfiar basado en la conducta de sus guardianes. Si un niño es bien cuidado, y se le alimenta, baña y muestra afecto regularmente, aprenderá el sentido básico de la confianza. De lo contrario, desarrollará un sentido de desconfianza, que puede mostrarse después como ansiedad y duda.

La interacción social varía durante esta etapa. Cuando tu hija tenga entre un año y un año y medio, disfrutará jugar sola. En este punto, ella jugará así, aunque tal vez quiera que un adulto la observe y aliente a seguir jugando.

Autonomía *vs.* pena, 2-4 años: Tu hijo comienza a caminar y hablar como los adultos a su alrededor. Él ha desarrollado un sentido de sí mismo y ansía tener autonomía, que tal vez lo guíen a hacer berrinches. Si a un niño se le apoya en estos

momentos, desarrollará confianza. Si sus padres son ansiosos y sobreprotectores, el niño puede desarrollar sentimientos de vergüenza o duda. En esta etapa, alentarlo a ser abierto acerca de su cuerpo es especialmente importante, y puede ayudarte a estar segura de que no experimente sentimientos de pena o culpa acerca de su cuerpo o sexualidad posteriormente en su vida.

Socialmente hablando, un niño entre los dos y dos años y medio de edad comienza a comprometerse en "juegos paralelos", junto con otros niños. Este juego raramente involucra compartir juguetes o interactuar, los niños simplemente comenzarán a disfrutar sentarse uno con otro.

Iniciativa *vs.* culpa, 3-5 años: En esta edad, la mayoría de los niños está aprendiendo lecciones básicas como leer y escribir. Como resultado, puede comenzar a desarrollar un sentido de propósito, así como una imaginación activa e intereses en nuevas actividades. Algunos niños, sin embargo, no quieren aventurarse en este mundo, entonces se aferran a sus padres u otros adultos. Entre estas edades, los niños experimentan sus primeros sentimientos de culpa y frustración, tal vez por ser incapaces de completar un rompecabezas o leer o pronunciar una palabra. De manera adicional, la culpa sexual puede comenzar si el niño es regañado o se le hace sentir avergonzado acerca de su cuerpo. A partir de los tres años, más o menos, la

interacción social de una niña se desarrolla y comienza a disfrutar al involucrarse en actividades con otros niños, como cantar o colorear. Sin embargo, los niños de esta edad no juegan en conjunto, ya que aún están en una etapa egocéntrica.

Productividad *vs*. inferioridad, 5-12 años: En esta edad, un niño desarrolla un fuerte sentido de identidad y comienza a formar sus valores morales. Un niño que ha formado seguridad a través de las etapas sociales anteriores será exitoso y tendrá confianza, mientras que un niño que ha luchado a través de las etapas anteriores puede dudar de sí mismo y sentirse inferior. Este tipo de ansiedad puede guiar a una imagen pobre del cuerpo, inseguridad sexual temprana, y puede hacer que le sea difícil hacer amigos o congeniar con sus compañeros. A partir de los cuatro o cinco años, tu hijo comenzará a jugar con otros niños. Será capaz de esperar su turno, seguirá instrucciones,

y trabajará por una meta en común con su equipo o grupo. Durante este periodo, tu hijo entrará en una interacción social real, una que no es egocéntrica, pero estará basada en las necesidades e intereses de los otros.

Identidad *vs*. confusión de roles, 12-21 años: En esta etapa, los adolescentes intentan contestarse la pregunta más importante de sus vidas: "¿Quién soy yo?". Tu hijo puede experimentar distintos roles, y tal vez conductas que tú encuentres peligrosas, tales como beber o experimentar con distintas parejas sexuales. También buscará mentores e influencias externas en un intento por formar su propia identidad. La manera en que lo perciben sus compañeros se vuelve muy importante en esta etapa.

En los últimos años, tu hijo también aceptará su deseo sexual y desarrollará su identidad sexual. Explorarla lo llevará a incluir nuevos roles como novio o amante. Tu hijo buscará qué significan estos roles y si es o no exitoso en ellos.

Cómo conocer a los amigos de tu hijo

Conocer y agradarles a los amigos de tu hijo tiene un gran papel en el acercamiento de la relación con tu hijo. Fomenta las actividades positivas, entretén a los amigos de tu hijo en tu casa, y ayuda a adoptar una comunidad segura para tu hijo. Un ambiente saludable que se sobreponga con el grupo social de tu hijo puede protegerle de conductas sexuales peligrosas y otros riesgos.

Cómo fomentar una participación saludable

Como padre, tienes un papel importante al crear el círculo social de tu hijo y al ayudarle a desarrollar ciertas conductas sociales. Esto no significa que debes sofocarlo. Alentar a tu hijo a participar en actividades como equipos deportivos, clases de baile, compañías de teatro, campamentos de verano y grupos de la iglesia hará que sea más probable que sea parte de ambientes sociales positivos. Mientras que es una buena idea no saturar a tu hijo planeando cada momento de su día, alentarlo a tomar uno o dos grupos sociales fuera de la escuela puede ayudarlo a variar sus amistades e intereses, lo cual le ayudará a forjar una autoestima saludable y una identidad fuerte.

Además, es una buena idea alentar a tu hijo a mantenerse conectado con la escuela. Los adolescentes que se involucran en actividades y funciones escolares, tienden a evitar riesgos sexuales y a posponer el sexo. Una mayor participación escolar, también se relaciona con una disminución de embarazos adolescentes.

Cómo conocer a los amigos de tu hijo

Conocer a los amigos de tu hijo puede ser desalentador, especialmente durante los años de su adolescencia. Puede que pienses: "Apenas y conozco a mi propio adolescente, ¿cómo es que

puedo entender a todo un grupo de ellos?". Por suerte, esto no es tan difícil como suena, aunque puede que requiera de paciencia y sacrificio de tu parte. Una buena manera de empezar es tener siempre en tu casa botanas y permitirle a tu hijo la libertad de jugar y socializar en casa. De esta manera, será más probable que tu hijo y sus amigos pasen tiempo en la seguridad de tu propia casa y tú tendrás una mejor oportunidad de cuidarlo, conocer mejor a sus amigos, y supervisar sus actividades e influencias.

Como un participante activo en el círculo social de tu hijo, puedes pasar tiempo hablando con sus amigos. Tener esta relación es importante porque te ayudará a estar conectada con tu hijo, te dará una mejor perspectiva de su círculo social desde adentro, y te mantendrá informada de las influencias negativas que pueden alentarlo a conductas sexuales prematuras o inapropiadas para su edad. Entender estas influencias puede ayudarte a combatirlas, y también puede ayudarte a contestar cualquier pregunta que tenga tu hijo. Por ejemplo, si sabes que tu hijo tiene un amigo cuya hermana mayor está embarazada, tú puedes hablar de esto con tu hijo y ayudarle a entender el proceso y la situación. **Puedes decir algo como:** "Tu amigo Billy me dijo anoche que su hermana está embarazada. Ella acaba de cumplir los 15 años. ¿La conoces? ¿Cómo te sientes al respecto? ¿Tiene Billy alguna pregunta o preocupación al respecto?".

Tu influencia

Además de ayudar a adoptar un ambiente social positivo, tus propios hábitos sociales también tienen un papel al formar las conductas sociales de tu hijo. Los niños observan de manera natural la forma en que sus padres interactúan con el mundo exterior, y suelen imitar esas conductas. Si eres una persona abierta, tu hijo puede desarrollar esa apertura, también. Si tú eres una persona cerrada, tu hijo puede resistirse a convivir o adquirir un sentido de desconfianza. Tu hijo también notará cuánto tiempo pasas con tus amistades y cuánto le dedicas a tus intereses. Muchos padres no tienen un círculo social fuerte. Las demandas de la paternidad, junto con el trabajo y otras responsabilidades suelen dejar poco tiempo para las amistades. Sin embargo, esto puede ser dañino tanto para tu propia calidad de vida, como para el panorama social de tu hijo. Es importante que te vea como un adulto social y activo, que desarrolla sus intereses personales y mantiene sus amistades. Ya sea que participes activamente en tu iglesia o salgas con tus vecinos, no debes ver el mantener una vida social feliz como algo egoísta o como tiempo que le quitas a tu hijo. En su lugar, le estás dando a tu hijo un gran regalo, la imagen de un adulto feliz y realizado que tiene exitosos y duraderos lazos sociales.

Tener una vida social activa también puede ayudarte a crear una comunidad amorosa y que te apoye, especialmente si vives lejos de tus familiares o si tienes una familia pequeña. Intenta involucrarte en tu iglesia o sinagoga, ser voluntaria en asilo de ancianos, organizar una fiesta con tus vecinos, participar en las actividades escolares o simplemente ser amiga de los padres de los compañeros de tu hijo. Establecer una variedad de amigos es una buena manera de ayudarle a tu hijo a desarrollar su propio círculo social. Esto también puede asegurar que tu hijo tenga el modelo de un adulto fuerte y positivo en su vida además de tu pareja y tú.

QUÉ DECIR...
SI PIENSAS QUE TU HIJO TIENE PROBLEMAS PARA HACER AMIGOS:

Como padres, es increíblemente doloroso ver a tu hijo solo o siendo rechazado por sus compañeros. Escoge algún momento durante el fin de semana, cuando tu hijo no esté preocupado por la escuela y comienza una conversación acerca de esto.

Inicio de conversación: "He notado que últimamente tú y [inserta el nombre del amigo] ya no parecen tan cercanos. ¿Crees que eso es verdad?".

Permítele a tu hijo contestar, y mira si parece herido o triste cuando habla de este amigo en particular. Entonces puedes preguntarle más directamente acerca de la relación.

Seguimiento: "¿Extrañas a [inserta el nombre del amigo]? ¿Pasó algo entre ustedes que dañara o cambiara su amistad?".

Una vez que tu hijo haya tenido la oportunidad de hablar podrás simpatizar con él y compartir una anécdota positiva.

Seguimiento: "Yo recuerdo una ocasión cuando estaba en la escuela y los niños no eran muy amables. Quería salir corriendo y nunca regresar, pero en lugar de eso me uní al equipo de futbol".

Pregúntale a tu hijo si hay alguna actividad nueva que parezca divertida, o en la que esté interesado en unirse. A veces un cambio de ambiente o participación puede elevar la autoestima significativamente, y también puede ayudar a que tu hijo se deshaga de sus preocupaciones o experiencias dolorosas con amigos.

Seguimiento: "Hice tantos nuevos amigos en el equipo. Y una vez que los demás niños vieron que estaba abierto a hacer nuevos amigos, ellos se volvieron más amistosos. Recuerda que hay muchos niños que quieren tener amigos, especialmente como tú".

Los amigos y las influencias sexuales

Las amistades poseen una influencia muy importante sobre las decisiones sexuales de tu hijo, en especial durante la adolescencia donde la energía se centra en crecer rápidamente. Mientras que no puedes supervisar estas influencias sexuales de tu adolescente, sí puedes estar al tanto de los patrones de conducta y las presiones sociales.

Los amigos y la actividad sexual

Un estudio reciente en la Universidad de Minnesota encontró que el círculo social de un niño tiene un impacto significativo en la probabilidad de que éste tenga relaciones sexuales. En el cual, se descubrió que los adolescentes que tienen amigos más experimentados sexualmente se vuelven activos con más frecuencia. Estas posibilidades eran más estrechas en los casos en que los adolescentes creían que la actividad sexual les haría ganar mayor respeto entre sus amigos.

Por supuesto, se puede argumentar que los adolescentes que son más abiertos a la actividad sexual suelen tener amigos que también sean activos. De cualquier forma, es claro que la conducta de tu hijo en su círculo social es un buen indicador del propio comportamiento de tu hijo. Una investigación similar encontró que los adolescentes que tienen amigos abstemios tienden a tener sentimientos igualmente fuertes. Debido a esto, un niño que se rodea de amigos que le proveen una influencia sexual positiva le será mucho más sencillo abstenerse.

Cómo analizar el comportamiento de tu hijo

Incluso los padres que se involucran más, a veces desconocen las actividades de sus hijos, especialmente conforme éstos crecen. Esto ocurre incluso si tu hijo y tú tienen una relación abierta y cercana. En la medida en que puedas, pon atención en las acciones de tu hijo y

⟩⟩⟩ TU HIJO PUEDE EXPONERSE A LA PRESIÓN DE UN COLEGA NEGATIVO SI ...

Cuando a tu hija le afectan influencias negativas, los cambios en su conducta son el primer indicador. Ella puede parecer generalmente ansiosa, frustrada, incluso culpable. Si notas cualquiera de estos síntomas además de otros más específicos, es una buena idea hablar con ella acerca de si es feliz en su ambiente social actual.

- Desarrollar una manera diferente de hablar o vestir.
- Convivir con un círculo social que tú no conoces.
- Parecer retraída o que pierde interés en sus viejos amigos.
- Baja en sus calificaciones o pierde interés en sus actividades favoritas.
- Hermetismo acerca de dónde está y su conducta fuera de casa.

observa cambios en su conducta que puedan indicar que una influencia peligrosa puede estar afectándolo. Algunas señales de esto pueden incluir cambios en su personalidad o en el nivel de participación e interés en las actividades familiares.

Una causa de preocupación puede ser si tu hijo pasa tiempo con su nuevo grupo de amigos. Cuando es natural para una adolescente explorar diferentes círculos sociales mientras descubre su propia identidad, permanece atenta de las situaciones en las que abandona completamente a sus viejos amigos y conocidos. Un grupo nuevo de amigos puede significar que tu hijo se está moviendo en otras actividades que a sus viejos amigos no les gustan o desaprueban. Esto es cierto si el guardarropa de tu hijo cambia drásticamente al mismo tiempo, o si hay otras señales externas en sus perspectivas o intereses. Si notas un cambio abrupto en el grupo de amigos de tu hijo, pregúntale acerca de ello. **Puedes decir algo como:** "¿Qué pasó con Brian y Daniel? ¿Aún le hablas a Kevin? No los he visto

últimamente". De manera similar, pon atención a las palabras que tu hijo usa. Los padres suelen desconectarse cuando sus hijos están en el teléfono, pero con sólo escuchar las conversaciones de tu hijo, puedes percibir pistas sociales. Si parece que tu hijo está hablando en código, o si se enoja mucho por interrumpir su privacidad telefónica o si incluso es explícito. Ten una conversación honesta con él acerca de las conductas que te preocupan, y si éstas continúan, considera llevarlo con un especialista para jóvenes.

Observa su obsesión por la goma de mascar, enjuagues bucales, desodorantes y otros productos que escondan los olores. Por supuesto, todo esto es normal, pero si tu hijo lleva consigo esto a donde quiera que va, puede ser una señal de que está tratando de ocultar algo. El uso constante puede ayudar a enmascarar el consumo de alcohol o cigarro, influencias que pueden dificultar severamente el juicio y que pueden sugerir que tu hijo está en gran riesgo de involucrarse en actividades sexuales inapropiadas.

APRENDIENDO ACERCA DE LA PRESIÓN NEGATIVA DE LOS COMPAÑEROS

Ninguna influencia en la vida de tu hija adolescente como la presión de sus compañeros. Por el lado positivo, puede motivarla y elevar su autoestima, por el lado negativo, puede perjudicar su buen juicio y guiarla a actividades peligrosas, incluyendo el sexo. Ayuda a tu hija a sobrellevar la presión negativa alentándola a pensar de forma independiente y a tomar sus propias decisiones. Alrededor de los 8 o 9 años, antes de que la presión negativa se convierta en una seria amenaza, discute con ella acerca de las mejores formas para superar este obstáculo de la felicidad.

Aprendamos juntos

DESPUÉS DE ESTA LECCIÓN TU HIJO TAL VEZ...

- Sepa quiénes son sus amigos y a qué presiones se tiene que enfrentar.
- Entienda que no siempre tiene que salir con los grupos populares.
- Se dé cuenta de la importancia de tomar sus propias decisiones.
- Se resista a la presión de tener sexo, tomar drogas o involucrarse en cualquier tipo de actividad peligrosa.
- Sepa que tú estás de su lado y lo ayudarás si lo requiere.

---

1 ¿QUÉ ES LA PRESIÓN DE LOS COMPAÑEROS?

Explícale a tu hijo que una gran parte de crecer es tomar decisiones difíciles. Estas decisiones pueden involucrar serias preguntas morales, como: ¿debería saltarme la clase?, o ¿debería ir más allá de un beso? Enfatiza que tomar estas decisiones solo es difícil, pero que puede ser aún más difícil cuando personas de tu edad (tus compañeros) se involucran y tratan de influenciarte. La presión de los compañeros es algo con lo que todos deben de lidiar, incluso los adultos, y puede ser difícil hacerlo porque todos queremos agradarles a los demás. Enfatiza que la presión de los compañeros no siempre es negativa, los buenos amigos pueden alentarte a hacer cosas positivas, también. La presión se convierte en un problema si sus resultados implican un riesgo a tu seguridad o comprometer tus valores.

2 ¿CUÁLES SON LAS MEJORES FORMAS DE LIDIAR O MINIMIZAR LA PRESIÓN DE LOS COMPAÑEROS?

Pregúntale a tu hija cómo se siente cuando dice "no" a sus amigos. Explícale que toma coraje decir "no", pero que es mejor que hallarse en una situación en la que no quiere estar. Aliéntala a seguir sus instintos y creencias acerca de lo correcto y lo incorrecto para que sepa cómo actuar. Habla acerca de los tipos de presión a los que se podría ver sujeta. ¿Qué haría si sus amigas intentan persuadirla de beber alcohol? Intenta juegos de roles si crees que esto le ayudará a estructurar una respuesta con la que se sienta feliz. También déjale saber que está bien que te culpe diciendo cosas como: "No gracias, si mi mamá o mi papá perciben el olor del cigarro en mí, estaré castigada por semanas".

3 ¿CÓMO HACERLE FRENTE A LA PRESIÓN DE LOS COMPAÑEROS DE VOLVERSE SEXUALMENTE ACTIVO?

Tanto los chicos como las chicas suelen sentir una enorme presión para tener sexo o involucrarse en actividades sexuales, antes de estar listos. Para ayudar a contrarrestar esto, explícales que muchos adolescentes se arrepienten de tener sexo a edades tempranas. Intenta convencer a tu hija de qué tan importante es ser fuerte y defender lo que considera correcto. Aliéntala a pensar en cómo respondería si la presionan a tener sexo. Si alguien dice, "todo el mundo lo hace", por ejemplo, ella simplemente puede responder: "Yo decido por mí, y no tengo que hacer nada sólo porque los demás lo hacen." Si el novio o novia de tu hija o hijo es quien ejerce la presión, enseñarle que expresiones como: "Si me amas tendrás sexo conmigo" son sólo formas de manipulación. Cualquier tipo de coerción, en particular cuando se refiere al sexo, es una señal de una relación dañina, y tu hija debería reconsiderarla. Dile que una pareja que en verdad la quiera respetará su decisión de no apresurar el sexo. Los adolescentes que desean defender sus razones para no tener sexo puede decir algo como: "No quiero arriesgarme al embarazo" o "quiero esperar al matrimonio".

4 ¿DE QUÉ FORMAS LA PRESIÓN DE LOS COMPAÑEROS AFECTAN LA IMAGEN CORPORAL?

Las oportunidades de que tu hija sea presionada a verse de cierta manera son altas. Habla con tu hija acerca de la presión de coincidir en ciertos ideales físicos, que pueden resultar difíciles para aquellos que no encajan exactamente en la imagen de moda. Muchos niños tienen la idea de lo que es deseable de la televisión y las revistas. Sin embargo, las celebridades y las modelos pocas veces son lo que aparentan. Señálale a tu hija que las fotografías de modelos femeninos y masculinos que aparecen en las revistas están retocadas. Explícale que las imágenes no tienden a reflejar distintas formas, culturas y tamaños, o la inteligencia; todas las características que realmente definen a una persona. Trata de inculcar en tu hija la idea de que la autoestima viene de adentro, no de cómo luces por fuera. Enfatízale que no necesita escuchar lo que los demás digan de su apariencia, y que tiene el derecho de ser feliz justo como es.

5 ¿QUÉ PASA SI CEDE A LA PRESIÓN DE LOS COMPAÑEROS?

Permítele a tu hija saber que todos cometen errores, que es parte de crecer. Dile que entiendes los tipos de presión a los que se enfrenta y te das cuenta de lo difícil que es resistirla. Enfatiza qué tan orgullosa estás de ella y de sus logros. La mayoría de los adolescentes sucumben a la presión de sus compañeros en algún punto, así que tu hija no debe sentirse más culpable, aunque debe entender las consecuencias de sus decisiones. Explícale que lo más importante es que aprenda de la experiencia e intente encontrar una mejor solución para la próxima vez en que la situación se presente. Reafírmale que puede llamarte para ir por ella o para salir de una situación difícil en cualquier momento. También le puedes explicar que está bien que se distancie de compañeros o amigos que son críticos, así como buscar nuevas relaciones que le sean más positivas. Sobre todo, hazle saber que si necesita ayuda o guía estarás ahí para ella.

CÓMO RESPONDER PREGUNTAS ACERCA DE LA PRESIÓN NEGATIVA DE LOS COMPAÑEROS

Intenta reconocer que encajar en un grupo de amigos es muy importante para tu adolescente. Usa las preguntas como oportunidades para discutir acerca de las situaciones e incidentes sin ser juiciosa o severa. Esto fomentará la confianza de tu adolescente y el que pida tu consejo en asuntos específicos a los que se enfrente.

P. ¿Qué pasa si todos mis amigos están bebiendo en una fiesta?

R. Recuerda que hay razones por las que beber es peligroso, y simplemente di que decides no beber. Sorpresivamente, aunque parezca que debes beber para encajar, la mayoría no volverá a ofrecerte bebidas una vez que dejes claro tu punto.

P. ¿Qué pasa si mi cita me pide llegar al siguiente nivel?

R. Di "no" a lo que sea que te haga sentir incómoda o comprometa tus valores. Si tu cita no puede aceptar tu respuesta, él no es una buena persona para tener una relación.

Aprendamos juntos

Cómo supervisar sus actividades

Parte de ser padre implica caminar una delgada línea entre involucrarse y darle a tu hijo espacio para que explore. Muy poca supervisión puede causar que tu hijo sienta que no es querido y puede allanar el camino para conductas poco seguras. Mucha supervisión puede generar que se sienta frustrado y se vuelva rebelde. El truco es encontrar el balance que les dé a ambos una sensación de libertad y seguridad.

Cómo establecer y hacer cumplir las reglas

El primer paso al establecer reglas para el mantenimiento de la casa es encontrar tácticas de disciplina que tanto tú como tu pareja puedan defender en todo momento. Un castigo que pocas veces se cumple no tendrá mucho efecto en tu hija, y peor aún, cuando se lleve a cabo parecerá injusto. Un grupo claro de reglas y consecuencias asegurará que tu hija entienda lo que necesita hacer para apoyar los valores y expectativas familiares.

Trata de no disciplinarla cuando estés enojada. Mientras que está bien que tu hija sepa que estás enojada, también es importante mantener el control sobre tus emociones. Tómate algunos momentos para calmarte y pensar y hablar de manera clara. Esto también le puede enseñar a tu hija cómo volverse un adulto racional que no cede a los impulsos de la ira.

Evita la crítica. Existe una gran diferencia entre la crítica y la retroalimentación negativa, la crítica puede rebajar a tu hija, mientras que la retroalimentación negativa le permite ser proactivo acerca de cambiar su conducta. Por ejemplo, si tu hija no sacó la basura como prometió, y tú arremetes diciendo: "¡No puedo creer que no sacaras la basura de nuevo! Eres tan mal agradecida y mimada", tu hija se sentirá herida y enojada. Sin embargo, si le dices: "Veo que no volviste a sacar la basura como te lo pedí. Cuando haces eso, hieres mis sentimientos porque siento que no me escuchas y no aprecias lo que hago por ti", entonces tu hija probablemente entenderá de dónde viene tu enojo, y un plan de acción claro que necesita para el futuro.

Cómo ajustar las reglas

Las reglas y consecuencias específicas cambiarán conforme tu hijo crezca y sea capaz de manejar mayores responsabilidades. Puedes fomentar conductas positivas permitiéndole a tu hijo mayor libertad cada que muestre su buen juicio. Por ejemplo, si tu hijo es honesto acerca de algo que hizo mal, recompénsalo mostrando mayor confianza la próxima vez que salga con sus amigos.

También es una buena idea permitirle tomar sus propias decisiones de vez en cuando. Por ejemplo, si sabes que va a gastar sus mesadas en un nuevo juego electrónico, no intentes detenerlo, sólo recuérdale su decisión cuando quiera más dinero posteriormente. Estableciendo pequeñas situaciones como ésta, donde tu hijo aprenda de sus errores, le ayudará a tomar decisiones inteligentes, tanto sexualmente como en otros aspectos. La meta de la disciplina es enseñarle a tu hijo valores positivos para que se convierta en un adulto capaz. Sin la libertad de que cometa algunos pequeños errores, él no aprenderá estas valiosas lecciones si no muy tarde en su vida, cuando los errores no sean pequeños.

MOMENTOS DE ENSEÑANZA
CÓMO HABLARLE ACERCA DE LAS ACTIVIDADES PELIGROSAS

La próxima vez que tu hija y tú estén hojeando las páginas de una revista de celebridades con los últimos escándalos, asegúrate de usar este incidente para comenzar una conversación. Por ejemplo, puedes decir: "¿Viste en ese encabezado acerca de la celebridad a la que arrestaron por manejar bajo los efectos del alcohol? Ella no es mucho mayor que tú. ¿Alguno de tus amigos ha manejado bajo los efectos del alcohol? ¿Cómo te hace sentir eso?". También puedes usar este momento para hacerle saber que si ella se encuentra en una situación que le haga sentir incómoda ya sea que involucre alcohol, drogas o sexo, siempre puede llamarte y tú irás inmediatamente a recogerla, sin hacer preguntas.

Inicio de conversación 1: "Me alegra que estés haciendo tantos nuevos amigos últimamente. ¿Qué hacen juntos? Recuerda que si te sientes incómoda acerca de alguna actividad, siempre puedes llamarme y te recogeré. Nunca voy a juzgarte por la situación en la que te encuentres, y es una decisión madura apartarte de cualquier cosa que te haga sentir incómoda".

Inicio de conversación 2: "Parece que están atrapando a muchas celebridades usando drogas. ¿Hay niños en tu escuela que las usan? ¿Alguna vez te han presionado para usarlas?".

Cómo fomentar las amistades positivas

Enseñarle a tu hija a reconocer y a perseguir amistades cercanas le ayudará a desarrollar un fuerte sentido de autoestima y la ayudará a hacer otro tipo de relaciones positivas. Las personas que forman parte de grupos unidos de amigos suelen involucrarse menos en relaciones sexuales o románticas que no los apoyan igual o no los satisfacen.

Cómo enseñar con el ejemplo

Es importante que a tu hija le enseñes valores básicos de amistad, desde una edad temprana. Por ejemplo, si ella empieza a tener amigos y a socializar con otros niños, enséñale mencionando cuando uno de tus amigos hace algo bueno: "¿Viste que mi amiga Sara me prestó su DVD? Es una gran amiga, ¿verdad? ¿No te gusta cuando tú y tus amigos comparten algo?".

Los niños mayores entenderán las ideas como compartir y la amabilidad, pero aún están aprendiendo a tratar a sus amigos. Por esto, es importante que intentes evitar los chismes y otras conductas dañinas. En lugar de eso, muéstrale a tu hijo cómo comunicarse con sus amigos en una manera más respetuosa y abierta.

Por ejemplo, tú puedes compartir: "El otro día me enojé con Sara por cancelar nuestros planes. Le llamé y le dije cómo me sentía, en lugar de ponerme a crear chismes al respecto. Sabía que eso habría herido sus sentimientos si se lo hubiera comentado a otras personas, y una vez que oí su lado de la historia, me di cuenta de que no canceló por gusto".

Es una buena idea mostrarles a los niños que tus amistades también te respetan, si ella ve que tus amigos te presionan, puede que adopte una conducta similar con sus propios amigos. En lugar de eso, enséñale a tu hija a ser auténtica con sus amigos acerca de sus sentimientos y

necesidades. Esto le ayudará a aprender cómo mantener fuertes lazos y amistades positivas. Crecer en un ambiente con relaciones positivas le ayudará a tu hijo a imitar estas lecciones con sus amistades y en su vida romántica.

Cómo hablar de la imagen *vs.* la identidad

Conforme tu hija alcance la adolescencia su mayor preocupación será descubrir su propia identidad. Esto puede ser una experiencia estresante y a veces dolorosa. Tú puedes ayudarle durante este periodo enfatizando que su identidad no se basa en la imagen, a pesar de los mensajes que ella pueda escuchar de sus amigas o los medios de comunicación. Si tu hija no cree que la apariencia y la imagen son todo, su identidad se arraigará más y será más estable.

Una buena forma de fomentar su punto de vista desde una edad temprana es evitar hacer comentarios negativos de la apariencia de otras personas. Cuando haces constantes comentarios acerca del peso o la apariencia de otras personas, tu hija comienza a interiorizar esos juicios, y es más probable que empiece a juzgarse a sí misma y a la gente a su alrededor basada en las apariencias.

Además, haz un intento por compartir comentarios positivos con otros y con tu hija. Trata de subrayar cualidades positivas que no tienen nada que ver con la propia apariencia de tu hija. Esto es especialmente importante recordarlo cuando crías niñas jóvenes. Puede ser una buena herramienta para la autoestima los cumplidos basados en la apariencia, pero asegúrate que no sólo alabes su apariencia o ella puede crecer pensando que la belleza es su única característica digna de alabar. Dile lo graciosa, inteligente y fuerte que es o lo buena amiga que es de otros. Al enfocarte en cualidades más allá de la apariencia, le ayudas a tu hija a crear una identidad que no tiene nada que ver con su peso o lo que viste. A cambio, será más probable que ella juzgue a las personas basada en sus acciones y carácter y escoja amigos con valores similares. Darle una retroalimentación y valores positivos le ayudará a tener amigos que apruebes y en los que confíes.

Cómo fomentar las amistades correctas

Si bien no puedes escoger a los amigos de tu hijo, sí puedes ayudarle a escoger amigos que traten a otros bien. Habla con tu hijo desde una edad temprana acerca de la importancia de tener amigos que se lleven bien con otros. Con los niños mayores, puedes continuar esta influencia alabando las cosas que te gustan de sus amigos. Mientras más fomentes que tu hijo forme lazos con personas que exhiben conductas positivas y están seguros de sí mismos, más aprenderá tu hijo de ellos.

Por ejemplo, puedes decir: "Me gusta la amiga que trajiste a cenar ayer. Parece lista y motivada. Espero que la traigas más a menudo".

5

CÓMO HABLARLE ACERCA DE LAS RELACIONES ROMÁNTICAS

EVALUANDO TUS VALORES: LAS RELACIONES ROMÁNTICAS

La primera relación romántica de tu hijo es la marca de un largo camino para él y para ti. También puede ser un desafío apoyar y alentar a tu hijo conforme tome decisiones en su relación. Pensar por adelantado acerca de cómo quieres guiarlo a través de este periodo, puede ayudarte a minimizar las dudas que tengas. Considera las siguientes preguntas de manera privada para ayudarte a aclarar tus sentimientos, entonces discútelas con tu pareja.

CÓMO EXPLORAR SI ESTÁ LISTO PARA UNA RELACIÓN

Estar listo para formar parte de una relación se trata más de la madurez y el carácter, que de la edad. Pensar acerca de las cualidades que son importantes para una relación que te satisfaga te ayudará a determinar de una mejor manera si tu hijo ha alcanzado ese punto.

• ¿A qué edad crees que deberías hablarle a tu hijo acerca de las relaciones?

• ¿Qué nivel de madurez crees que es necesario para comenzar a tener citas?

• ¿Qué nivel de madurez crees que es necesario antes de comenzar a intimar físicamente?

• ¿Qué tipo de desarrollo personal se requiere antes de comenzar a tener una relación exitosa y satisfactoria?

• ¿Crees que es mejor que primero sean amigos?

CÓMO EXPLORAR LAS CITAS Y LOS LÍMITES

Piensa sobre los valores que te son importantes acerca de las relaciones de pareja y qué reglas te ayudarán para que puedas comunicárselos claramente a tu hijo y que éste tenga unas directrices claras para actuar.

• ¿Qué actividades son aceptables en una cita? ¿Cómo es que esto va a cambiar conforme crezca?

• ¿Qué cualidades o atributos son valiosos para ti en una relación de pareja?

• ¿Cuánta privacidad consideras que se le debe conceder a tu hijo en lo que a relaciones de pareja se refiere?

• ¿Qué límites crees que se deben establecer para cuando pase tiempo a solas con su pareja?

• ¿Cómo te sientes acerca de los retiros donde los chicos y chicas pasan la noche juntos? ¿Hay límites que deben establecerse?

• ¿Está bien para tu hijo que pase la noche junto a su pareja?

• ¿Cómo poner límites físicos? Tales como nada de citas o puertas cerradas, etcétera.

• ¿Qué harías si descubres que tu hijo intima sexualmente? ¿Cómo cambiaría tu respuesta dependiendo de su edad?

CÓMO EXPLORAR EL IMPACTO DE LAS RELACIONES

Reflexionar acerca del impacto que tienen las relaciones tempranas, tanto en el presente como en el futuro, te ayudará a comunicarle a tu hijo el valor de tomar decisiones inteligentes.

• ¿Cuáles son tus recuerdos acerca de tu primera relación romántica?

- ¿Cómo definirías el amor?

- ¿Cómo crees que tu primera relación impactará en tus relaciones futuras?

- ¿Cómo crees que las relaciones románticas impactan en la calidad de vida en los adolescentes? ¿Qué hay de los adultos?

- ¿Cómo crees que tus propias relaciones afectan en las de tu hijo?

- ¿Cuánto impacto tiene la personalidad de tu pareja en tu propia personalidad? ¿Uno de ustedes es más dominante que el otro?

CÓMO EXPLORAR LA PARTICIPACIÓN EN LAS RELACIONES

Es una buena idea decidir de antemano qué nivel de participación crees que es apropiado para tu hijo, esto puede ser situacional, dependiendo de la personalidad de tu hijo, su círculo social y su nivel de madurez.

- ¿Quieres conocer a la persona especial de tu hijo y a sus padres?

- ¿Qué pasa si no "apruebas" a la persona especial de tu hijo? ¿Cómo manejarías esa barrera con tu hijo?

- ¿Qué tan involucrados crees que deban estar los padres en las primeras relaciones de adolescentes?

- ¿Qué tan involucrados crees que deban estar los padres en las relaciones posteriores?

- ¿Qué tan establecidos crees que tienen que estar los valores de la familia?

- ¿Cómo planeas comunicarle estos valores a tu hijo? ¿Crees que es importante hacerlo antes de que inicie una relación romántica?

Aplicando tus respuestas. Pensar acerca de tu historia amorosa puede ser confuso y doloroso. Si encuentras que estas preguntas son difíciles de contestar, tal vez sería una buena idea hablar de tus sentimientos con un amigo cercano o un terapeuta. Incluso si has tenido relaciones dañinas en el pasado, puedes trasmitirle valores saludables a tu hijo y ayudarlo a guiar sus primeras relaciones. Una buena forma de hacerlo es identificar cualidades en sus amistades u otras relaciones (respeto, apoyo, etc.) que sean valiosas para ti, y entonces traducirlas a las relaciones románticas.

La primera relación de tu hijo

Involucrarse en una relación romántica puede ser una de las partes más valiosas de la experiencia humana, por eso es que los niños imitan las relaciones adultas desde tan temprana edad. Desde el primer enamoramiento hasta su primera relación estable, es importante que te involucres e intereses por esta parte de la vida de tu hijo.

Enamoramientos

Muchos niños se enamoran desde los tres o cuatro años, tal vez desarrollan interés por alguien de preescolar o por un vecino con el que juegan. Durante este periodo, los enamoramientos no son más que un juego de niños que juegan a ser adultos. Por ejemplo, tu hija tal vez quiera jugar a la casita y pretender que su enamorado es su esposo, o tu hijo tal vez quiera llamar a alguna de las niñas de su clase como su "novia". A los niños les gusta imitar el comportamiento adulto, y estos enamoramientos no son dañinos y, en general, se basan más en la imaginación que en la realidad. Usualmente se olvidan después de unas semanas. Conforme tu hijo crece, enamorarse se vuelve más serio y comienza a parecer más real, pero aún sigue basado en la fantasía y los ideales románticos.

La primera relación estable

Existe la posibilidad de que la primera relación romántica de tu hijo ocurra antes de que lo anticipes, posiblemente tan pronto como termine la primaria o en cuanto empiece la secundaria. Como padre, es una buena idea decidir, junto con tu pareja, qué directrices quieres establecer en estos primeros pasos. Por ejemplo, ¿a qué edad crees que esté bien que tu hija tenga un novio estable? ¿A qué edad le permitirás salir en citas no supervisadas? Fijar lineamientos de antemano no sólo le ayudará a tu hija a entender qué conductas son aceptables y cuáles no, también le ayudará a ver que tus reglas no son arbitrarias y creadas de la nada. Si ella tiene tiempo suficiente para procesar y digerir las reglas acerca de las citas, será más probable que ella entienda que tu

>>> LA RELACIÓN DE TU HIJO ES MÁS QUE UN ENAMORAMIENTO CUANDO …

Enamorarse es parte natural de crecer. A partir de preescolar, probablemente tu hijo se interesará tanto en sus amistades de la escuela como en las celebridades. Esto es sano y normal, como lo es que esto sea más que un mero enamoramiento a cierta edad, especialmente si es capaz de mantener un grado de participación en la relación. Algunos signos de que tu hijo comienza una relación más seria incluyen:

- Una necesidad creciente de privacidad, más cuando hay intereses amorosos.
- Parecer enojado o avergonzado cuando le preguntas acerca de alguna persona.
- Actuar malhumorado un día y aturdido al siguiente, u otras conductas que signifiquen que sus emociones están involucradas en una relación.

pareja y tú han dedicado tiempo para pensar en cada restricción. Comunicarle y apegarse a las reglas también le ayudará a tu hijo a tener un sentido de guía y apoyo que le dará seguridad cuando tenga que tomar decisiones acerca de sus citas y si éstas van de acuerdo a los valores familiares y a las expectativas. Además, esto asegurará que para cuando tu hija se interese seriamente en salir con alguien, tú ya habrás establecido una conversación continua con ella de lo que significa estar en una relación saludable y satisfactoria.

Una advertencia: trata de considerar las necesidades de tu hijo conforme estableces las directrices, y date cuenta de las reglas cuando son muy estrictas e inflexibles. Esto es especialmente cierto cuando se trata de la experiencia relacionada a las primeras citas. Las relaciones tempranas raramente duran mucho o se vuelven serias, y si tú permites a tu hija pequeñas libertades, le ayudarás a crear una atmósfera de confianza y de respeto conforme ambas atraviesan este punto decisivo en la relación padre-hijo.

Proponte hacer compromisos que funcionen para ambas. Por ejemplo, si no crees que tu hija deba tener citas sola con su primer novio estable, invita a su novio a cenas familiares, o lleva a la pareja al cine y recógelos después de la película. Mantenerse involucrada en sus actividades puede ayudar a quitar un poco la emoción de lo prohibido de la relación, y redirigir el enfoque hacia la amistad y el coqueteo inofensivo, mientras se permite que la relación se desarrolle. También te ayudará a conocer a la persona con la que sale tu hija.

Las citas

Como padre eres capaz de tener un papel muy importante en fomentar y celebrar las relaciones saludables de tu hijo. Justo como lo ayudaste a formar sanas y felices amistades, también debes brindarle un poco de luz al escoger a su persona especial, enseñándole acerca de la comunicación en pareja, y estableciendo guías y límites para cada etapa de su desarrollo.

Citas en grupo

Una buena manera de iniciar a tu hija en el mundo de las citas es permitiéndole tener citas en grupo. Esto da un grado de autonomía, mientras que la protege de situaciones que pueden ir muy rápido. Incluso en este escenario es una buena idea conocer detalles de los planes de tu hija. Una buena regla, en los años tempranos de la adolescencia, es pedir que todas las citas en grupo sean en lugares públicos, como un centro comercial o un cine. Esto ayudará a que las actividades sean sanas y divertidas, y que la presión de sus compañeros se mantenga al mínimo.

También es importante estar al tanto de quién forma parte del grupo. Si el grupo incluye amigos a los que no has conocido, pasa algún tiempo hablando con tu hija antes de que salga. Conforme los adolescentes crecen, las citas en grupo se convierten potencialmente en un terreno donde se siembra la presión de los compañeros. Éstas pueden ser más intensas que las citas uno a uno, ya que los adolescentes pueden provocar el desenvolvimiento sexual unos de otros. Incluso para una niña con educación sexual, este elemento de competencia puede tentarla a tomar decisiones sexuales que de otra forma no tomaría.

Además, en el escenario de una cita en grupo, es importante asegurarte de que tu hija sólo esté saliendo con personas de su misma edad, lo que implica que no sean mayores por dos años. Los estudios muestran que las jóvenes que salen con hombres fuera de su grupo de edad corren un mayor riesgo de involucrarse en conductas peligrosas como beber, usar drogas o tener sexo. Un estudio realizado en la Universidad de Columbia por el Centro Nacional de EUA acerca de las adicciones y el abuso de drogas encontró que 58% de las chicas que tienen novios mayores al menos por dos años, beben alcohol, en comparación al 25% de las que no salen con chicos fuera de su rango de edad. De manera similar, 50% de las chicas que salen con chicos mayores fuman marihuana, en comparación al 8% de las demás, y el 65% de las que salen con chicos mayores fuman, a diferencia del 14% de las chicas que salen con chicos de su edad. Todas estas actividades pueden llevar a la actividad sexual temprana, otras investigaciones revelan que dos terceras partes de las madres adolescentes en EUA se embarazaron de hombres mayores de 20 años.

Cómo supervisar las relaciones amorosas

Una forma de supervisar las relaciones de tu hijo es conocer a la persona con la que sale. Interesarte en su relación ayudará a que tu hijo se sienta más adulto, y tal vez lo impulse a ser más abierto acerca de esto. Para minimizar cualquier sentimiento vergonzoso que tenga tu hijo, puedes hacer de esto una invitación divertida en lugar de una obligación. Planear una cena es una buena forma de asegurar que puedan hablar y pasar tiempo juntos, pero si la cena parece amenazadora, planea algo más casual, como un día en un parque de diversiones o un concierto al aire libre.

Para extender la invitación, sugiere: "He notado que pasas mucho tiempo con Alison, me encantaría conocerla ya que es tan importante en tu vida". Es una buena idea supervisar el balance en la vida de tu hijo. A pesar de que esta relación puede consumir todo su tiempo, es importante que alientes a tu hijo a que siga valorando a sus amigos, y a que continúe con sus actividades extracurriculares y el trabajo escolar. Recuérdale que sus amigos merecen también de su energía y tiempo, y que para tener una saludable y feliz relación, debe ser una persona completa con sus propios intereses y personalidad. Si esto parece difícil, puedes poner algunas reglas adicionales en cuanto al tiempo que tu hijo pasa con su persona especial, como que sólo tiene permiso de verla dos veces por semana.

Cómo enseñar con el ejemplo

Una de las mejores maneras de ayudar a tu hijo a escoger una relación saludable es practicar lo que predicas. El ejemplo de un matrimonio estable es el mejor regalo que le puedes dar a tu hijo. Si tú y tu pareja están divorciados, aún puedes ayudar acerca de las relaciones al continuar tratando a tu ex con respeto.

Si eres soltero y sales a citas, piensa en cómo instruir a tu hijo a partir de tus propias relaciones. Por ejemplo, si la regla en tu familia es esperar hasta la adultez para tener sexo, tal vez no esté bien que tu pareja pase la noche en tu casa. Al dejar que alguien pase la noche en tu casa puede ser conflictivo para los valores que tu hijo está aprendiendo. Los niños suelen imitar la conducta de los padres, especialmente cuando se ven a sí mismos como adultos.

QUÉ DECIR ...
SI CREES QUE TU HIJO ESTÁ INVOLUCRADO EN UNA RELACIÓN DAÑINA

Si te preocupa que tu hijo esté en una relación por alguna razón encuentra un momento para hablar con él. Mantén tu mente abierta y apóyalo, pero comparte sus preocupaciones honestamente.

Inicio de conversación: Intenta decir: "No he podido evitar notar que pareces molesto después de pasar tiempo con Jake o hablar con él por teléfono. ¿Crees que a veces esto es verdad?".

Tu hijo puede que se ponga a la defensiva ante cualquier comentario negativo acerca de la relación, sin importar cómo lo digas. Minimiza esto explicándole más específicamente lo que has notado y tus preocupaciones.

Seguimiento: "Las discusiones son normales, pero pareciera que él no se está comportando respetuosamente contigo, como mereces. ¿Has sentido esto alguna vez?".

Dale a tu hijo el tiempo suficiente para que pueda procesar esto y contestar. Entonces asegúrate de que sabe que estás disponible para hablar, ya sea que quiera hacerlo en ese momento o después.

Seguimiento: "Yo he tenido mis propios desacuerdos con novios en el pasado. Si hay algo de lo que quieras hablar, siempre estaré aquí, sin importar qué".

Para terminar la conversación de una manera positiva, reitérale lo importante que es para ti su felicidad y cuánto quieres que ella se sienta amada por las personas que ama.

Seguimiento: "Sólo quiero que seas feliz y tengas un novio que te haga sentir tan especial y única como eres. Si [inserta el nombre del novio] te hace sentir de esa manera, entonces me alegro. Pero si no es así, quiero que sepas que está bien que tengas dudas y que pienses si esta es la verdadera relación que deseas".

Cómo supervisar el tiempo a solas

El fijar reglas acerca de cómo y cuándo tu hija puede ver a su persona especial, se vuelve especialmente importante conforme crece. Puedes basar estas reglas en la madurez de tu hija y en cuánto sabes de su relación. Es bueno mantener una atmósfera de confianza que le permita a tu hija tomar decisiones por sí misma, mientras mantiene un nivel de participación que la proteja de tener demasiada autonomía.

Fijar reglas

En cada etapa de madurez de tu hijo, necesitarás decidir cómo manejar sus privilegios en el hogar. Cuando tu adolescente tenga 13 o 14 años, fijar una regla que le impida pasar tiempo a solas con su persona especial es factible, especialmente si la regla de tu familia es que todas las citas deben ser grupales.

Conforme tu hijo crezca y pruebe que es lo suficientemente maduro para manejar mayores responsabilidades, te sentirás más cómodo permitiéndole mayor libertad, como salir en citas individuales o pasar tiempo a solas con su persona especial. Aunque tenga más libertad, puedes seguir restringiendo algo de su tiempo a solas en tu casa, pidiéndole que no pase todo el tiempo en su cuarto con la puerta cerrada. Dale a tu hijo un poco de privacidad, pero también hazle saber que lo checarás ocasionalmente, para que sepa que aún está semisupervisado.

Es una buena idea preguntarle acerca de las restricciones que tiene en la casa de su persona especial, así como si su familia se involucra o tiene distintas reglas, pues la tentación de pasar tiempo en una casa con pocas restricciones puede ser mucha. Conoce a su novia y a su familia, habla con sus padres acerca de las reglas en tu casa. Haz un esfuerzo incluso si los otros padres parecen poco interesados, y recuérdales que te gustaría que se siguieran tus reglas tanto como fuera posible. Si en verdad te incomoda la falta de supervisión que proveen, puedes pedirle a tu hijo que él y su novia pasen más tiempo en tu casa. Si este es el caso, intenta hacerla sentir tan bienvenida como te sea posible. Un niño cuyos padres no se involucran, desea este tipo de apoyo paternal y estímulo, así que tu participación será como un regalo para ella, más que un castigo.

Pasando la noche juntos

La mayoría de los padres no están de acuerdo con que sus hijos pasen la noche sólo con su pareja y esto es entendible. Permitir a los adolescentes pasar la noche juntos es muy arriesgado. Uno de cada cinco niños tiene sexo antes de los 15 años y apenas 30% de los padres se enteran aun cuando la intimidad es muy probable que ocurra ¡en su propia casa! Debes estar pendiente de las invitaciones a dormir y de fiestas, como la de graduación, o alguna otra actividad donde sea probable que el alcohol esté involucrado. Es buena idea establecer una regla en la que tu hijo no pueda pasar la noche a solas con su novia, incluso si tú estás en casa con él. Tú puedes mantener esta regla aun con alguien en edad universitaria que están de regreso para las vacaciones de verano. Al menos en tu casa, las reglas familiares acerca de las visitas que pasan la noche no tienen que cambiar mientras tu hijo crece.

MOMENTOS DE ENSEÑANZA
CÓMO HABLARLE ACERCA DEL TIEMPO A SOLAS

Puede ser difícil decidir cómo manejar el tiempo que tu hijo pasa a solas con su alguien especial. Empieza con esta conversación a una edad temprana y enfatiza el hecho de que el tiempo a solas es su privilegio, no un derecho, y que puede ser retirado si es inapropiado.

• **Después de ver una película:** Después de ver una película que muestre adolescentes abusando de su tiempo a solas, que destrozan la casa o que tienen relaciones sexuales, comienza una conversación con tu hijo acerca de lo que han visto. Puedes decir algo como: "Sabes, en esa película que vimos anoche, el personaje principal abuso mucho de la confianza de sus padres. Yo quiero que tú tengas privacidad y disfrutes tiempo a solas con tu novia, pero no si vas en contra de las reglas familiares". Explícale que si respeta los límites acerca del tiempo a solas, tú respetarás, a cambio, su privacidad.

• **Después de escuchar una conversación:** Si llegas a escuchar a tu hijo y a sus amigos hablar de sexo o de algún tipo de intimidad física, puedes usar esta conversación como un puente. Más adelante, cuando estén a solas tendrás tiempo para hablar con él en privado y decirle algo como: "Me preocupó un poco escucharte a ti y a tus amigos hablar de relaciones el otro día. Mientras creo que está bien que tengas citas y confío en ti y en tus amigos, quiero que entiendas que creo que las relaciones no deben ser físicas hasta que seas mayor". Si tu hijo está en una relación, déjale saber que puede acercarse a ti siempre con sus preguntas y preocupaciones.

• **Al inicio de una relación:** Cuando tu hija esté en las primeras facetas de una relación, aprovecha esta oportunidad para recordarle las reglas de tu casa, especialmente conforme éstas cambien y ella crezca. Puedes decir: "Estoy tan emocionada de escuchar de Bobby. Parece un chico realmente bueno, y no puedo esperar para conocerlo. Sólo recuerda que está bien que pase tiempo aquí, pero si van a estar en tu cuarto, la puerta debe estar abierta".

Inicio de conversación 1: "Has tomado buenas decisiones, y como resultado, creemos que estás lista para estar con él cuando nosotros no estemos aquí. Sólo recuerda las otras pláticas que hemos tenido sobre los límites".

Inicio de conversación 2: "Sé que algunos de los novios de tus amigas pasan la noche en sus casas, pero como lo hemos hablado, nosotros no creemos que sea una buena idea para ti. ¿Entiendes por qué?".

Marcando los límites físicos

Ayudarle a tu hijo a establecer límites físicos en sus relaciones puede ser una conversación difícil de comenzar, pero también importante para ayudarle a desarrollar su sentido de responsabilidad sexual. Recuerda que entre más pronto comiences con los valores sexuales, será más probable que estas lecciones se vuelvan parte de las decisiones de tu hijo acerca de los límites físicos.

Intimidad emocional

Comienza por tener una discusión acerca de los distintos niveles de intimidad, incluyendo la emocional. Puede ser sencillo olvidar que la atracción física es sólo una parte de la ecuación. Para muchos adolescentes, su primera relación romántica no sólo implica una cita o un primer beso, sino también la primera vez que hablan y comparten cosas privadas de sí mismos con alguien ajeno a su familia. Esto es particularmente cierto para los adolescentes hombres. Las chicas tienden a ser más abiertas y hablar más con sus amigas, los chicos suelen guardarse sus sentimientos y pensamientos privados. La primera relación romántica de un chico puede ser la primera vez en que éste se abra y comience a mostrar esos sentimientos ocultos, lo que explica que esta relación se pueda sentir tan fuerte y poderosa, incluso sin una conexión física.

Intimidad física

Subraya los niveles de intimidad física, o "bases", como se muestra en las páginas 128-129. Una vez definidos éstos, es bueno discutir el hecho de que la intimidad física puede escalar rápidamente o surgir antes de que alguno de los involucrados esté realmente listo. Pon especial énfasis en el sexo oral y manual. Muchos adolescentes no ven el sexo oral como sexo, así que es importante remarcar el hecho de que éste es tan peligroso para la salud como el coito, y que puede ser emocionalmente destructivo. Además, otras formas de sexo, como el manual, pueden llevar a los adolescentes a otro nivel en el que ya no quieran parar, incluso si emocionalmente no están preparados para este paso.

Cómo hablar de la intimidad con una pareja

Como parte de la conversación acerca de la intimidad, es importante enfocarse en cómo tratar este tema en una relación. Si tú preparas a tu adolescente con la habilidad de decir no al avance sexual que va en contra de tus valores familiares y le das consejos para establecer límites cuando salga a citas o esté en una relación, estarás dando un gran paso al promover que tome decisiones inteligentes.

El primer paso es alentar a no caer en el "sé amable" o "sé agradable". Las jóvenes usualmente son criadas para complacer a los demás, y decirle no a alguien (incluso si es algo que ellas consideran malo) puede hacerlas sentirse culpables. Permite que tu hija sepa que decir "no" no es sólo un regalo para ella, también es un regalo para aquel con quien salga. Si ella no está lista para tener sexo, entonces tenerlo no es justo ni para ella ni para su pareja. Esto es igual de cierto para los chicos. A menos que ambos en la pareja se sientan preparados y cómodos, la caída emocional de apresurarse a tener sexo puede ser más abrumadora y dañina de lo que alguno de ellos considera. Igualmente importante es preparar a tu adolescente para los distintos argumentos a los que se podría enfrentar si se resiste a tener sexo. Su novio podría decir: "Pero te amo" o "estaremos juntos por siempre, así que, ¿por qué debemos esperar?" o "si tú no tienes sexo conmigo alguna otra chica lo tendrá". Explícale a tu adolescente que el amor real respeta los límites y nunca intenta forzar al otro al sexo, y si ella y su alguien especial van a estar juntos por siempre, entonces tienen la vida por delante para tener sexo. Déjale saber a tu hija que si la presionan para tener sexo es manipulador e irrespetuoso, y no es como debe funcionar una relación. Como parte de esta conversación, enséñale a tu adolescente que cualquier decisión que tome hacia una mayor intimidad debe discutirse de antemano con calma, no en una atmósfera cargada sexualmente.

Cómo hablar con los chicos adolescentes

Los chicos adolescentes suelen escuchar las mismas lecciones acerca de establecer y respetar los límites, aunque ellos probablemente sientan menos presión para tener sexo. Alienta a tu hijo a respetar el cuerpo de su pareja y dile que no debe intentar convencer a alguien para tener sexo cuando haya dicho "no". A menudo, los chicos creen que cuando las chicas dicen "no" sólo se están haciendo las difíciles. Infórmale a tu hijo que no es así, y que siempre debe respetar la decisión de los demás de no tener sexo.

También puedes ayudarle a tu hijo a entender las expectativas emocionales que vienen con el sexo. Por ejemplo, ¿sabe si quiere permanecer con esa persona? ¿Entiende que después ella tendrá más expectativas que él, y que ella esperará que permanezcan juntos? Guiar a tu hijo a través de estas consecuencias le puede ayudar a pensar que el sexo es una responsabilidad y no sólo una tentación.

QUÉ DECIR . . .
SI CREES QUE TU HIJO HA CRUZADO LOS LÍMITES FÍSICOS

Si descubres que tu hijo ha cruzado los límites físicos o se involucra en conductas sexuales que consideres inapropiadas, encuentra el momento para tener una conversación. Intenta mantenerte abierta y accesible, que no parezca sólo un regaño.

Inicio de conversación: "Estoy un poco preocupada acerca de algo y me gustaría hablarlo contigo. En verdad quiero que tengamos una relación honesta y abierta porque creo que mereces mi apoyo y amor incondicionales en todo momento".

Puedes parar y darle a tu hijo la oportunidad de contestar antes de comenzar a discutir directamente acerca de tus preocupaciones sobre la relación.

Seguimiento: "Sueles ser muy honesto conmigo, por lo que estoy sorprendida acerca de que no me contaras de tu decisión de ir al siguiente nivel con Ana".

Vuelve a parar para darle a tu hijo la oportunidad de abrirse acerca de la decisión que tomó y cómo se siente en su relación.

Seguimiento: "Sé que hemos hablado de la importancia de esperar. También sé que finalmente es tu decisión cómo manejar el lado físico de tu relación, pero quiero decirte lo mucho que espero que tú y tu novia no se apresuren a tener algo que después puedan lamentar".

Alienta a tu hijo a que reflexione y posiblemente después te haga preguntas directas acerca de sus propios pensamientos y valores sexuales.

Seguimiento: "¿Has pensado acerca de esto o has hablado de ello con tu novia? ¿Qué límites físicos crees que son importantes en esta etapa de tu relación, sí crees que hay alguno? ¿Cómo ha cambiado esto desde que comenzaron a salir y por qué?".

APRENDIENDO ACERCA DE LOS NIVELES DE INTIMIDAD FÍSICA

Desde compartir un beso hasta tener sexo por primera vez, negociar las etapas de la intimidad física puede ser tenso, complicado y confuso. Cuando un hijo comienza a pensar acerca de las citas, alrededor de los 12 o 13 años, hablar con él acerca del afecto, los deseos sexuales y los sentimientos le ayudarán a entender y a tomar las decisiones correctas acerca de la intimidad física. Hay cuatro niveles principales de intimidad física, que son descritos usando términos de beisbol.

DESPUÉS DE ESTA LECCIÓN, TU HIJO PROBABLEMENTE...

- Entenderá lo que implica cada etapa de intimidad en cuanto al nivel físico.
- Apreciará que cada nivel de intimidad física requiere una participación emocional profunda y madurez.
- Se dará cuenta de que la intimidad física puede lastimar el ego, decepcionar y lastimar si se adentra mucho y muy pronto.
- Entenderá de que la tercera y cuarta bases no se deben tomar a la ligera.
- Se sentirá cómodo al decir "no" a la intimidad física, incluso bajo presión.
- Se dará cuenta de que tener sexo por las razones incorrectas, puede traer consecuencias físicas y emocionales duraderas.

1 ¿POR QUÉ LES LLAMAMOS BASES?

El concepto de "bases" surgió de uno de los deportes favoritos de EUA. La idea es que las parejas deciden tocar ciertas bases. Históricamente, la primera base es besarse, la segunda base es tocar los senos, la tercera base es tocar los genitales, y el *home run* era, por supuesto, el coito. Hoy día, las bases son sencillas de pasar, por tanto las definiciones han cambiado. El adolescente promedio considera hoy la segunda base tocar todo, la tercera base el sexo oral e incluso a veces el anal, y el *home run* el coito o en algunos casos, múltiples parejas a la vez. Para asegurarte de que están en la misma página, es importante hablar con tu adolescente acerca de estos niveles. Pregúntale cómo define cada base. ¿Qué están haciendo sus compañeros? ¿Qué bases se consideran normales para las personas de su edad, y qué, si acaso, se considera ir muy lejos? Entonces puedes compartir tus definiciones de las bases, enfatizando la importancia de reflexionar cuidadosamente y comunicar con apertura lo que se quiere antes de decidir pasar a una nueva etapa de intimidad.

2 ¿QUÉ PASA EN LA PRIMERA BASE?

Es el punto inicial de la intimidad física. Todo es acerca de besarse y abrazarse y afecto. Es la etapa en la que un chico y una chica se están conociendo, salen en sus primeras citas, se sujetan las manos y miran en los ojos del otro. ¿Está bien besar a alguien en la primera cita? ¿Qué es lo que tu hijo opina? Explícale que tiene menos que ver con la edad que con los sentimientos. ¿Te gusta la persona? ¿Crees que también le gustas? ¿Te sientes cómodo con esta persona? ¿Confías en ella y en sus intenciones contigo? ¿Estás dispuesto a arriesgarte a dar un beso a alguien que no conoces bien o en quien no confías aún? Estas son el tipo de preguntas que necesitas considerar antes de besar a alguien.

3 ¿DE QUÉ SE TRATA LA SEGUNDA BASE?

Se trata de mimar y dar besos profundos. Usualmente, describe caricias ligeras por encima de la cintura para que un chico pueda tocar los pechos de la chica, por ejemplo. Puedes explicar que es natural para los adolescentes tener curiosidad acerca del cuerpo de otra persona y querer explorar cómo se siente la cercanía física. Dile que estos sentimientos sexuales son muy emocionantes y a veces difíciles de controlar. Pregúntale a tu adolescente cómo se sentiría si su pareja quisiera ir más allá. Enfatiza que él no debe ir más lejos de lo que desee, ni debe tomar decisiones que sienta que causan conflictos con sus valores familiares. Besarse y acariciarse no son una promesa de que algo más vaya a pasar, así que él no está guiando a nada o fastidiando sólo porque quiera parar. Estas acciones deberían ser parte de una relación basada en la confianza, el cariño, el respeto y la amistad, así que cualquiera que lo quiera hacer sentir mal porque quiera detenerse no vale la pena en primer lugar.

4 ¿IR A LA TERCERA BASE O NO?

La tercera base en general se considera que involucra caricias más profundas o tocamientos genitales. ¿En qué etapa de la relación considera tu hijo apropiado llegar a esta base? ¿Depende de cuánto tiempo llevan saliendo? ¿Debería estar enamorado? Este es un buen momento para sacar a relucir tus valores familiares. Explícale a tu adolescente que este nivel de intimidad requiere mucha confianza mutua, respeto y entendimiento entre dos personas. Esto porque implica compartir su cuerpo y su corazón, por lo que debe ser muy cuidadoso y protegerse contra ser lastimado emocionalmente. Muchos adolescentes ven el sexo oral como la tercera base porque no involucra el coito. Tal vez quieras señalarle a tu hijo que el sexo oral es tan íntimo como el coito y que no se debe tomar a la ligera. Tampoco es una opción segura para el sexo, puede que no se dé un embarazo, pero aun así se puede contagiar de una ETS (Enfermedad de Trasmisión Sexual).

5 ¿CUÁNDO ES TIEMPO DE IR A LA CUARTA BASE?

Es donde el coito toma lugar. Tal vez quieras señalar que mientras que el beisbol es un deporte competitivo, la intimidad y el sexo no lo son. Muchos adolescentes tienen una mentalidad competitiva acerca de llegar a la cuarta base, los chicos en particular tratan de anotar. Hazle saber a tu hijo que nunca debe forzar a nadie y nadie debe forzarlo a hacer algo que incomode. También puedes hacerle la "gran" pregunta en esta plática: ¿Cuándo consideras que debes tener sexo? ¿Por qué crees que existe una edad legal para el consentimiento del mismo? Ahora es momento de hablar de las consecuencias físicas y emocionales del sexo y de la importancia de ser lo suficientemente maduro para hacerles frente. Al tener sexo antes de estar preparado, tu hijo se abre a los sentimientos de culpa o vergüenza. Enfócate en ayudar a tu hijo a pensar en lo que hace una relación fuerte. Háblale acerca de lo que significa que otra persona te importe y en cómo debe ser el sexo en una relación madura, amorosa y respetuosa.

CÓMO RESPONDER LAS PREGUNTAS ACERCA DE LOS NIVELES DE INTIMIDAD FÍSICA

Tu hijo probablemente tiene un montón de preguntas acerca de la intimidad física y la conducta sexual. Ser capaz de comunicarle abierta y honestamente sin vergüenza acerca de estos temas es esencial para que tu hijo se sienta cómodo al acercarse a ti para pedirte un consejo o información.

P. ¿Qué significa "caricias" o "mimos"?

R. Significa toqueteos íntimos y pueden ocurrir con o sin ropa. A veces son leves (como cuando un chico toca los senos de una chica sobre la ropa) y a veces pueden ser muy íntimos (como cuando masturbas a alguien más).

P. ¿El sexo oral es verdadero sexo?

R. Es definitivamente una conducta sexual. Algunas personas la consideran incluso más íntima que el coito; otros menos personal. Tú debes decidir qué valor le das a los diferentes tipos de conductas sexuales.

El primer amor

Enamorarse es una experiencia invaluable, y también desafiante. Mantente involucrada en el primer romance verdadero al apoyar la relación, al compartir tu propia historia de amor, y al instruir acerca de la diferencia entre amor y lujuria. Volverte una fuente disponible de preguntas y preocupaciones te ayudará a mantenerte involucrada y a influir durante este parteaguas tan importante.

El impacto del primer amor

El primer amor puede ser el modelo sobre el que fabriques cada relación futura. Si tu primer novio fue respetuoso y fiel, es probable que salgas de esa relación con seguridad propia y una buena opinión acerca de los hombres y las citas. Si tu primer novio te engañó o te presionó para tener sexo antes de que estuvieras lista, tal vez sufras de baja autoestima o falta de disfrute sexual. De hecho, mucha gente que tuvo una iniciación sexual negativa sufre décadas después de una perspectiva sexual dañada y sentimientos de pena y arrepentimiento.

Mientras preparas a tu hija para esta experiencia, es una buena idea hablar de la diferencia entre lujuria y amor. Muchos adolescentes (e incluso adultos) malinterpretan estos primeros sentimientos de atracción con algo más profundo. Hablar de cómo el deseo puede nublar a veces el proceso de la toma de decisiones puede ayudar a estimular a tu hija a tener un proceso más cercano y a identificar sus emociones.

Cómo apoyar la relación de tu hijo

Para mantenerte involucrado en la relación de tu hijo, es importante ofrecer apoyo desde el principio. Los padres a menudo creen (erróneamente) que si se toman en serio la relación de su hijo, esto los estimulará a llevar la relación al siguiente nivel de intimidad. En lugar de eso, respetar la relación de tu hijo se trata de demostrar que valoras su relación porque es importante para él. Apoyar a tu hijo y valorar sus sentimientos no lo llevará a tomar decisiones más adultas, pero será más probable que acuda a ti para pedirte consejos y escuchará tus opiniones acerca del sexo y el amor.

Apoyar las relaciones tempranas incluye evitar comentarios condescendientes. No sólo van a herir los sentimientos de tu hijo, también pueden abrir una brecha en su comunicación, que es lo último que quieres que suceda cuando está haciendo sus primeras incursiones en el mundo del sexo y el amor. Es difícil para ti ver la relación de tu hijo como un compromiso serio, intenta recordar cómo se sentía estar en ese enamoramiento temprano. Recordar, y posiblemente compartir, tus propias relaciones tempranas te ayudará a relacionarte con tu hijo a un nivel que lo estimulará a ser emocionalmente vulnerable.

Por ejemplo, la próxima vez que tu hijo parezca de mal humor o irritable después de hablar con su novia por teléfono, di algo como: "Me di cuenta de que te veías triste después de hablar con Laura. Eso me recordó una vez que discutí con mi primera novia. Estuve enojado cuatro días, nunca lo olvidaré". Puede ser que tu hijo quiera saber más acerca de tu historia, y mientras compartes estos detalles, él se sienta más cómodo a abrirse acerca de su propia relación.

Cómo lidiar con un corazón roto

Inevitablemente, la primera ruptura amorosa de tu hija será difícil, pero también es una oportunidad para aprender lecciones de vida importantes. Enfócate en usar este momento para enseñarle acerca de las realidades y los riesgos del amor, y cómo recuperarse de las experiencias difíciles. Mantenerse activa e involucrarse en nuevas actividades son buenas opciones para salir de una ruptura amorosa como una persona más fuerte.

Cómo mostrar empatía

La primera ruptura puede ser una parte muy dolorosa de la adolescencia. Como padre, a veces puede ser difícil saber cómo relacionarte con tu hija en este periodo, si la relación ha sido corta. Ten en cuenta que mientras seis meses pueden parecer pocos, ese mismo tiempo representa ¡un tercio de la vida de una persona de 15 años!

Una de las formas de ser empático con tu hija es simplemente pasar tiempo juntos. Ya sea que a tu hija adolescente le gusten los deportes, el teatro, o el arte; planea un día que se enfoque en sus intereses. Apóyala y dale el control del día —incluso si no quiere hacer nada— es una buena forma de educarla.

Puedes aprovechar esta oportunidad para explicarle las realidades del amor. La primera ruptura amorosa de tu hija puede ser la única vez que se ha enfrentado con la realidad de lo que sucede cuando el amor no funciona. Habla con tu hija acerca del riesgo que involucra enamorarse de alguien. Puedes compartir con ella tu primera ruptura amorosa y cómo te sentiste después de eso.

Cómo estimular la recuperación proactiva

Ofrecer el apoyo moral y verbal, es una buena idea para estimular a tu hija a ser proactiva en el proceso de recuperación. Esto le ayudará a retomar su vida normal más rápido. La buena noticia acerca de las rupturas amorosas en adolescentes es que a menudo tienen la capacidad de recuperarse a un paso acelerado, siempre y cuando haya otras partes de su vida que los mantengan ocupados y en las que se involucre.

Una forma sencilla de promover esto es ayudar a que tu hija siga con su rutina diaria. Muchos padres cometen el error de conceder libertad absoluta a sus hijas después de una ruptura amorosa. Un día sin asistir a la escuela después de la ruptura, puede ser de ayuda al darle a tu hija tiempo para llorar, pero dar tiempo libre adicional puede alargar el proceso de duelo. Apegarse a su rutina escolar y a sus actividades normales la mantendrá ocupada en el presente más que en el pasado.

También puedes ayudar a tu hija al involucrarla en actividades comunitarias, como visitar a las personas mayores o ser voluntaria en un refugio de animales local. Una de las principales razones por la que las rupturas amorosas son dolorosas es porque a los adolescentes se les dificulta pensar más allá de sus necesidades y sentimientos. Esto puede complicar el proceso de recuperación, ya que tu hija puede no tener un marco de referencia acerca de sus sentimientos. En otras palabras, puede que no se dé cuenta de que su relación no es lo único en la vida en lo que vale la pena pensar. Ser voluntaria puede ayudarla a darse cuenta de que hay otras personas en el mundo que también sufren, y puede darle un poco de felicidad y autoestima.

QUÉ DECIR ...
DESPUÉS DE UNA RUPTURA AMOROSA

En este tiempo, tu hija puede no estar muy abierta a hablar de lo que sucedió, e incluso intente culparte o se sienta resentida por la ruptura, especialmente si tus reglas fueron muy restrictivas. Intenta ignorar cualquier enojo infundado y centra tu atención al tema: su tristeza por encima de la ruptura. Pudiera parecer que no puedes hacer nada para ayudarla, recuerda que aún es una niña que se apoya en ti para obtener consuelo.

Inicio de conversación: "Lamento mucho lo que sucedió con tu relación con Chris. Sé que ustedes eran muy unidos y no esperabas que terminaran tan repentinamente".

Espera un momento a ver la reacción de tu hija. Esta conversación debe tratarse más de escucharla que de decir las palabras adecuadas.

Seguimiento: "Desearía poder decir algo para que ya no te sintieras así, pero ya que no puedo, sólo quiero que sepas que aquí estoy para escucharte cuando quieras. ¿Hay algo en tu relación de lo que quieras hablar? ¿Tienes alguna pregunta acerca de lo que sucedió?".

Tu hija puede abrirse en este punto, o tal vez permanezca en silencio. Lo importante es que ella sepa que estás ahí para apoyarla.

Seguimiento: "No siempre tengo las respuestas correctas, pero te amo mucho y quiero estar para ti durante este momento tan difícil. Por favor si quieres compartir algo o hablar acerca de tus sentimientos, siempre puedes acudir a mí".

Cómo fomentar las relaciones sanas

A medida que tu hija entra en la adultez, eventualmente tendrás que permitirle tomar sus propias decisiones en cuanto a sexo, amor y romance. Enseñarle lecciones tempranas acerca del significado de estar en una relación saludable es la mejor forma de proteger su futura felicidad. Además, aprender a apoyarla y aceptarla te ayudará a asegurar que su relación sea feliz, amorosa y honesta.

¿Qué es una relación saludable?

Las relaciones saludables son las que son apropiadas para su edad, esto significa que la pareja no entabla un comportamiento sexual hasta que ambas partes son suficientemente maduras para tomar esta decisión. Son relaciones en las que ambos siguen teniendo sus propias vidas, sus propias amistades y sus propias metas. Las relaciones saludables son las que complementan la vida de tu hija, en lugar de alejarla de ella y brindarle estímulo, en lugar de criticarla.

Formar una relación saludable no es fácil, ni para adolescentes ni para adultos. Si tu hija adolescente presenció una relación dañina en progreso, mientras crecía, puede que haya adoptado ciertos comportamientos dañinos por su cuenta, incluso si fue de modo subconsciente. Tal vez nunca aprendió cómo expresar sus sentimientos, o cómo discutir sin gritar. Ninguna infancia es perfecta, y no deberías sentirte culpable si piensas que tu hija pudo haber desarrollado una relación dañina. En vez de eso, considera tomar terapia en familia o terapia individual sólo para tu hija. Tener a una persona imparcial para hablar puede ser de mucha ayuda para tu hija durante ese momento.

Parte de estimular las relaciones saludables significa mostrar relaciones saludables en tu vida. Si muestras respeto por tu pareja, segura e independiente, tu hija tendrá una mejor oportunidad de crecer siendo respetuosa con sus parejas y ser segura e independiente. Si muestras comportamiento dañino, como gritar, engañar, mentir o manipular, tu hija también aprenderá a comportarse de esta forma dentro de sus relaciones.

Cómo manejar el coqueteo inapropiado

Si sospechas que tu hija puede desarrollar una relación dañina o puede estarse comportando de forma inapropiada, no lo ignores. Por ejemplo, si tu hija sale o coquetea con alguien mucho mayor que ella, háblale acerca de lo que ves que ocurre. Tal vez está actuando de esa forma por llamar la atención de sus compañeros, o tal vez le atrae la idea de salir con alguien mucho más experimentado.

En lugar de enojarte y gritarle, di algo como: "Me preocupa que le hables a alguien que es cinco años mayor que tú. Sé que dices que sólo estás coqueteando y jugando, pero creo que debemos discutir por qué quieres hablar con alguien que es mucho mayor que tú. ¿Qué es lo que encuentras atractivo de la situación? ¿Han hablado acerca de la diferencia de edades?". Si tu hija no te habla acerca de cómo se siente, considera llevarla con alguien con quien sea capaz de abrirse, como un terapeuta, un amigo cercano de la familia o un consejero religioso.

6

CÓMO HABLARLE ACERCA DE LAS RELACIONES SEXUALES

EVALUANDO TUS VALORES: LAS RELACIONES SEXUALES

Las relaciones sexuales son la realidad de millones de adolescentes. Ya sea que tu hijo mantenga relaciones sexuales o no, no depende de ti; sin embargo, puedes decidir cuándo y cómo quieres proporcionarle el conocimiento acerca de estar emocional y físicamente seguro. Considera las siguientes preguntas para ayudarte a aclarar tus sentimientos y creencias acerca de la actividad sexual adolescente.

CÓMO EXPLORAR LA INTIMIDAD SEXUAL

Piensa en las cualidades que son importantes para una intimidad profunda, para que puedas enseñarle a tu hijo a valorar esas cualidades cuando comience a tomar sus propias decisiones sexuales.

• ¿Qué cualidad crees que debe estar presente en una relación antes de que ocurra la intimidad sexual (sexo manual, oral, etc.)?

• ¿Cómo crees que el sexo contribuye a la intimidad en una relación, y viceversa?

• ¿Serías capaz de aceptar la decisión de tu hijo de volverse íntimamente sexual, incluso si tú no estuvieras de acuerdo con eso?

• ¿Tienes algún sentimiento negativo respecto a tu propia historia sexual, o a la edad en la que elegiste tener intimidad por primera vez?

• ¿Crees que los hombres y las mujeres piensan en la intimidad y la experimentan de forma distinta?

• ¿Qué actos no sexuales crees que pueden crear y construir intimidad?

CÓMO EXPLORAR EL RIESGO SEXUAL

El riesgo sexual puede ser tanto físico como emocional. Piensa de qué quieres proteger a tu hijo, para que le comuniques de la mejor forma estas preocupaciones.

• ¿Cuáles son los riesgos emocionales que vienen con una relación sexual y cómo difieren éstos en una relación no sexual?

• ¿Cuáles son los riesgos físicos?

• ¿Cuáles son tus mayores miedos referentes a la vida sexual de tu hijo (desamor, embarazo, etc.)?

• ¿Qué riesgo crees que esté implicado con actos sexuales como el sexo oral o anal? ¿Cómo difieren éstos de los riesgos del coito?

• ¿Qué factores externos pueden incrementar los riesgos sexuales (alcohol, drogas, etc.)?

CÓMO EXPLORAR LA PROTECCIÓN SEXUAL

Piensa de antemano cómo quieres comunicar la información en este tema tan importante, para que tu hijo tenga el conocimiento y sea consciente para tomar decisiones inteligentes que sean informadas por tus valores familiares.

• ¿Qué información quieres que tenga tu hijo acerca de la anticoncepción?

• ¿Qué tanto valoras la abstinencia? ¿Consideras que es una meta realista para los adolescentes?

• ¿Cuál es tu motivación para estimular a tu hijo a mantenerse en la abstinencia (creencias religiosas o morales, preocupaciones de salud, etc.)?

- ¿Qué pautas tratarías de establecer respecto a la actividad sexual de tu hijo (no tener sexo hasta que se case, hasta mudarse de la casa, hasta ser adulto, etc.)?

- ¿Estás a favor de dar condones y anticonceptivos a los adolescentes? ¿Cómo te sientes al decirle a tu hijo en dónde puede encontrar alguno de estos anticonceptivos si decide tener sexo (una clínica de planificación familiar, un consultorio, etc.)?

- ¿Crees que es importante hablar con tu hijo acerca de prácticas sexuales más seguras en las que se aplican otras formas de relación sexual, como sexo oral y anal? ¿Por qué sí o por qué no?

- ¿Qué tan importante crees que es hablar acerca de un plan de protección sexual con una pareja antes de tomar la decisión de tener sexo?

CÓMO EXPLORAR LAS DECISIONES SEXUALES

Enseñarle a tu hija a tomar decisiones sexuales inteligentes y con cuidado es una de las mejores herramientas que puedes darle.

- ¿Qué impacto tuvo en ti la presión social cuando eras joven? ¿Te llevó a tomar decisiones sexuales de las que te arrepentiste después?

- ¿Qué razones consideras válidas para entablar una relación sexual? ¿Cómo puedes estimular a tu hija para que reflexione acerca de esto?

- ¿Alguna vez has establecido metas sexuales para ti o para tu relación? ¿Crees que sería benéfico que tu hija hiciera esto?

- ¿Qué tan abiertas te gustaría que fueran tus conversaciones con tu hija cuando se trate de decisiones sexuales? ¿Te gustaría que ella se acercara a ti con preguntas o preocupaciones, o preferirías que hablara con alguien más, como un amigo de la familia o un hermano mayor?

Aplicando tus respuestas. Estas preguntas pueden ser difíciles de responder porque te fuerza a pensar en tu hijo o hija como un niño, y reconocer que los deseos y riesgos sexuales se convertirán en una parte cada vez más importante en su vida durante su viaje a la adultez. No obstante, tomar estas decisiones es una parte esencial para proteger a tu hijo de un posible sufrimiento tanto emocional como físico. Toma el tiempo suficiente para establecer valores con los que ambos se sientan cómodos, y que sientas que pueden proteger y guiar a tu hijo durante la adolescencia y la adultez.

Las relaciones íntimas de tu hijo

Las relaciones difieren en la adolescencia y la adultez, lo que probablemente ya sabes, al haber vivido ambas. No obstante, las relaciones adolescentes deben ser tratadas con respeto, particularmente conforme la intimidad aumenta. Una actitud de apoyo estimulará a tu hijo a ser más abierto, lo que te dará más oportunidades para ofrecer orientación en una toma de decisión sexual.

La primera relación íntima

La mayoría de los padres experimentará que su hijo pase por una diversidad de caprichos y relaciones casuales, así que puede ser difícil saber cuándo ha superado esa etapa y ha comenzado una relación más seria, y todo lo que conlleva, incluso intimidad física y emocional. El mejor barómetro que tienes para juzgar la relación de tu hijo es la conversación. Habla con él acerca de su relación, e intenta hacerle preguntas que iluminarán la seriedad de la relación. Tu hijo puede dudar o ser tímido para hablar al principio, pero mientras más te vea interesada en su relación, lo opuesta a ansiosa o moralista, más seguro se sentirá al compartir esos detalles personales.

Por ejemplo, puedes preguntar: "¿Cuánto tiempo has salido con Kate? ¿Casi un año, no es verdad? ¿Creen que intentarán asistir a la misma universidad? Si van a escuelas diferentes, ¿intentarán mantener una relación a distancia, o tú crees que se separen?".

La comunicación en las relaciones adolescentes

La diferencia más grande entre relaciones adolescentes y adultas es la habilidad del adolescente de comunicarse de manera efectiva. A diferencia de los adultos quienes tuvieron tiempo de descubrir cómo comunicarse con otros en particular, los adolescentes comienzan a aprender éstas lecciones, particularmente

⟫⟫⟫ LA RELACIÓN DE TU HIJO SE ESTÁ VOLVIENDO MÁS ÍNTIMA SI...

Hablar abiertamente con tu hijo acerca de sus relaciones es una de las mejores maneras de seguir en contacto con la etapa de la relación de tu hijo, y probablemente con la de la intimidad sexual. Otras señales de que tu hijo está avanzando en una relación sexual (o ya está involucrado en una relación sexual) puede incluir:

- Desear más privacidad y espacio, especialmente en su cuarto (que es donde guarda sus anticonceptivos u otros artículos que no desea que encuentres).
- Pedir más libertad con sus horas de salida y sus actividades nocturnas.
- Experimentar cambios de humor que no puede explicar del todo, sobre todo si éstos se relacionan con el tiempo que pasa con ese alguien especial.

cuando se trata de relaciones amorosas. Por ejemplo, una adolescente puede estar enojada con su novio y pretender que todo está bien hasta semanas después, cuando finalmente se derrumba, o un adolescente tal vez no sea capaz de expresar su amor a su novia aunque quiera.

La combinación de una mala comunicación y las hormonas en ciernes significa que las relaciones adolescentes tienden a ser cortas pero intensas, por lo que un adolescente puede molestarse después de terminar una relación que duró sólo unos meses. Las luchas de poder a menudo tienen un papel importante en las dinámicas de las relaciones adolescentes, y podrías notar esto en las relaciones tempranas de tu hija conforme comienza a descubrir lo que significa estar enamorada. También podrías notar que una crítica negativa de sus compañeros

puede disuadir a tu hija de estar en una relación, mientras que de forma alterna, suficiente desaprobación paterna puede servir para cimentar la relación. Todo esto es parte de la experiencia adolescente de buscar autonomía y luchar para definir la identidad personal.

A medida que el adolescente salga con alguien y aprenda de la experiencia, su habilidad para comunicarse mejorará, y como resultado sus relaciones crecerán y serán más profundas. Notarás que comienza a sentirse más cómoda y segura con su valor como pareja, y también que comienza a dar prioridad a los sentimientos y necesidades de su pareja. Todo esto ayudará a que tu hija desarrolle una madurez y una autoestima más alta, lo que significa menos peleas y menos rompimientos, relaciones más saludables, serias y adultas.

El sexo y la intimidad

Comienza a tener conversaciones acerca de la conexión emocional que viene con el sexo mientras hablas de la información física y las preocupaciones. Ayudar a tu hija a entender el significado del sexo puede ser un largo camino a la intimidad. Puedes introducir a tu hija a otros senderos de la intimidad que progresan con la relación, pero que no son puramente físicos.

El sexo y las emociones

A menudo cuando los padres hablan de sexo con sus hijos, tienden a enfocarse en los riesgos físicos, como el embarazo o enfermedades de trasmisión sexual, o sus razones religiosas o morales para la abstinencia. Recuerda que también es bueno hablar acerca del lazo entre la actividad sexual y las emociones.

Una buena forma de empezar esta conversación es hablar con tu hija acerca de cómo el sexo en la vida real no es como en las películas, con música romántica y velas. Y que tampoco es siempre placentero para ambas partes. Aunque no debes espantar a tu hija de querer tener sexo, le puedes explicar que el sexo real puede ser incómodo, especialmente la primera vez, y que por eso debe esperar a que esté con alguien con quién se sienta cómoda y segura de compartir su cuerpo y su alma.

Por ejemplo, puedes decir: "¿Te has dado cuenta de que el sexo parece ser muy fácil en las películas? En la vida real el sexo puede ser romántico, pero no siempre es perfecto.

Como parte de esta conversación también puedes hablarle a tu hijo de cómo aumentar la intimidad en su relación sin actividad sexual. Los adolescentes tienden a ver las relaciones como lineales y crecientes hacia la actividad sexual. No obstante, hay muchas formas de ser emocionalmente íntimo con una pareja, algunas de ellas no incluyen la relación sexual. Al crear un lazo que no es solamente sexual, tu hija puede construir bases saludables para el momento en el que ella decida tener relaciones sexuales.

Las perspectivas masculina y femenina

Cuando un hombre y una mujer alcanzan el orgasmo, sus cerebros están inundados de oxitocina, mejor conocida como la "hormona del amor". La oxitocina genera una emoción de bienestar y creación de lazos. Los investigadores sugieren que los niveles masculinos de testosterona contrarrestan esta liberación de oxitocina, lo que minimiza el efecto. En otras palabras, mientras las mujeres tienen un nivel alto de oxitocina, los hombres no sienten la misma intimidad.

Por consiguiente, una adolescente puede sentirse muy apegada a su pareja durante el sexo, y el adolescente puede sentirse desapegado. Sin embargo, es importante hablar de cómo estas hormonas pueden afectar su experiencia sexual. **Intenta decir algo como:** "Sé que te he enseñado que los chicos y las chicas son iguales, y lo son. Pero eso no significa que pasamos por lo mismo. Los hombres y las mujeres tienen diferentes hormonas que afectan la forma en la que pensamos y sentimos, y algunas de tus hormonas pueden hacerte sentir enamorada de tu pareja después de tener sexo".

MOMENTOS DE ENSEÑANZA
CÓMO HABLAR DE INTIMIDAD

Encontrar momentos para discutir la intimidad con tu hijo puede hacer que estas conversaciones que son muy personales se sientan más naturales, y también estimulen a tu hijo a sentirse más cómodo cuando se acerque a preguntarte algo que le preocupa.

• **En el supermercado:** Después de leer los encabezados acerca de una pareja adolescente que se separe, habla con tu hijo de lo difícil que puede ser una separación si hay intimidad sexual de por medio. Por ejemplo: "Te enteraste que [inserta el nombre de pareja famosa] terminaron? [Nombre de celebridad] se veía muy mal en la noticia que leí. Después de tener sexo con alguien, ese nivel de intimidad puede hacer más difícil terminar, y más si la ruptura es poco después de haber tenido sexo".

• **Durante una ruptura:** Usa este tiempo para hablar con tu hijo de cómo se siente, y qué tan complicados pueden volverse los sentimientos después de la intimidad sexual. Por ejemplo: "Me enteré que decidiste terminar con Tori, era una buena chica. ¿Estaba muy alterada o entendió que no querías algo tan serio en este momento? Sabes que una vez que tienes sexo, es más difícil terminar la relación, especialmente para las chicas. Es por eso que no es buena idea tener sexo casual con alguien, o tener sexo antes de estar listo para llevar la relación al siguiente nivel".

• **Mientras hablan de sexo seguro:** El sexo seguro no sólo se trata de tener seguridad física, así que toma esta oportunidad para hablar de cómo tener seguridad emocional también. Por ejemplo: "Sé que sabes protegerte del embarazo y las enfermedades de trasmisión sexual, pero el sexo también puede ser peligroso porque involucra tus emociones. Cuando tienes sexo con alguien, lo dejas entrar en tu cuerpo y en tu alma. Esta intimidad puede ser muy intensa, y sólo debe compartirse entre dos personas que se aman y confían el uno en el otro al 100 por ciento".

Conversación 1: "Puede ser muy difícil mantenerse juntos, especialmente cuando están explorando las primeras relaciones. Por eso es una buena idea esperar para tener sexo, así no te comprometes físicamente más de lo que estás listo para hacerlo emocionalmente".

Conversación 2: "¿Qué opinas de la declaración de esta pareja famosa de que no están teniendo relaciones? Yo creo que es una decisión muy madura y sabia".

Cómo enseñarle acerca de los riesgos sexuales

Comienza una conversación acerca de los riesgos sexuales para darle a tu hijo la mayor información posible sobre las enfermedades de trasmisión sexual y embarazo adolescente. El conocimiento en verdad es poder, y mientras más sepa tu hijo de los riesgos que conllevan la actividad sexual, más preparado estará para tomar decisiones sexuales inteligentes.

Tipos de Enfermedades de Trasmisión Sexual (ETS)

Cuando tu hijo comience la pubertad, es momento de hablar de sexo seguro, y de cómo las actividades sexuales de todo tipo, incluso el oral, anal y el coito, pueden llevar a adquirir enfermedades de trasmisión sexual. Es bueno que conozca que las cifras más altas de estas enfermedades pertenecen a jóvenes. Asegúrate de enfatizar el hecho de que cualquiera puede tener una enfermedad de este tipo, y que los síntomas no son tan evidentes. Una revisión regular de ETS y practicar sexo seguro todo el tiempo es una forma de prevenir; pero la abstinencia es la única protección verdadera contra una enfermedad sexual.

VPH: El virus del papiloma humano es la ETS más predominante. Mucha gente no se da cuenta que tiene el virus, ya que éste no muestra ningún síntoma, aunque puede identificarse por medio de la aparición de verrugas alrededor de los genitales o el ano. Los centros para el control y la prevención de enfermedades estima que alrededor de 50% de los individuos sexualmente activos tiene VPH. Recientes estudios han relacionado el VPH con el cáncer cervical, las verrugas genitales y las lesiones precancerígenas. Esto es alarmante para las mujeres, ya que el cáncer cervical puede provocar infertilidad.

Aunque no hay cura para el VPH, ahora existe una vacuna que puede ayudar a proteger a las mujeres jóvenes de 9 a 26 años contra dos tipos del virus. También puede ayudar a individuos que ya han sido infectados con VPH para evitar que contraigan otras cepas del virus. Esta vacuna es más efectiva cuando se aplica antes de que la persona se vuelva sexualmente activa, así que se recomienda especialmente para adolescentes. No tienes que comentarle a tu hija los detalles de la vacuna, simplemente comenta que la protegerá de contraer cáncer cervical.

Clamidia: Las cifras crecientes de casos de clamidia en los últimos años, la convierten en la segunda ETS. Los adolescentes tienen un alto riesgo de contraer esta enfermedad, las mujeres y los hombres de menos de 25 años tienen las tasas más altas de clamidia. Ésta se puede contraer fácilmente si no se practica sexo seguro; sin embargo, los condones pueden disminuir el riesgo.

En mujeres, los síntomas de la clamidia pueden incluir sangrado menstrual entre periodos, coito doloroso, sangrado vaginal después del coito, hinchazón dentro de la vagina o alrededor del ano, una descarga de color amarillento, y dolor abdominal. Si la enfermedad se contrae por sexo oral, también puede causar dolor de garganta. En los hombres, los síntomas de la clamidia son testículos hinchados o suaves, una pus o descarga de fluido lechoso del pene, hinchazón alrededor del ano, y dolor o ardor al orinar. En algunos casos la clamidia no muestra síntomas. Se puede tratar fácilmente con antibióticos, aunque si no se trata, puede provocar infertilidad.

Tricomoniasis: Es la enfermedad curable más común en las jóvenes que son sexualmente activas. Se trasmite a través del coito, o de vulva a vulva con una pareja infectada. Las mujeres pueden contraer la enfermedad de mujeres y hombres infectados, pero los hombres generalmente la contraen sólo de mujeres.

En las mujeres, las ETS afectan a la vagina; en hombres, la uretra es el sitio más común de infección. La mayoría de los hombres que tienen tricomoniasis no muestra señales ni síntomas; sin embargo, algunos pueden notar una leve descarga de fluido, o un ligero ardor al orinar o eyacular. En las mujeres, los síntomas incluyen una descarga de fluido vaginal espumoso acompañado de un fuerte olor y dolor durante el coito o al orinar. La comezón y el ardor también se pueden presentar. La tricomoniasis puede tratarse con antibióticos pero se puede contraer nuevamente después del tratamiento.

Gonorrea: Nuevamente, la gente joven corre un riesgo más elevado de contraer esta enfermedad. Hoy día, casi 75% de los casos de gonorrea se encuentran en gente que tienen de 15 a 29 años de edad. Así como la clamidia, la gonorrea no presenta síntomas. Si éstos se presentan en mujeres, puede incluir dolor abdominal, náuseas, dolor al orinar, hinchazón o suavidad en la vulva, una descarga de fluido vaginal amarillento, coito doloroso y manchado menstrual. En los hombres, los síntomas incluyen descarga de fluido del pene parecido al pus, necesidad frecuente de orinar y dolor al orinar. Los síntomas del sexo oral son escasos, incluye problemas para tragar. Los

CÓMO RESPONDER PREGUNTAS ACERCA DE LOS RIESGOS SEXUALES

Si tu hijo te pregunta por algo que no sabes cómo responder, promete que le responderás y consulta a algún médico o investiga tu respuesta en internet. Algunas de las preguntas más comunes de las ETS son:

P. ¿Puedo contraer una ETS por besar?
R. Sí. Algunas de las ETS pueden trasmitirse a través de la saliva o por el contacto piel con piel. El sida puede encontrarse en la saliva, pero es poco probable que se contagie por medio de un beso, sin embargo, puede entrar por medio de pequeños cortes o llagas alrededor de la boca. El herpes y el sida pueden contagiarse por medio de un beso.

P. ¿Los condones siempre protegen contra una ETS?
R. No. Incluso si usas condón, tienes contacto piel con piel con tu pareja alrededor de los genitales. Las ETS, como el VPH y el herpes, pueden contagiarse cuando se tocan las células infectadas de la piel.

P. ¿Cómo puedes saber si alguien tiene una ETS?
R. No puedes confiarte en lo que ves a simple vista. Las ETS no siempre presentan síntomas obvios como bultos o llagas, aunque algunas veces sí sucede. Cualquiera puede tener una ETS. Es importante que siempre te hagas un estudio antes de tener relaciones sexuales con una nueva pareja para asegurarte de que estás sano. El riesgo de contraer una ETS es mayor cuando tienes más parejas, pero puedes contraerla aunque sólo tengas una pareja sexual.

SEXPLICACIÓN: ¿CUÁLES SON LOS MITOS ACERCA DEL EMBARAZO?

Muchos adolescentes no tienen acceso a información sexual precisa. La mayoría de los niños crecen y aprenden de la televisión o de lo que sus amigos o hermanos mayores les dicen, lo que muchas veces no es preciso. Un estudio reciente determinó que una de cada cuatro adolescentes ¡cree que tomar un refresco Mountain Dew protege del embarazo! Las leyendas urbanas como ésta pueden sonar extravagantes para los adultos, pero para los adolescentes que comienzan a vivir su sexualidad a ciegas, estas leyendas son, a menudo, lo único que poseen de guía. Algunos de los mitos más comunes que los adolescentes creen del sexo y el embarazo son:

• **Mito:** No puedes embarazarte si tienes relaciones sexuales de pie.

Verdad: Los espermatozoides puedes viajar al óvulo sin importar la posición de la pareja.

• **Mito:** No puedes embarazarte si tienes tu periodo.

Verdad: El embarazo tiene menor probabilidad de darse si una mujer está menstruando, pero a veces la ovulación no siempre se da de la misma forma en el ciclo de una mujer.

• **Mito:** Si un chico se retira de la vagina, la chica no se embaraza.

Verdad: La preeyaculación (el semen que es expulsado antes de que un hombre llegue al orgasmo) es capaz de causar un embarazo. Además, a menudo es muy difícil que un hombre pueda retirarse de la vagina a tiempo, a pesar de sus mejores intenciones.

• **Mito:** Si crees que estás embarazada, puedes tomar muchas pastillas anticonceptivas.

Verdad: Las pastillas anticonceptivas no afectan un embarazo ya existente. Además, para que las pastillas anticonceptivas funcionen al prevenir el embarazo, generalmente se tienen que tomar con regularidad, ya sea a la misma hora o casi a la misma hora todos los días.

síntomas de la gonorrea pueden ocurrir solamente en la mañana, o tal vez son más incómodos o recurrentes en la mañana. La gonorrea puede ser tratada fácilmente con antibióticos, sin embargo, si no se trata a tiempo, puede provocar infertilidad, muerte prematura en el embarazo o parto prematuro si la mujer se encuentra embarazada, y una infección gonocócica diseminada (IGD), lo que causa llagas en la piel y artritis. La gonorrea también puede provocar severas infecciones en los ojos.

Sífilis: Los hombres tienen 3.5 más probabilidades de ser diagnosticados con sífilis que las mujeres. La enfermedad tiene cuatro etapas: primaria, secundaria, latente y terciaria. Los antibióticos pueden curar la sífilis en cada etapa, incluso si esperas mucho tiempo para buscar tratamiento, tu salud física y reproductiva se puede dañar sin posibilidad de reparación.

En la etapa primaria, una llaga (llamada chancro) aparece en el cuerpo en el punto donde se encuentra la infección, ya sea oral, anal, o en los genitales. La llaga generalmente no causa dolor y se quita en unas semanas; si no se sigue algún tratamiento, la infección puede avanzar.

En la etapa secundaria, las erupciones en la piel aparecen por todo el cuerpo, y vienen acompañadas de comezón. Otros síntomas pueden incluir dolor de cuerpo, fiebre, pérdida de peso, dolor de garganta y fatiga. Estos síntomas se resuelven por sí mismos, pero si no se tratan puede volverse latente, y permanecer así durante años; a veces, los síntomas de la sífilis aparecen hasta 20 años después de que se contrajo la infección. La sífilis puede pasar a la etapa terciaria y provocar parálisis, adormecimiento, ceguera gradual y demencia.

Herpes: Desde 1970, el número de personas con herpes (HSV-2) se ha incrementado 30%. De hecho, 1 de cada 4 personas tiene herpes, 80% de quienes ni siquiera saben que están infectados. Hay dos tipos de herpes. Una cepa, HSV-1, está asociada al herpes labial común. La otra cepa, HSV-2, es similar y provoca dolorosas llagas en la región oral y/o genital. Esta cepa también hace que los portadores sean más propensos a contraer otras enfermedades de trasmisión sexual, incluso el VIH.

Los brotes de herpes a menudo vienen acompañados de fuertes dolores de cabeza y fatiga intensa. Los brotes generalmente aparecen como salpullido rojo, a veces se convierten en ampollas. Los brotes iniciales también se asocian a fiebres y síntomas parecidos a la gripe. Incluso si no hay lesiones visibles, el herpes se puede trasmitir a través de un proceso conocido como derramamiento, en el que el virus se encuentra activo en la piel. Ya que el condón no cubre todas las áreas de derramamiento, el sexo seguro no siempre protege contra el herpes.

El herpes no puede curarse, pero sus síntomas se pueden tratar con medicamento. La terapia episódica es a menudo la que más se prefiere, ya que reduce la cantidad de medicamento que se requiere.

VIH/sida: Más de un millón de personas se encuentra infectada con VIH/sida. La mayoría de las nuevas infecciones se encontraron en hombres. En el año 2006, casi tres cuartos de los diagnósticos de VIH/sida se dieron entre adolescentes y adultos masculinos. Los hombres que tienen relaciones sexuales con hombres son los más propensos a contraer VIH/sida, seguido por los hombres heterosexuales que tienen relaciones sexuales de alto riesgo. Además, la gente menor de 25 años representa la mitad de todas las nuevas infecciones de VIH en todo el mundo. El VIH puede ser asintomático por años. Los primeros síntomas son similares a los de un resfriado, como fiebre, fatiga y ganglios inflamados.

A medida que el VIH progresa y continúa atacando al sistema inmunológico, el cuerpo comenzará a perder su capacidad para protegerse de las infecciones, que provocarán síntomas como las infecciones de candidiasis crónica y bucal; diarrea cónica; cansancio extremo; salpullido en el cuerpo; fiebre y moretones. Cuando el VIH se convierte en sida, una persona puede desarrollar enfermedades oportunistas, que afectan un sistema inmunológico debilitado. Éstas incluyen el sarcoma de Kaposi, cáncer cervical invasivo, infecciones bacterianas graves, neumonía y linfoma. Más de 25 millones de personas han muerto de sida desde 1981, pero las tasas de mortandad han disminuido.

Las medicinas antirretrovirales ayudan tanto a la longevidad y a la calidad de vida de los infectados con VIH/sida.

Embarazo

El embarazo adolescente se ha incrementado en los últimos años. Como resultado, es más importante enseñarle a tu hijo la anticoncepción y el significado del sexo seguro. En pocas palabras, un adolescente no está listo para ser padre, y ayudarle a entender esto, así como lo que significa para su actividad sexual, es crucial. Haz de esto una conversación constante, no un sermón.

Resalta la importancia de la anticoncepción durante el acto sexual. Además de hablar acerca de los costos emocionales y sociales del embarazo (véanse páginas 176-177), tal vez quieras hablar con tu hijo de la responsabilidad económica de tener un hijo, que puede costar desde 125 mil a 250 mil dólares desde que nace hasta que cumpla 18 años. Explícale que estos gastos adicionales significarán no más noches de cine, o tarde en el centro comercial. Puede parecer superficial mencionar este tipo de consecuencias de entretenimiento en relación con un tema importante, pero ejemplos como éste pueden ayudar a tu hijo a visualizar las realidades de este sustancial riesgo para la salud sexual y emocional.

Cómo enseñarle acerca de la protección sexual

Una razón por la que los padres escogen no hablar con sus hijos acerca del sexo seguro es porque temen que hacerlo es darles el permiso de volverse sexualmente activos. Es bueno usar la abstinencia como valor familiar central, pero negarse a dar cualquier tipo de información puede ser peligroso. Enseñar la anticoncepción ayudará a asegurar que si tu hijo tiene sexo, será la experiencia más segura posible.

Abstinencia

Hay dos escuelas de pensamiento cuando se trata de educación sexual. La educación basada únicamente en la abstinencia es cuando a los adolescentes sólo se les enseña que el sexo es peligroso y que puede causar enfermedades y embarazos, y es por eso que debe evitarse hasta el matrimonio o la adultez. No se habla acerca de la anticoncepción o el sexo más seguro. En la educación basada en la abstinencia, a los adolescentes se les enseña que el sexo puede ser peligroso y que cada experiencia tiene el potencial de causar tanto ETS como embarazo, pero que las prácticas sexuales (tales como el condón) pueden ayudar a protegerse mejor de esos riesgos. La abstinencia se presenta como la mejor opción por razones tanto físicas como emocionales, pero a los adolescentes se les enseña cómo funciona el sexo y cómo usar condones para protegerse en caso de no esperar.

Las investigaciones muestran que aunque la abstinencia puede retrasar la iniciación de un adolescente en las actividades sexuales, sólo es por un corto periodo. Un estudio publicó que las adolescentes que recibieron educación sexual basada en la abstinencia eran 50% menos propensas a embarazarse que aquellas que recibieron únicamente educación de abstinencia y 60% menos propensas a embarazarse que las adolescentes que no recibieron educación sexual. Si te preocupa que darle a tu hija información acerca de sexo más seguro propicie que sea sexualmente activa, puedes mencionarlo en tus pláticas con ella.

Por ejemplo, puedes decir algo como: "Quiero que sepas que no te estoy dando información acerca de condones y anticoncepción porque crea que estás lista para tener sexo. Definitivamente no creo que estés lista para dar ese gran paso. Pero quiero que tengas la información que necesitas para estar protegida en caso de que decidas tener sexo. Recuerda que aunque esta información te ayude a protegerte físicamente, no puede protegerte emocionalmente. Además, incluso usar protección no hace que el sexo sea 100% seguro, es por eso que le decimos sexo más seguro, no sexo seguro".

Protección durante juegos sexuales alternos

Cuando se habla de prácticas de sexo más seguro, es importante hablar de cómo la protección es necesaria durante el sexo oral y anal. Aunque puedas sentirte incómoda al tratar temas como éstos con tu hija, recuerda que es más importante su seguridad que tu incomodidad. El sexo oral y anal se incrementan comúnmente entre los adolescentes, debido a la falta de riesgo de embarazo y porque muchos adolescentes no lo ven como "sexo" ya que no hay relación sexual. Es importante hablar de estos temas con tu hija y resaltar que todas estas actividades son actos sexuales.

SEXPLICACIÓN
¿QUÉ TIPOS DE ANTICONCEPCIÓN ESTÁN DISPONIBLES?

Asegúrate de que tu hijo conoce los beneficios y desventajas de cada tipo de anticoncepción disponible. Ten esta conversación cuando no haya distracciones, para que tu hijo pueda procesar la información y hacer preguntas. Comienza por decir que quieres compartir información esencial acerca de la salud sexual.

MÉTODO DE PROTECCIÓN	EFICACIA
El condón es un método anticonceptivo de barrera que atrapa al esperma. El condón masculino cubre el pene con una funda de látex. El condón femenino aunque es menos común está hecho de poliuretano, y se inserta en el fondo de la vagina antes de tener relaciones.	Si se usa correctamente, el condón tiene 98% de eficacia para prevenir el embarazo. Si se usa el condón a la mitad de la relación sexual, disminuirá su nivel de protección, así como lubricantes de aceite, que pueden dañar el látex. Los condones y la abstinencia ofrecen protección contra las ETS.
La inyección anticonceptiva libera la progestina, que es una hormona que detiene la ovulación, y hace espeso el moco cervical para bloquear al esperma. Las inyecciones son efectivas durante tres meses.	La inyección anticonceptiva ofrece 99% de protección contra el embarazo. Es más eficaz cuando se aplica cada 12 semanas. No proporciona ninguna protección contra las ETS.
El DIU, o dispositivo intrauterino viene en dos presentaciones: hormonal y no hormonal. La forma de T del dispositivo funciona al prevenir que el esperma llegue a las trompas de Falopio. También altera el revestimiento del útero para que se vuelva inhabitable para un óvulo fecundado.	El dispositivo intrauterino es conveniente y eficaz, ofrece 99% de protección contra el embarazo. Sin embargo, no protege contra las ETS. De hecho, el DIU puede ser un peligroso puente para las ETS, ya que permite que el virus se extienda directamente hacia el cérvix.
La pastilla anticonceptiva oral se compone de andrógenos y progesterona, que actúan juntos para prevenir la ovulación y que la fertilización no se realice. Los efectos secundarios pueden ser aumento de peso, dolores de cabeza, etcétera.	La pastilla tiene un índice de 99% de prevención del embarazo, pero no ofrece protección contra las ETS. Muchas de las presentaciones deben tomarse a la misma hora todos los días para que los niveles hormonales se mantengan iguales.
El diafragma es un disco de goma que se coloca en la vagina justo antes de la relación sexual o hasta tres horas antes. Después del coito debe dejarse adentro de 6 a 8 horas. El diafragma debe usarse con espermicida, una crema gelatinosa que destruye los espermatozoides.	El diafragma tiene una protección de 85 a 94% de eficacia para prevenir el embarazo, aunque puede ser un poco difícil utilizarlo de forma correcta. Para asegurar su eficacia, es esencial que cubra el cérvix y que se use con espermicidas. El diafragma no protege contra ETS.
El anillo vaginal anticonceptivo contiene hormonas que se absorben en el revestimiento vaginal y el flujo sanguíneo. Se inserta en la vagina cada mes.	El anillo vaginal tiene 99% de eficacia cuando se usa adecuadamente. Funciona mejor cuando se mantiene durante tres semanas, y después se remueve. No ofrece protección contra ETS.

A menudo los adolescentes piensan que el sexo oral tiene menos consecuencias que las relaciones sexuales, pero la verdad es que este acto de intimidad puede trasmitir ETS de forma tan fácil como las relaciones sexuales, sino es que más, ya que se intercambian la saliva y otros fluidos corporales. Debido a esto, siempre debe haber protección cuando se realiza sexo oral. Los hombres jóvenes deben usar condones y las mujeres deben usar una barrera de látex, que se ponen alrededor de la vagina durante el sexo oral para prevenir la trasmisión de saliva al área genital. Las barreras de látex pueden encontrarse en la mayoría de las farmacias que ofrecen productos sexuales más seguros. También se encuentran disponibles en las clínicas de planificación familiar o en los consultorios médicos. Si no hay barreras de látex disponibles, se puede usar papel transparente para evitar el intercambio de fluidos, aunque es más difícil de mantener en su lugar.

Aunque creas que es obvio, también es importante decirle a tu hijo que use protección durante el sexo anal. El sexo anal no puede dar como resultado un embarazo, y por esta razón, muchos adolescentes creen que es más fácil practicarlo sin protección. De hecho, algunos se consideran vírgenes después de tener sexo anal, a pesar de lo íntimo de este acto. Es importante hacerle saber a tu hijo que aun el sexo anal puede trasmitir ETS y que el condón debe usarse cada vez que se tenga este tipo de intimidad.

Para abordar este tema con tu hijo, tal vez quieras decir algo como: "Tengo que admitir que este tema es un poco incómodo, pero tu salud es lo más importante para mí. Quiero que sepas que todo tipo de actividad sexual tiene un riesgo, y es por eso que quiero que te mantengas en la abstinencia, pero si decides no hacerlo, o si tienes relaciones orales o anales, recuerda que siempre tienes que usar protección".

Obtener anticonceptivos

Si crees que tu hija puede estar involucrada en alguna actividad sexual, o es probable que se involucre en el futuro, menciona aspectos específicos acerca de cómo conseguir anticonceptivos o incluso dárselos. Puedes ser muy clara acerca de tus deseos de que no se involucre en actividades sexuales mientras consigues información acerca de la anticoncepción. Por ejemplo, reitera tus pláticas acerca de sexo seguro mientras le das condones u otro tipo de protección anticonceptiva. Si tienes una hija, sugiérele que hable de anticoncepción con su ginecólogo, pero no olvides decirle que las pastillas anticonceptivas no protegen de una ETS. Recuérdale del sexo seguro mientras le das opciones para conseguir una variedad de anticonceptivos disponibles en las clínicas de planificación familiar o en consultorios.

Por ejemplo, puedes decir: "No te doy anticonceptivos porque crea que estás lista para tener sexo o porque quiera que lo tengas. Hago esto porque quiero asegurarme de que tengas todos los recursos y la información que necesitas para tomar decisiones sexuales más seguras en cualquier circunstancia".

"Puedes ser muy clara acerca de tus deseos de que tu hija no se involucre en actividades sexuales mientras ofreces información de la anticoncepción".

QUÉ DECIR ...
SI PIENSAS QUE TU HIJA PUDIERA NECESITAR ANTICONCEPTIVOS

Si piensas que tu hija está involucrada en alguna práctica sexual, o planea hacerlo en un futuro cercano, siéntate a hablar con ella. Durante esta plática, puedes reafirmar tus valores familiares acerca del momento apropiado para comenzar a tener sexo.

Inicio de conversación: "Ya hablamos de lo importante que es esperar a ser mayor para tener sexo. Pero al final, sólo tú puedes tomar esta decisión".

Después puedes continuar con tu opinión acerca de su decisión de tener sexo, y resaltar la importancia de usar anticonceptivos.

Seguimiento: "Aunque no apoyo tu decisión de tener sexo a una edad tan temprana, quiero que tengas toda la información y las herramientas necesarias. No existe el sexo seguro, pero si usas condón siempre, puedes protegerte de las ETS y del embarazo".

Dale a tu hija una oportunidad para responder, después recuérdale exactamente por qué es que le das la protección. Señala que no es una acción permisiva, que no crees que sea la decisión más responsable, pero que de todos modos quieres cuidarla y apoyarla.

Seguimiento: "La razón por la que te doy condones no es porque quiera que tengas relaciones sexuales. No significa que tengas permiso de dar este paso, pero quiero que estés segura, incluso cuando tomes decisiones con las que no estoy de acuerdo".

APRENDIENDO ACERCA DEL USO DE ANTICONCEPTIVOS

Aprendamos juntos

Algunos métodos de anticoncepción son más directos que otros. Los métodos de acción prolongada como la inyección anticonceptiva, no dependen de que tu hija recuerde o no tomarla o usarla de la forma adecuada. Con los métodos de acción corta como el diafragma, pastillas anticonceptivas orales, y condones, el uso correcto es esencial si quieres que sean eficaces. Una vez que tu hija llegue a sus años de adolescencia, háblale acerca de métodos anticonceptivos, especialmente condones, lo que para las chicas debería usarse junto con otro anticonceptivo para proteger contra el embarazo y las enfermedades de trasmisión sexual.

....

DESPUÉS DE ESTA LECCIÓN LO MÁS PROBABLE QUE HAGA TU HIJA...

- Sentirse segura hablando acerca de anticoncepción y sexo seguro.
- Entender que no hay excusas para no usar condón.
- Poner un condón apropiadamente.
- Tomar la decisión de usar dos tipos de protección.
- Tener una idea clara de qué tipo de anticonceptivo puede ser el mejor.

....

1 ¿QUÉ ES LO MÁS CONFIABLE Y FÁCIL DE USAR?

Tal vez quieras reiterarle a tu hija que ningún método es 100% seguro, pero que usar condón y algún otro método anticonceptivo de forma consistente y responsable es la forma más eficaz de protección contra embarazos e infecciones. La pastilla anticonceptiva, el parche anticonceptivo, o el nuevo anillo vaginal usado junto con el condón, son métodos altamente efectivos y entre los más fáciles de usar. La pastilla tiene que tomarse todos los días, sin embargo, tiene que tomarse a la misma hora del día. ¿Es probable que tu hija recuerde esto? Explícale que si olvida tomarse una dosis, tendrá que usar un anticonceptivo de respaldo por el resto del ciclo. El diafragma, la cubierta cervical y la esponja tienen un índice más alto de fracaso que otros métodos. Deja que tu hija sepa que puede tardar un poco en acostumbrarse a usar estos métodos, pero que son fáciles de usar una vez que se aprenden, para que no se sienta frustrada. Permite que sea libre de escoger el método con el que se sienta más cómoda.

2 ¿CUÁLES SON LAS EXCUSAS PARA NO USAR CONDÓN COMO FORMA DE PROTECCIÓN?

Una de las quejas más frecuentes acerca de los condones es que arruinan el momento. Algunos dicen que tener que detenerse, buscar un condón y ponérselo acaba con la pasión. Dile a tu hija que éste no tiene que ser el caso si los condones se guardan en un lugar accesible. Siempre hay formas sexys y divertidas de poner los condones, especialmente si la mujer lo hace. Otra excusa es que reduce la sensación. Los condones sí cambian la forma en la que se siente el sexo, pero no lo hacen menos disfrutable. Algunos condones tienen características, como los texturizados, que hacen que el sexo sea más placentero. También ayuda poner un poco de lubricante a base de agua en la punta del condón para incrementar la sensación. Existe gente que piensa que los condones son una pérdida de tiempo si ni ellos ni sus parejas tienen ETS. Pero a veces las ETS no muestran síntomas durante años, así que puede que no sepan si padecen alguna.

3 ¿QUÉ ES LA ANTICONCEPCIÓN DE EMERGENCIA?

Tu hija necesita saber que la anticoncepción de emergencia es una forma de prevenir el embarazo después de tener sexo sin protección. Sin embargo, mientras más pronto se tome la pastilla, es más efectiva. Resalta que la pastilla anticonceptiva de emergencia no es un método regular de anticoncepción ya que no protege contra enfermedades de trasmisión sexual.

Cómo poner un condón

1. Revisa que el condón esté intacto

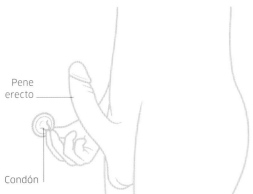

Con cuidado, saca el condón de su empaque y revisa que no esté frágil, rígido o pegajoso. Si lo está, deséchalo y usa otro. El pene tiene que estar erecto antes de poner el condón. (Si el pene no está circuncidado, repliega la piel).

2. Posiciona el condón

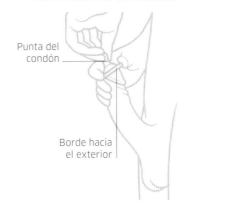

Pon el condón desenrollado en la punta del pene, con el borde hacia afuera. Deja media pulgada de espacio en la punta. Aprieta el condón para sacar el aire de la funda. Poner lubricante a base de agua en la punta del condón para ayudar a incrementar la sensación.

3. Desenrolla el condón

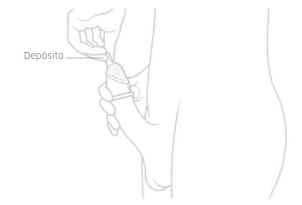

Cuidadosamente desenrolla el condón en el pene con una mano mientras presionas la punta con la otra. Es esencial dejar un espacio en la punta para almacenar el semen. Si no presionas la punta puede llenarse con aire y puede ser más probable que se rompa durante la eyaculación.

4. Asegúrate de que el condón se encuentre seguro

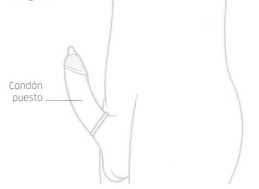

Desenrolla el condón hasta la base del pene. Revisa que quede bien y que no quede suelto, o se podría salir durante la relación sexual. Después del sexo, remueve cuidadosamente el condón del pene mientras siga erecto. Después desecha el condón.

Aprendamos juntos

Cómo tomar decisiones sexuales

Aunque no puedes tomar decisiones sexuales por tu hija, tu guía puede tener un gran impacto en sus decisiones. Involucrarte en la vida social de tu hija te permitirá ayudarla en las situaciones de presión social, examinar sus motivaciones sexuales y pensar acerca de las ramificaciones en incremento de actividades sexuales cada vez más populares entre los adolescentes como el sexo oral o el sexo anal.

Cómo tratar con la presión social

A las adolescentes se les dificulta tomar una sabia decisión sexual porque quieren ser populares. Muchas jóvenes creen que la chica que da más sexualmente hablando, es la que atrae la atención de los chicos, y que esto la hará más popular entre sus iguales. Es buena idea hablar acerca de esto directamente con tu hija y recordarle que esto es por un corto periodo, ya que la atención sólo dura lo que dura el acto. Así que, mientras otra chica consigue mucha atención por ser sexualmente activa, la atención es puramente física, y no será satisfactoria a largo plazo. Puedes informarle que hay una encuesta en "Perspectivas de la Reproducción Sexual y Humana" que mostró que casi un tercio de los adolescentes se arrepienten de la primera vez que tuvieron sexo, y que 19% de las chicas reportaron que se sintieron presionadas al tener su primera relación sexual.

Los chicos también se encuentran bajo mucha presión sexual. Se espera que ellos siempre estén listos para tener sexo. Cuando las chicas son sexualmente asertivas, a los chicos los pueden juzgar al mismo nivel de su grupo social si no siguen oportunidades sexuales.

Dar fuerzas a tu hija para decir "no" y proporcionarle las herramientas necesarias para que lo haga, puede estimularla para tomar las decisiones adecuadas. Hablar libremente acerca de estos desafíos de presión sexual es la mejor forma de hacerlo. Por ejemplo, deja que tu hija sepa que cualquiera que la presione para tener sexo no tiene buenas intenciones con ella. Resolver posibles situaciones que llegaran a ocurrir, tales como un novio que diga que no la ama si ella no tiene relaciones sexuales con él, o una chica que ofrezca encuentros sexuales y que los amigos de él lo presionen para aceptar que es homosexual. **Ayuda a tu hija a pensar en posibles respuestas** para estas situaciones, ya sea que decida alejarse o decir algo como: "Si realmente me amaras, no me presionarías para tener sexo antes de que me sienta lista. Voy a esperar a tener sexo hasta que [me case, sea mayor, etc.]. Si no te sientes cómodo esperando, entonces esto no va a funcionar". Estimula a tu hija a encontrar maneras positivas o proactivas para lidiar con la tentación de la presión social, y tú puedes ayudar a fomentar decisiones inteligentes de cualquier tipo.

Cómo examinar las motivaciones sexuales

No puedes prevenir que tu hijo escoja su propio camino sexual, pero puedes ser esencial al ayudarlo a pensar por qué quiere tener sexo. Si tu hijo expresa que se siente listo para tener sexo o si notas otros indicadores de que su relación física se está volviendo más íntima, pregúntale acerca de su motivación para tener sexo por

primera vez. Es porque siente curiosidad, porque se siente seguro para dar el siguiente paso en su relación, porque quiere ser aceptado por los otros chicos en su escuela, porque cree que se sentirá bien. Aunque tu hijo pueda molestarse porque cuestionas su motivación, puede que ayude a detonar algo de introspección para ayudarlo a descubrir si se encuentra listo para tomar esta gran decisión.

En lo que se refiere a decisiones sexuales, la mayoría de los adolescentes, e incluso muchos adultos, no pasan mucho tiempo examinando sus razonamientos. Estimula a tu hijo a ver en su interior para descubrir qué es lo que lo está llevando hacia esa actividad sexual, si las hormonas o el placer físico, recuérdale que la autoestimulación puede ayudar a liberar un poco la tensión.

Por ejemplo, puedes decir algo como: "Los sentimientos sexuales y los pensamientos son parte de crecer, y ahora mismo estás experimentando una oleada de esos sentimientos por primera vez. Sin embargo, no tienes que apresurarte a tener sexo para liberar esos sentimientos y explorar tu sexualidad. La masturbación es una forma en la que muchos adolescentes y adultos liberan tensión sexual hasta el momento en que están listos para tener intimidad".

Si se siente presionado por sus amigos, dile que mucha gente de la que él escucha alardear acerca de sexo en los vestidores, no están diciendo la verdad. Tal vez quieras mostrarle que el simple hecho de que hablen todo el tiempo acerca de sexo es prueba de que son inmaduros como para manejar la responsabilidad que conlleva tener intimidad.

Intenta decir algo como: "Sé que muchos chicos de tu edad probablemente están hablando de sexo, y que algunos incluso hablan acerca de sus experiencias sexuales. Pero es bueno recordar que muchas de esas historias probablemente no sean verdaderas. Incluso si lo fueran, no deberías apresurarte a tener sexo a una edad temprana sólo porque otros chicos lo han hecho. Es mucho mejor esperar a tener sexo hasta que [estés comprometido en una relación, seas un adulto, estés casado, etc.], cuando sea significativo y se sienta bien".

Cómo hablar de sexo oral y anal

Un estudio realizado por el Centro Nacional para las Estadísticas de Salud encontró que casi 50% de los adolescentes de 15 a 19 años han practicado sexo oral. El número se incrementa mientras son mayores, y alrededor de 70% de los adolescentes entre 18 y 19 años lo han hecho. El mismo estudio encontró que 4.6% de los chicos de 15 años han tenido sexo anal con una mujer, el número salta a 34% en las edades de 22 a 24 años. Y para 24 años, 1 de cada 3 mujeres ha intentado tener sexo anal.

La educación sexual no puede empezar ni terminar con la idea tradicional de tener sexo, especialmente porque muchos de estos encuentros sexuales no incluyó protección. Un estudio publicado en el *Diario de Psicología Pediátrica* reveló que 70% de los adolescentes no utilizan protección durante el sexo oral, y que estos jóvenes tienen múltiples parejas. De estos adolescentes 23% respondieron que han tenido sexo oral en tres o cuatro ocasiones en el último año. Para la mayoría de ellos, el sexo oral es visto menos íntimo y arriesgado que el acto sexual, ya que no conlleva riesgo de embarazo y que sirve para preservar la virginidad. Sin embargo, en lo que concierne a las ETS, el sexo oral sin protección es tan peligroso como el sexo sin protección, y es igualmente peligroso desde el punto de vista emocional. Esto es verdad para muchas chicas, porque dar sexo oral es una forma de recibir favores o aceptación de los chicos, y así, una vez que esto ha pasado, puede que el chico nunca más hable con ella, o puede que le cuente a otros chicos acerca de su experiencia. Es por esto que es importante hablar tanto con las chicas como con los chicos acerca de hacer sexo oral y cómo debe compartirse en un ambiente de compromiso y amor en una relación, con una filosofía de dar y recibir.

Por ejemplo, puedes decirle a tu hija: "El otro día escuché en las noticias que el sexo oral se está volviendo muy común entre los estudiantes de preparatoria. Lo triste es que el sexo oral es tan íntimo con el sexo en sí, pero los chicos lo ven de forma tan casual como lo es besarse. Especialmente me entristece que las jóvenes practiquen sexo oral a los chicos para que las acepten. Espero que tú no tengas que darle sexo oral a alguien para que te quieran, y que tu cuerpo es muy valioso para respetarlo. ¿Tú qué piensas acerca de las chicas que dan sexo oral a los chicos? ¿Es algo que ocurra a menudo en tu escuela? ¿Los chicos también dan sexo oral a las chicas o eso no es parte del trato?".

También puedes decirle a tu hijo algo como: "He escuchado mucho últimamente que las chicas practican sexo oral a los chicos, pero no he escuchado nada de los chicos que hagan lo mismo a las chicas. Sé que respetas a las mujeres y que nunca las usarías para propósitos sexuales, pero ¿tienes amigos que hablen de esa forma acerca del sexo oral? ¿Ellos creen que el sexo oral involucra dar y recibir o sólo esperan que las chicas lo hagan?".

Puede parecerte un poco extraño hablar con tu hijo acerca de la importancia de ver el sexo como un intercambio, de dar y recibir, pero quieres ayudar a tu hijo a respetar a su pareja y a ver el placer como algo que siempre debe ser compartido. Mientras más vea tu hijo el sexo como algo que debe ser especial y placentero para ambas partes, es menos probable que tenga sexo casual o promiscuo. Ésta también es una buena oportunidad para hablar con tu hijo y decirle que los límites y expectativas sexuales son diferentes para todos, y que aunque él pueda estar listo para comenzar su vida sexual, su pareja pueda no estar lista para dar este paso. Enséñale a tu hijo a respetar el deseo de abstinencia de su pareja y a no presionarla a tener sexo, mucho menos oral.

MOMENTOS DE ENSEÑANZA
CÓMO HABLAR DE SEXO ORAL

Hay momentos en los medios que te darán la oportunidad de hablar acerca del sexo oral con tu hijo, ya sea un estudio que diga que más adolescentes están practicando sexo oral, o alguna historia acerca de una celebridad a la que se filmó teniendo relaciones sexuales. Usa estos momentos para enseñarle los riesgos potenciales de tener sexo oral, puedes decir algo como: "¿Supiste la historia de esos chicos a los que se les sorprendió haciendo sexo oral en la escuela? Mucha gente no se da cuenta que el sexo oral es tan peligroso como tener relaciones sexuales, al menos en lo que se refiere a las ETS, ya que puedes contraer incluso herpes, VIH o clamidia".

Conversación 1: "¿El sexo oral es común en tu escuela? Puede parecer más seguro que tener relaciones sexuales, pero en realidad, tener sexo oral puede ser tan dañino como tener sexo casual".

Conversación 2: "¿Supiste acerca del video que mostró a [nombre de celebridad] practicando sexo oral? Es muy triste que un momento tan íntimo salga en un video. También es muy peligroso que se involucren en un acto tan íntimo, especialmente cuando es una nueva relación, y puede que no conozcan la historia sexual del otro".

Cómo fomentar las relaciones sexuales sanas

El objetivo final de la educación sexual no debería ser convencer a tu hijo de no tener sexo, sino guiarlo para que espere a que la intimidad sexual sea significativa, segura y placentera, lo que sea que eso signifique en el contexto dentro de tus valores familiares. Alienta a tu hijo para que se fije metas sexuales que reflejen los valores de su sexualidad, su identidad y sus relaciones.

Fijar metas sexuales personales

La mayoría de los adolescentes toma decisiones sexuales sin planearlas. Una encuesta de la cadena ABC News reveló que 70% de los adolescentes admitió que su primera vez no fue planeada. Una falta de previsión significa una falta de protección, lo que quiere decir que no se practicó el sexo seguro. Otra encuesta reveló que las chicas menores de 16 años se arrepienten de su primera relación sexual.

Habla con tu hija acerca de estas estadísticas y cómo se imagina su primera relación sexual. Esta conversación no tiene que ser muy gráfica. Simplemente pídele a tu hija lo que ella espera que sea su primera experiencia sexual: ¿Cuántos años quiere tener? ¿Qué tipo de relación quiere

tener? Al hablar de sus metas sexuales de la misma forma en la que hablaría de otras metas en la vida, puedes ayudarla a entender que está en control de sus experiencias sexuales y que puede crear el resultado que desea. Ayuda a que tu hija planee metas específicas, cómo y cuándo quiere perder su virginidad; puede prevenir que su primera experiencia sexual sea no planeada y desafortunada.

Por ejemplo, puedes decirle a tu hija, "¿Alguna vez te has preguntado cómo te gustaría que fuera tu primera vez? ¿Sabes en dónde te gustaría que fuera tu primera vez y con quién? Está bien pensar en cosas como éstas, de hecho, es importante. Planear tus metas sexuales es parte de ser un adulto saludable. Aunque puedes no saber todo acerca de cómo quieres que sea tu

---

▶▶▶   TU HIJA ESTÁ EN UNA RELACIÓN SALUDABLE SI ...

Aunque a menudo es fácil saber cuando tu hija está tomando malas decisiones en sus relaciones, puede ser difícil saber cuándo está tomando una decisión saludable y cuándo puedes ser su confidente en estas decisiones. Generalmente, una hija en una relación saludable será feliz y estará relajada en su relación. Algunas señales incluyen:

- Mayor confianza y una actitud positiva.
- Incremento de las señales de madurez, como respeto de su hora de llegada.
- Actuar de una forma más desinteresada, tal vez al ser capaz de cuidar de hermanos o ayudar en la casa.
- Orientarse a cumplir metas escolares, deportivas u otras actividades.

primera vez puedes tener una lista de cosas esenciales, como estar con alguien a quien ames, debe ser en un lugar privado y romántico, debe haber protección".

Cómo compartir la historia sexual

Cuando hables con tus hijos de metas sexuales y planeación sexual, tal vez te pregunten acerca de tus propias decisiones sexuales. Responder estas preguntas algunas veces puede ser riesgoso, porque no quieres que tu hijo piense que está bien cometer algunos errores sólo porque tú los cometiste.

Una buena idea es no mencionar tu pasado sexual a menos que tu hijo te pregunte directamente; usa tu propio juicio para decidir si es lo suficientemente maduro para tener esta conversación. Si no lo es, puedes decirle que eso es algo que verán más adelante. Si no crees que tiene la suficiente madurez para manejar la información, dile los hechos y no te detengas en los detalles. Es buena idea enfocarse en cualquiera de las lecciones que aprendiste de esas experiencias, y no tanto en los detalles o cómo y cuándo ocurrieron esas experiencias.

Por ejemplo, puedes decir algo como: "Yo comencé a tener sexo muy joven. Mis padres nunca hablaron de sexo, condones, o algo por el estilo. Así que tuve que descubrirlo por mi cuenta. Como resultado, creo que tomé demasiados riesgos que no debería haber tomado y también me perdí la oportunidad de tener una primera experiencia especial. Me gustaría volver a ese tiempo y no cometer algunos de esos errores. En vez de eso, espero darte todo el apoyo que necesitas para que no cometas los mismos errores".

Si tu hijo tiene muchas dudas acerca de tu pasado sexual, pregúntale cuál es la razón, puede ser porque se enfrenta a decisiones sexuales propias, o porque tiene preguntas y preocupaciones de las que quiere hablar. Habla con él y pregúntale qué es lo que lo lleva a hacer esas preguntas y ofrécele tu apoyo.

7

CÓMO HABLARLE ACERCA DE PRACTICAR UN SEXO MÁS SEGURO

EVALUANDO TUS VALORES: LA PRÁCTICA DE UN SEXO MÁS SEGURO

El tramo final para educar a un adolescente sexualmente saludable es enseñarle acerca del sexo seguro. No hay sexo más seguro, que no tenerlo. Ayudar a tu hijo a entender que cada decisión sexual tiene una consecuencia, ya sea física o emocional o ambas, puede ser un avance para que dimensione los alcances de la actividad sexual. Antes de que puedas dar estas lecciones, reflexiona acerca de tus propios valores. Considera las siguientes preguntas en privado, después discútelas con tu pareja.

CÓMO EXPLORAR LA COMUNICACIÓN SEXUAL

Comunicarse claramente acerca de tu historia y la de tu hijo es una importante herramienta de educación. Reflexiona acerca de estas preguntas para decidir qué tanto te quieres involucrar mientras tu hijo avanza hacia una intimidad más profunda.

Si tu hijo te pregunta acerca de tu propia historia sexual (por ejemplo: la primera vez que tuviste sexo, cómo fue tu primera experiencia), ¿cuánta información sientes que es apropiado compartir?

Si sientes que tu hijo es sexualmente activo, ¿piensas que tienes la responsabilidad de decirle a los padres de su pareja?

¿Qué tan involucrado crees que deberías estar si piensas que tu hijo está en una relación dañina?

¿Cómo apoyarías a tu hijo si decidiera volverse sexualmente activo?

CÓMO EXPLORAR DECISIONES SEXUALES

Piensa en lo que conforma una sabia decisión sexual y qué valores quieres que tu hija considere mientras comienza a tomar sus propias decisiones acerca del sexo.

¿Qué signos de madurez emocional crees necesarios antes de entablar una relación sexual?

¿Qué signos de madurez emocional son necesarios para crear un ambiente saludable para el sexo?

¿Qué tan valiosa consideras que es la monogamia?

¿Qué dirías si tu hija estuviera en una relación saludable y sintiera que está lista para tener sexo? ¿Esto cambiaría según la edad que tuviera?

¿Cómo reaccionarías si tu hija estuviera en una relación dañina y se sintiera lista para dar el siguiente gran paso?

¿Qué papel crees que debes desempeñar en el proceso de toma de decisiones de tu hija?

CÓMO EXPLORAR LA SALUD SEXUAL

Comunicar claramente acerca de la salud sexual puede ayudar a proteger a tu hija contra peligros obvios como las ETS, y menos obvios como el dolor emocional.

¿Cuáles crees que son las características de una relación emocionalmente dañina?

¿Cuáles crees que son las características de una relación física dañina?

¿Cómo reaccionarías si tu hija te confiesa que tuvo una mala experiencia sexual, o incluso una experiencia forzada?

¿Conoces las ETS más comunes, cómo se trasmiten y cómo se tratan médicamente?

¿Alguna vez te has hecho un análisis de ETS?

¿Cómo crees que se puedan prevenir las ETS?

¿Cuánta información quieres darle a tu hijo acerca de las ETS, y a qué edad crees que deberían empezar a tener esa conversación?

CÓMO EXPLORAR LAS CONSECUENCIAS SEXUALES

Aunque con suerte tu familia no estará expuesta a las consecuencias potencialmente negativas del sexo adolescente, es buena idea pensar en cómo reaccionarías si tu hija se embarazara o contrajera una ETS, y en qué formas podrías ayudarla.

¿Crees que es importante considerar con tu hijo las realidades de las consecuencias sexuales (por ejemplo, ETS, embarazo) por adelantado?

¿Qué piensas del embarazo adolescente?

¿Cómo piensas que se puede prevenir el embarazo adolescente?

¿Cómo reaccionarías si tu hija te confesara que está embarazada?

Si tu hija estuviera embarazada, ¿qué opciones la alentarías a que considerara (por ejemplo, aborto, adopción, criarlo ella misma)? ¿Qué harías si ella escogiera una opción con la que no concuerdas o pensaras que es moralmente incorrecta?

¿Qué opinas acerca del aborto?

¿Cómo reaccionarías si tu hija te dijera que tiene una ETS?

Aplicando tus respuestas. Mientras reflexionas acerca de estas preguntas, puedes sentirte ansiosa o abrumada al pensar que tienes que mostrarle a tu hija las realidades tan crudas. Recuerda que esta información puede darle a tu hija el conocimiento y el apoyo emocional que necesita para tomar decisiones sexuales inteligentes. Cuando la información se trata de prácticas sexuales más seguras, el silencio puede ser mortal. Si se te hace difícil alguna de estas preguntas, considera pedirle a alguien de confianza que te ayude para que puedas presentarle un frente unido a tu hija.

El bienestar sexual de tu hijo

Además de los valores familiares acerca del sexo, hay dos factores que pueden tener impacto, ya sea que tu hijo esté listo para tener más intimidad, madurez emocional y una relación madura o no. A medida que la relación de tu hijo se hace más seria, ten conversaciones frecuentes con él. Mientras más entiendas acerca de tu hijo, podrás protegerlo mejor contra las malas decisiones.

La madurez emocional de tu hijo

Una parte importante de la seguridad sexual es asegurarte de que eres capaz de manejar el compromiso emocional que conlleva una relación íntima. Esto es especialmente verdadero para los adolescentes que no hayan llegado a tener este nivel de compromiso antes. Sin embargo, juzgar el nivel de madurez emocional de un adolescente puede ser difícil. La adolescencia es una balanza entre la niñez y la adultez, así que no es de sorprenderse que la madurez emocional parezca presentarse en cantidades que sean difíciles de medir.

Por esta razón, ser padre de un adolescente puede ser un acto de balance en sí mismo. No hay un momento fijo en el que tu hija estará lista para tomar decisiones sexuales saludables o decisiones sobre sus relaciones. La única forma de observar el comportamiento de tu hija de forma adecuada a su edad, es ser consciente de lo que sucede en su vida. Habla con tu hija acerca de las decisiones que sus amigas están tomando y cómo lo están manejando en el engañoso mundo de las relaciones. Pregúntale si se siente lista para tener un novio formal o si cree que está lista para tener sexo. Habla con ella de por qué se siente así y de si tiene miedos o preocupaciones acerca de crecer y tener que tomar estas decisiones de adultos.

Los indicadores de que puede estar lista para tener un compromiso emocionalmente maduro es la voluntad de respetar tu punto de vista, una habilidad para entender las diferentes

>>> **TU HIJA PUEDE ESTAR LISTA PARA TENER SEXO CUANDO...**

Aunque sientas miedo, un día tu hija va a estar lista para tener sexo. Cuando esto pasa, dependerá de tus valores familiares, de la edad o de la situación de la relación que tú creas para dar este paso tan íntimo. Las señales de la personalidad que pueden indicar que tu hija puede ser responsable como para dar este paso son:

- Ser responsable de tomar decisiones adultas en otras áreas de su vida (por ejemplo, pagar un carro, trabajar duro para alcanzar alguna meta, etc.).
- Actuar de forma respetuosa hacia el sexo opuesto y hacia la sexualidad en general.
- Evaluar las necesidades de la otra persona, y trabajar o hacer sacrificios para mantener la felicidad, una relación segura.

consecuencias potenciales de la actividad sexual; y el desarrollo de metas sexuales personales. En otras palabras, un adolescente emocionalmente maduro no toma decisiones sexuales sin prever o para darle gusto a otros. En vez de eso, el sexo es una forma para disfrutar la intimidad con su pareja y para dar y recibir placer. Las hormonas tendrán su papel, pero su decisión se basa en la consideración y la previsión.

La madurez de la relación de tu hijo

No siempre es fácil saber qué está pasando en la relación de tu hijo, especialmente porque mientras más seria se convierta la relación, tal vez quiera más privacidad y por tanto te bloquee. Sin embargo, si tienes previamente establecida una conversación abierta con tu hijo acerca del sexo y las relaciones, puedes seguir hablando de esto en el contexto de la relación de tu hijo. Si aún no has tenido esta conversación, comienza por acercarte a tu hijo y mostrar interés en su relación.

Intenta comunicarte sin juzgar y con una actitud de entendimiento y aceptación. Haz un esfuerzo para tratar de conocer a la pareja de tu hijo y haz un espacio en tu casa y en tu familia para incluirla y aceptar esta parte importante en la vida de tu hijo. Pregúntale y busca las respuestas acerca de lo que piensa sobre la relación. Si no se siente juzgado, será menos probable que esté a la defensiva y quiera abrirse contigo y compartir su vida.

Encuentra un momento en el que tu hijo y tú puedan hablar en privado, como cuando vas manejando en el carro o cuando vayan al centro comercial. Conversa sin juzgar, sólo muestra interés en su vida y en su relación.

Puedes decir algo como: "Te veo muy feliz con Alicia. Estoy contenta de que hayas encontrado a alguien que se preocupa por ti. Cuéntame otra vez de ella. ¿Qué fue lo primero que notaste de ella? ¿Te gustó de inmediato o se fue dando con

el tiempo?". Tu hijo puede reírse y ser indiferente ante tu interés, pero en el fondo, estará satisfecho con que hables de la relación como adultos. Esto lo ayudará a sentirse más cómodo al compartir detalles de su relación, incluso si él y su pareja han hablado de llevar la relación al siguiente nivel físico.

Mientras hablas con tu hijo, busca señales de que su relación es lo suficientemente estable para sostener una intimidad sexual. Algunos indicadores de esto pueden incluir respeto mutuo hacia las necesidades y deseos del otro, sexualmente y de otra índole, mantener una conversación abierta acerca de la anticoncepción y el sexo más seguro, una apertura a realizarse análisis de ETS, otras precauciones de salud sexual, y un compromiso a practicar la honestidad, la confianza y la comunicación abierta. Si la relación de tu hijo tiene estas características, ambos son más propensos a lidiar con las implicaciones emocionales del sexo.

Cómo hablar de "la primera vez"

Tal vez la plática más importante que tendrás con tu hijo acerca del sexo es cuando consideras que está a punto de volverse sexualmente activo. Si mantienes una atmósfera abierta en tu hogar, él se sentirá cómodo hablando contigo antes de este parteaguas en su vida. Una buena idea es alentarlo a que lo haga, para asegurarte de que está preparado y que ha pensado acerca de esta decisión cuidadosamente.

Cómo alentarla para que hable

Una de las mejores maneras de ayudar a que tu hija tome decisiones inteligentes es comenzar con esta conversación antes de que las tome. Mantén una política en la que ella siempre pueda hablar contigo acerca de sus decisiones sexuales sin el miedo a las repercusiones o al castigo.

Por ejemplo, puedes decir algo como: "Sé que tú y tu novio han estado juntos por un rato. Y también sé que las relaciones y el sexo van muchas veces de la mano, incluso a tu edad. Aunque pienso que aún no estás preparada para tener sexo, sé que la decisión es finalmente tuya. Sin embargo, te pido que vengas conmigo antes de tomar la decisión de tener sexo por primera vez. Quiero estar segura de que tienes toda la información y protección que necesitas antes de tener sexo. A cambio, aunque tal vez no me haga feliz o lo desapruebe, prometo no juzgarte o enojarme contigo".

Tener este tipo de conversación es una medida positiva y protectora en contra del sexo no seguro. Cuando le das a tu hija el poder para tomar sus propias decisiones y se siente responsable de su propio destino sexual, es más probable que ella decida basada en sus valores y no en la tentación física, tú puedes sentirte reconfortada sabiendo que le has dejado la puerta abierta para que hable contigo.

La plática antes del sexo

Si tu hijo acude a ti, pregúntale acerca de sus motivaciones para tener sexo, y cómo sabe que es el momento adecuado. Pregúntale acerca de lo que piensan él y su pareja, acerca de sus planes futuros para la relación. Discutir estas preguntas de una forma no juiciosa ayudará a guiar a tu hijo a través del proceso de tomar esta decisión. La idea es "jugar al abogado del diablo" de una forma amorosa y en la que apoyes a tu hijo, para ayudarlo a que sopese las consecuencias y las realidades de las decisiones que está tomando, sin provocar rebeldía.

Para comenzar esta conversación, intenta decir: "Estoy muy orgulloso de ti por ser honesto acerca del hecho de que estás listo para el sexo. ¿Puedo, sin embargo, hacerte algunas preguntas? ¿Qué es lo que tiene esta persona y esta relación que te hace sentir que merece este regalo tan especial? ¿Qué han discutido acerca del futuro de su relación? ¿Se harán pruebas de ETS? ¿Qué tipo de protección usarán? ¿Sabes cómo usar un condón? ¿Han platicado acerca de qué harían si ella resultara embarazada? ¿Han hablado acerca de si su actividad sexual será privada o la ventilarán con sus amigos?". Preguntas como estas pueden servir como una lista de verificación previa al sexo para tu hijo, y también le recordarán las responsabilidades de una forma no alienante.

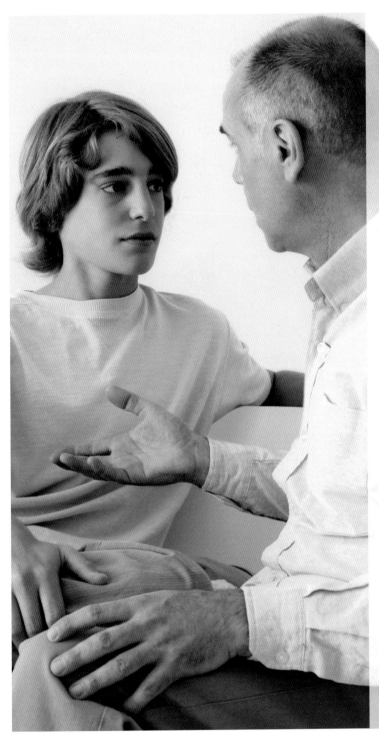

QUÉ DECIR...
SI NO CONSIDERAS QUE TU HIJO ESTÁ LISTO PARA EL SEXO

Si descubres que tu hijo está planeando tener sexo, es importante tener una conversación directa, abierta y sin juicios de valor. Esto es verdad incluso si sientes que tu hijo no está listo para dar este paso.

Inicio de conversación: "Sé que sientes presión de muchas personas para tener sexo, tal vez incluso de tus amigos o de tu novia".

Después de empezar este tema, legitima los deseos naturales de tu hijo.

Seguimiento: "Está bien que quieras tener sexo, tu cuerpo de adulto está hecho para sentir deseos, y sigues creciendo mientras hablamos".

Comienza a insertar tus propios valores en la conversación, enfatizando la gran responsabilidad que implica tener sexo.

Seguimiento: "Aun así, creo que es importante que no actúes basado en esos sentimientos sexuales antes de que estés listo para manejar las posibles consecuencias de tus decisiones. Quiero que tengas una vida sexual feliz algún día, y si tienes sexo pronto, eso puede hacer tus relaciones futuras muy difíciles".

Cierra con una actitud de apertura, para que tu hijo no se sienta juzgado.

Seguimiento: "Yo no puedo tomar esta decisión por ti, sólo te pido que pienses bastante acerca de esto. No dependas de la opinión de tus amigos o bases tu decisión en lo que la gente hace. Tú eres la única persona que puede proteger tu cuerpo y tu sexualidad".

Cómo criar a un hijo sexualmente activo

Si tu hijo se vuelve sexualmente activo, la relación que tienen puede cambiar fácilmente y a veces de forma dramática. La manera más efectiva de influir a tu hijo es recordarle constantemente tu amor incondicional mientras expresas tu opinión. Esto le da a tu hijo el espacio que necesita para tomar sus propias decisiones y hace que sea más probable que te pida consejos conforme crece.

Cómo dejarlo ser

Dejarlo ser es probablemente una de las partes más difíciles en el proceso de la paternidad, especialmente cuando se trata de decisiones sexuales. Por mucho que eduques y apoyes a tu hijo, al final, puede que él tome decisiones con las que no estás de acuerdo. Ya sea que esto involucre el esperar o no a tener sexo, tener más de una pareja a la vez o no comprometerse a tener sexo seguro, hay momentos en los que tú ya no tienes la palabra final acerca de lo que tu hijo decide hacer con su propio cuerpo.

Mientras que cada padre espera haberle dado a su hijo las herramientas que necesita para que éste tome decisiones inteligentes, también es necesario recordar que las personas necesitan a veces cometer sus propios errores. Tu adolescente tal vez insista en que está listo para tener sexo, y tal vez no sea sino hasta meses después que se arrepienta de su decisión y se dé cuenta de que estabas en lo correcto al alentarlo a esperar. Dar un paso atrás y permitir que estos errores ocurran no es fácil, pero no hay nada más que un padre pueda en verdad hacer. Como muchas generaciones de padres han descubierto, agregar reglas y regulaciones para evitar que tu hijo tome ciertas decisiones, sólo asegura que éstas se tomen de manera secreta.

Si tienes problemas para dejarlo ser y abandonar el control, tal vez sea una buena idea mirar en tu interior e identificar exactamente con qué estás luchando. ¿Estás meramente enojado porque tu adolescente tiene sexo? ¿O estás enojado porque tus vecinos tal vez lo descubran y piensen menos de él o de ti como padre? ¿Tienes miedo de que tu hijo crezca o que cometa los mismos errores que tú? Una vez que hayas identificado la raíz de tu preocupación, podrás avanzar y comenzar a guiar a tu hijo tan efectivamente como sea posible en esta nueva etapa. Al final, tu felicidad no puede depender de las decisiones de tu hijo, y tienes que encontrar una manera de llegar a un acuerdo con su nueva adultez.

Cómo apoyarlo

Es difícil apoyar la relación de tu hijo si involucra actividad sexual que encuentras inapropiada. Sin embargo, este es un momento crucial en tu relación padre-hijo. Si decides criticarlo o aislarte de la relación, corres el riesgo de empujar a tu hijo aún más lejos. Si crees que no está listo para una relación sexual activa, o si crees que está en una mala relación, este es el momento para darle todo tu apoyo y amor de manera incondicional. Una buena forma de hacer esto es dejar claro que no siempre lo apoyarás o estarás de acuerdo con sus decisiones. Si tu intuición de padre es correcta y ha tomado una mala decisión acerca de quién es su pareja, entonces necesitarás estar ahí para cuando recoja las piezas rotas. La mejor manera de mostrarle tu apoyo –sin mostrar apoyo por la relación– es ofrecerle palabras de aliento y hacerle saber que puede acudir a ti cuando quiera. Déjale claro que quieres escucharlo incluso cuando no estés de acuerdo con sus decisiones.

Por ejemplo, puedes decir: "Sé que en el pasado he dicho que tu novia es muy mayor para ti. Aunque pienso que deberías salir con alguien de tu edad, sigo siendo tu madre y quiero estar contigo sin importar qué pase. Siempre estaré aquí para escuchar por lo que estás pasando, ya sea un asunto personal, algo que ocurre en tu escuela o en tu relación. Espero que te sientas cómodo hablando conmigo acerca de cualquier asunto que surja".

Si la relación de hecho parece ser sana y feliz, haz un esfuerzo por incluir a la pareja de tu hijo en tu vida como parte de la familia. Invítale a la cena, conoce a sus padres, interésate en su vida y actividades, y siempre trata su relación con respeto. Involucrarte un poco puede mostrarle a tu hijo que lo apoyas y puede mantener la relación padre-hijo fuerte y conectada.

CÓMO CONTESTAR LAS PREGUNTAS ACERCA DE LAS PRIMERAS EXPERIENCIAS SEXUALES

Conforme tu hija crece, las preguntas respecto al sexo contienen un componente más personal. Compartirle acerca de tus propios errores puede influirla, sólo asegúrate de manejar las respuestas de acuerdo con su madurez y edad. Puedes decidir qué tan abierto o reticente ser, pero recuerda, sé honesta. Aquí hay algunas posibles respuestas, que dependerán de tu experiencia personal y nivel de comodidad.

P. ¿Cómo fue tu primera vez?
R. "No fue muy buena en realidad. Me habría gustado esperar más" o "fue muy especial, esperé a estar con alguien que en verdad me amaba y fue muy romántico".

P. ¿Te arrepentiste de tu primera vez? ¿Te sentiste avergonzada después?
R. "No me sentí avergonzada después porque sabía que mi pareja me respetaba y pensé que era muy especial".

P. ¿Duele el sexo la primera vez?
R. "Cuando estés lista para tener sexo, estarás más relajada y será menos probable que te duela. Pero si no estás lista, probablemente te tenses, y esto puede volverse doloroso. Por eso es importante esperar, y estar con alguien en quien confíes y que se tome el tiempo para asegurarse de que estás cómoda".

P. ¿Esperaste hasta estar casada?
R. "No, lamento decir que no esperé. Tuve sexo antes porque quería encajar con mis compañeras. No fue una buena experiencia para mí y siempre me he arrepentido".

P. ¿Cómo sabré que estoy lista para tener sexo?
R. "Sólo tú puedes saber eso. Sin embargo, es importante recordar que aunque puedas sentirte lista en el momento, puedes arrepentirte de la decisión al día siguiente. Por eso es importante pasar mucho tiempo de antemano pensando acerca de esta decisión, y hablar acerca de ello con tu pareja".

Cómo identificar las relaciones dañinas

Para los adolescentes, así como para los adultos, las relaciones dañinas pueden agotar a las personas, debido al desgaste emocional, físico o ambos. Es importante mantenerse involucrado en la relación de tu hijo en un punto en el que puedas medir la dinámica diaria. Si notas algo que te preocupa, habla con él acerca de ello tan pronto como puedas, para prevenir un posible dolor físico o emocional.

Señales de una relación dañina

Las relaciones insanas son dañinas física o emocionalmente, y muchas veces estas opciones van de la mano. Las señales más obvias de una relación dañina son los cambios de personalidad prolongados o negativos, tales como una obvia pérdida de confianza o una frecuente e inexplicable tristeza o ira.

Si notas estas señales, pregúntale a tu hija si tiene tiempo para hablar. No la fuerces si no está dispuesta, pero pregúntale si habrá un momento después en la que esté abierta a hablar. Al considerar sus sentimientos y permitirle cierto control sobre la situación, le ayudarás a sentirse más cómoda y a que se exprese. Si hablan, no señales de inmediato que la culpa es de la relación, pues esto podría ponerla a la defensiva.

Empieza por decir algo así como: "He notado que pareces enojada últimamente. Espero que sepas que si hay algo mal puedes acudir a nosotros para hablarlo. ¿Están tú y Javier bien? ¿Cómo está la escuela? ¿Hay algo que pueda hacer para que te sientas mejor?".

Encontrar señales de maltrato físico puede ser engañoso. Los abusivos son muy eficientes acerca de cómo abusan de sus parejas, como al lastimarlas en lugares que son difíciles de ver, como los costados, la espalda y los muslos. Más aún, ya que las víctimas suelen sentirse avergonzadas de la situación, éstas esconden las marcas a cualquier precio. El abuso físico en las relaciones adolescentes es un peligro real del que los padres deben estar atentos. Habla con tu adolescente si sospechas que algo está mal, no te esperes. Según un estudio realizado por SAVE (Safe Alternatives to Violent Environments), aproximadamente uno de cada tres estudiantes estadounidenses de secundaria ha sido o estará involucrado en una relación abusiva. Si tu hija no confía en ti, puedes llevarla con un terapeuta para que le dé apoyo y funcione como un oyente objetivo.

Cómo promover la recuperación

Si tu hija está saliendo de una relación dañina, tu apoyo es muy importante durante la etapa de recuperación, especialmente si la relación involucraba abuso. Si es necesario, alerta a la policía y a los maestros de tu hija. Aunque pueda sentirse avergonzada o dude en decirle a los demás lo que ha pasado, asegúrale que su seguridad es lo principal. También enfatiza lo orgullosa que estás de ella por tener el valor y respeto propios para dejar una relación que no funcionaba.

Por ejemplo, podrías decir: "Estoy contenta de que rompieras después de que te engañaron. No muchas chicas tienen la fortaleza para hacer algo así, especialmente siendo tan jóvenes como tú. Estoy muy orgullosa. ¿Qué crees que harás distinto en tu siguiente relación?".

QUÉ DECIR...
SI TU HIJA SE ENCUENTRA EN UNA MALA RELACIÓN

Si crees que tu hija está en una mala relación, tu primer instinto tal vez te diga que debes prohibirla. Sin embargo, está probado que esta táctica no funciona, no sólo le agregará drama a lo incierto de la relación, además tu hija se empecinará en continuarla. En lugar de eso, habla con ella acerca de lo que piensas y te preocupa.

Inicio de conversación: "Me preocupa que pases tanto tiempo con tu novio. Él parece un chico agradable, pero también parece que se mete en problemas".

Dale la oportunidad a tu hija para contestar antes de hablar de cosas específicas.

Seguimiento: "No quiero que te involucres en drogas o alcohol, y tampoco me gusta la forma en que te trata. Creo que deberías estar con alguien que te respete y te trate bien, de la misma forma en que tú lo tratas a él".

Una vez que hayas expresado tus preocupaciones, intenta encontrar algo para validar la relación, entonces hazle preguntas específicas acerca de sus planes para el futuro.

Seguimiento: "Yo sé que tienes muchos sentimientos por tu novio, y estoy segura de que él también tiene sentimientos por ti, pero, ¿por qué crees que escoges estar en una relación en donde te maltratan? ¿Te has preguntado por qué lo soportas? ¿Parece a veces difícil o te llegas a sentir triste o herida?".

Cómo tratar con las ETS

Las ETS son una realidad hoy día. Desafortunadamente, son consideradas un tabú como tema de discusión, lo que sólo las hace más aterradoras. Es bueno hablar de ellas de manera abierta con tu hijo, desde el momento en que empiecen a conversar de otros temas sexuales. Mantenerse informada acerca de las últimas investigaciones podrá ayudarte a sentirte más cómoda.

Cómo hablarle de la realidad de las ETS

Por muy incómodo que sea, es esencial que tu hijo se sienta seguro ante el riesgo de las ETS, más ahora que nunca. Las estadísticas recientes muestran que una de cada cuatro chicas adolescentes en EUA tienen una enfermedad de trasmisión sexual. Intenta comenzar con esta conversación con tu hijo en el momento ideal, que es alrededor de los 9 o 10 años de edad, y comienza a darle detalles acerca del sexo. Háblale de cómo la actividad sexual puede propagar gérmenes, justo como compartir un beso puede contagiar un resfriado. Pero es importante no exagerar la severidad de las ETS o asustar a tu hijo; debes enfatizar que cualquier tipo de actividad sexual puede trasmitir enfermedades, incluso si utiliza la protección adecuada.

Hacerse pruebas

Aunque probablemente no quieras que tu hijo sea sexualmente activo, una vez que sospeches que lo es, es esencial que promuevas las pruebas de ETS. No las presentes como un castigo por sus acciones, ni lo trates de asustar haciéndole creer que tiene una. En lugar de eso, preséntalas de la forma en que presentarías cualquier otra cita médica o dental, como una parte importante de cuidar de su salud. Antes de que hagas esto, es una buena idea que tú misma te familiarices con los procedimientos de las pruebas de ETS, para que puedas contestar cualquier duda que tenga tu hijo. Las pruebas para el VIH/SIDA (así como para el VPH) pueden formar parte del examen de rutina del papanicolaou.

Si tu hija se rehúsa a ir, no la fuerces, pero considera pedirle a tu médico que mencione el tema en su próxima visita. Él le puede asegurar a tu adolescente que todo lo que ellos hablen es confidencial, lo que puede hacer que tu hija esté más dispuesta a tomar las pruebas para ETS o para hablar de los detalles de su conducta sexual. **Tú puedes alentar a tu hija a que se realice las pruebas** al decir cosas como: "Me gustaría hacer una cita con el médico para que te realicen pruebas de ETS. Yo iría contigo y ninguno de tus

"Es importante no exagerar la severidad de las ETS o asustar a tu hijo, debes enfatizar que cualquier tipo de actividad sexual puede trasmitir enfermedades".

MOMENTOS DE ENSEÑANZA
CÓMO HABLARLE DE LAS ETS

Conforme tu hijo crezca, una de las formas más naturales para comenzar a hablar acerca de las ETS será compartir información de lo que hayas aprendido en los estudios o en las noticias de los medios. Esto puede ayudar con la conversación sin hacer el tema incómodo o muy personal. Intenta diciendo algo como: "Hoy vi en las noticias que una de cada cuatro adolescentes tienen ETS. Eso en verdad me asustó. ¿Cómo te hace sentir esto? ¿Conoces a alguien en tu grado con ETS?". Empezar esta conversación puede hacer que tu hijo se sienta más cómodo de hablar acerca de las ETS, y puede minimizar sus preocupaciones si está en problemas o si pierde tu confianza por tratar el tema.

Inicio de conversación 1: "¿Viste el artículo acerca de lo común que es el VPH entre los adolescentes? Eso es muy preocupante. ¿Están tú y tus amigas al tanto de hechos como ese o no se habla mucho de esto en tu clase de salud?".

Inicio de conversación 2: "Fue tétrico ver ayer en el programa a la chica que temía tener ETS después de acostarse con su novio. ¿Tú sabes en dónde y cómo te pueden hacer pruebas de ETS si tú o alguno de tus amigos es sexualmente activo? Es muy importante que te las practiques cada que tengas una nueva pareja".

---

amigos tienen por qué saber que vamos. Esto es sólo para que tú puedas estar tranquila y segura de que estás sana y puedes cuidar de ti misma. Si quieres venir con tu novio, estaré contenta de llevarlo también".

Cómo tratar las ETS

Si tu hija adolescente descubre que tiene una ETS, tu apoyo puede ayudarla a tomar decisiones inteligentes en el futuro. Es importante no juzgarla o culparla por el diagnóstico. Ella ya se siente avergonzada y asustada, así como se preocupa de que sus compañeros la descubran.

Habla con el médico para que puedas aprender acerca del diagnóstico y de cómo tratar la enfermedad. Lleva a cabo el tratamiento de la ETS como llevarías el tratamiento de una garganta irritada u otra enfermedad, pero no olvides también enfatizar la gravedad de la situación. **Puedes decir algo así como:** "Estoy contenta de que te diagnosticaran con una ETS tratable. Es aterrador pensar que hay ETS sin cura. Sé que

probablemente no tengo que decirte que tienes que ser más cuidadosa en el futuro, pero recuerda que las decisiones sexuales que tomas hoy te pueden perseguir el resto de tu vida, debes considerarlas cuidadosamente".

Las buenas noticias acerca del tratamiento de las ETS son que algunas de ellas, como la clamidia, gonorrea y sífilis se curan con antibióticos si son diagnosticadas en una fase temprana. Si se dejan sin tratar, sin embargo, pueden llevar a la infertilidad, enfermedad pélvica inflamatoria (EPI), y a otras complicaciones de la salud física y sexual.

Otras ETS, como el VPH y el herpes, no tienen cura. El VPH generalmente se cura en un lapso de dos años, pero algunas de ellas pueden llevar al cáncer cervical, o el cáncer anal en casos raros. Los exámenes regulares pueden ayudar a tu hijo contra esto. Los brotes de herpes se pueden tratar con medicamentos prescritos. Pueden pasar meses sin que tu hijo presente un brote, pero aun será portador de la enfermedad. El VIH tampoco tiene cura, pero existen muchos tratamientos que ayudan a prolongar la calidad y el tiempo de vida de las personas y previenen el comienzo del SIDA.

APRENDIENDO ACERCA DE LOS MITOS COMUNES SOBRE LAS ETS

Con tanta información errónea acerca de las enfermedades de trasmisión sexual, no es sorpresivo que tantas personas jóvenes se contagien (dos terceras partes de las ETS ocurren en adolescentes y menores de 25 años). Comienza a hablar con tu hija acerca de las ETS en sus años tempranos de adolescencia para asegurarte de que tiene el conocimiento necesario para protegerse a sí misma cuando decida tener sexo. Usa los mitos como un trampolín para comenzar la discusión y ayudarte a conocer qué más le genera curiosidad.

Aprendamos juntos

DESPUÉS DE ESTA LECCIÓN TU HIJA PROBABLEMENTE...

- Se dé cuenta de los riesgos que implica cualquier contacto sexual.
- Entienda la necesidad de protegerse a sí misma y a su pareja.
- Tenga el conocimiento necesario para tomar con responsabilidad su salud y bienestar.
- Evite las conductas sexuales no seguras.
- Sepa que es importante visitar un médico, si cree que corre riesgos.
- Entienda que el sexo no seguro puede ocasionar problemas en su vida futura.

1 SÓLO LAS PERSONAS QUE DUERMEN CON MUCHOS CONTRAEN ETS

Es verdad que mientras más parejas sexuales se tengan sin usar protección, las posibilidades de contraer una infección aumentan. Pero no se necesita ser promiscuo para contraer una ETS, puedes contraer una en la primera vez que tengas sexo, o te involucres en algún contacto sexual. Por eso es importante usar condón siempre. La única manera de asegurarte de no contraer una ETS es abstenerte del sexo completamente.

2 TÚ SABES CUANDO TIENES UNA ETS PORQUE TIENES SÍNTOMAS

A veces, las ETS muestran síntomas, como úlceras o flujo, pero con la mayoría no puedes decir si tú o alguien más tiene ETS. Muchas infecciones, incluyendo el VIH, no muestran síntomas y pueden permanecer ocultas por años. Esto es cierto tanto para hombres como para mujeres. La clamidia, que es común entre la gente joven, es otro tipo de infección que no tiene síntomas y puede causar infertilidad con el paso del tiempo si no se trata. Aun así, muchas ETS pueden ser completamente curadas si se detectan en etapas tempranas. Si tu hijo piensa que puede estar en riesgo, deben ver a un médico.

3 NO PUEDES CONTRAER UNA ETS POR SEXO ORAL

Algunas ETS, incluyendo el herpes, pueden pasar de una persona a otra a través del sexo oral (cuando besas o lames los genitales de tu pareja). Por seguridad, lo mejor es usar condón o un *dental dam* (una pieza pequeña de látex que cubre la vulva o el ano) durante el sexo oral. También hay ETS, como el herpes o la sífilis que se pueden trasmitir por el contacto de la piel. Por ejemplo, cuando surge un brote de herpes, surge una úlcera. Cuando esta úlcera entra en contacto con piel húmeda, como la boca, la garganta y otras áreas con cortaduras o erupciones, ésta se esparce. También puede esparcirse antes de que las ampollas se formen.

4 UNA VEZ QUE HAS CONTRAÍDO UNA ETS, NO PUEDES VOLVER A CONTAGIARTE

Algunas ETS como el herpes y el VIH, se quedan de por vida. Otras, como la gonorrea o la clamidia pueden ser tratadas con antibióticos y curarse completamente. Pero se pueden volver a contraer si se tiene contacto con alguien que las tenga. Si a tu hijo le diagnostican una ETS, tanto él como su pareja necesitan ser tratados para que no vuelvan a infectarse.

5 SI USAS CONDÓN, NO HAY OPORTUNIDAD DE INFECTARSE

Usar condón siempre es importante ya que ayuda a la prevención de muchas ETS, pero no es una protección completa. Los condones no cubren completamente el área genital, así las ETS se pueden trasmitir por contacto cutáneo, esto incluye el VPH y el herpes. Es importante enfatizarle a tu hijo que debe limitar el número de parejas sexuales que tenga y hacerse exámenes de ETS regularmente.

6 NO PUEDES CONTRAER UNA ETS CON EL SEXO MANUAL

Hay riesgos asociados al sexo manual, como con las otras formas de relación sexual. Ya que implica contacto cutáneo, plantea el riesgo de trasmitir infecciones bacterianas como la sífilis, el herpes y el VPH, ladillas y sarna. La mejor manera de protegerse es usar un guante de látex o un condón durante el sexo manual, así como lavarse las manos.

7 TOMAR ANTICONCEPTIVOS ORALES PROTEGE CONTRA LAS ETS

Ésta es probablemente el más común y peligroso mito acerca de las ETS. La píldora es un método efectivo para el control natal cuando se usa correctamente, sin embargo, no ofrece ninguna protección contra las ETS.

8 SE PUEDE VACUNAR A LAS CHICAS CONTRA LAS ETS

Existe una vacuna para niñas y jóvenes, pero sólo protege contra un tipo de ETS, llamado virus del papiloma humano. Es un tipo muy común de virus que afecta al menos a 50 % de las personas sexualmente activas. Este virus se cura solo. Pero si persiste, puede llevar al cáncer cervical. La vacuna no protege contra todos los tipos de VPH, sin embargo, hay dudas acerca de este nuevo tratamiento. No está claro cómo afecta al sistema inmunológico natural del cuerpo, que en situaciones normales cura casi todos los tipos de infección de VPH por su cuenta. Además, ya que la vacuna es reciente, es probable que surjan otros efectos secundarios o algunos problemas a la luz en el futuro. Las mujeres pueden vacunarse sólo antes de los 26 años.

CÓMO CONTESTAR PREGUNTAS ACERCA DE LOS MITOS COMUNES DE LAS ETS

Tu hijo probablemente sabe más de lo que te imaginas, pero mucha de su información puede ser incorrecta. Asegúrate de contestarle sus preguntas de manera correcta y tan claro como sea posible para que pueda tomar decisiones correctas y protegerse.

P. ¿Puedes contraer una ETS en un baño público?
R. En teoría es posible, pero es muy poco probable. Las bacterias y virus que causan las ETS no pueden sobrevivir fuera del cuerpo humano en superficies como los baños por mucho tiempo, así que el riesgo de infección es mínimo.

P. ¿Una ETS puede dejarte estéril?
R. Sí. Cerca de 10 % de las mujeres infectadas con gonorrea o clamidia desarrollan enfermedad pélvica inflamatoria (EPI), una infección en el útero, las trompas de Falopio o los ovarios. Ocurre de manera típica durante los años de maternidad y es la principal causa de infertilidad en EUA.

Aprendamos juntos

Cómo lidiar con el embarazo

Hacerle frente a un embarazo adolescente es un reto y es doloroso para los padres y los jóvenes. La comunicación es especialmente importante durante estos momentos: prepara a tu hija para el proceso del embarazo, la labor de parto, y probablemente, la maternidad. Habla con ella tan abiertamente como puedas acerca de las opciones y de cómo puedes apoyarla.

Cómo hablarle abiertamente del embarazo

Un embarazo no deseado es una de las cosas más aterradoras que los adolescentes pueden enfrentar. Mientras que no quieres minimizar las dificultades ni fomentar el sexo no seguro, es una buena idea asegurarle a tu hija que eres capaz de escuchar lo que sea que te tiene que decir, incluso si está embarazada. Una forma de hacer esto es usar los medios como un ejemplo para comenzar esta conversación en un ambiente seguro y no personal.

Considera decir algo como: "¿Recuerdas el programa que vimos en el que la adolescente se sentía asustada de decirle a sus padres que estaba embarazada? Si algo así te llegara a pasar a ti, ten por seguro que te apoyaremos, incluso si lo que tienes que decirnos es difícil. Eso es lo que significa amor incondicional".

Cómo discutir sus opciones

Si tu hija descubre que está embarazada, o tu hijo descubre que su novia lo está, explicarle sus opciones es importante. Especialmente si es tu hija la embarazada, pues tiene ante ella una decisión muy importante. Permítele saberlo, al final su decisión es el factor más importante para saber cómo manejar el embarazo. Ella puede escuchar tu opinión, y la de su novio y la de su familia, pero aliéntala a que haga lo correcto. Si tu hija considera el aborto, habla con ella acerca de los diferentes tipos de abortos disponibles. Dependiendo de en qué etapa esté del embarazo, existen diferentes procedimientos. En las primeras nueve semanas, un aborto medicado es la opción, conocido también como aborto por pastilla. Algunos abortos medicados se administran por medio de una inyección. Hasta la semana 12, se puede llevar a cabo una dilatación y legrado o aspiración endouterina, en donde el cérvix se dilata y se raspa el revestimiento endometrial del útero. Después de la semana 12, se lleva a cabo una dilatación y evacuación, en el que una aspiración endouterina se acompaña de más dilatación del cérvix. Después de la semana 24, el aborto ya no es una opción, a menos que la salud de la madre esté en riesgo o el bebé pueda nacer con problemas severos.

De acuerdo con el Instituto Guttmacher, menos de 1% de las mujeres que tienen un aborto presentan complicaciones físicas serias posteriores. Sin embargo, la reacción emocional puede ser abrumadora. Las mujeres que se someten a abortos a veces sienten un serio arrepentimiento, vergüenza, depresión o ansiedad. Explícale a tu hija que someterse a un aborto no es meramente un procedimiento médico, como extraerse las amígdalas. Viene con una numerosa carga emocional, carga que entre otras cosas puede afectar su disfrute sexual como adulto. Enfatiza que el aborto nunca debe ser usado como un método anticonceptivo. Cuando hables de adopción, asegúrate que tu hija sea capaz de escoger una familia que adopte al bebé. Explícale que hay dos tipos de adopción: abierta y cerrada. En la primera, usualmente recibes noticias acerca del niño, lo que incluye fotografías. A algunos padres incluso se les permite visitar a los niños. En las adopciones cerradas no se provee información o contacto con los niños.

En ambos casos, los servicios de adopción o los futuros padres suelen ayudar con los gastos médicos involucrados en el embarazo, y a veces incluso ofrecen asesoramiento para la madre embarazada. Sin embargo, la adopción puede ser un proceso agobiante. Habla con tu hija acerca de lo aterrador y difícil que puede ser entregar a un bebé que ha crecido dentro de ella y a quién ha nutrido con su cuerpo por nueve meses.

Si tu hija decide conservar al bebé, habla con ella acerca de lo que esto implica. Explícale cómo cambiará su vida para siempre, y cómo cosas como la escuela, los deportes y los amigos tomarán un segundo lugar en comparación con el bienestar de su hijo. Es importante que ella pueda visualizar cómo podría ser su vida después de dar a luz. Si tu hijo es el padre, explícale que la decisión de tener o no al bebé es finalmente de la madre. Habla con él acerca de lo que significa la paternidad, si ella conserva al bebé, él tendrá que ser responsable de ayudarle a mantenerlo. Prepárate para arranques de ira, tristeza y confusión. Es un momento difícil tanto para los jóvenes padres como para sus familias, pero lo mejor es evitar buscar culpables, eso sólo complica la situación. Haz que el bebé sea la prioridad durante este tiempo, y apoya a ambos adolescentes mientras dan este salto a la adultez.

CÓMO CONTESTAR LAS PREGUNTAS ACERCA DEL EMBARAZO

Tu adolescente probablemente tendrá muchas preguntas si descubre que está embarazada o si descubre que su novia lo está. Permítele saber que estás disponible para contestar todas estas preguntas, e intenta hacer tus respuestas tan positivas como puedas, sin pasar por alto la realidad de la situación y los pasos por venir.

P. ¿Qué tanto duele un parto?
R. Dar a luz es doloroso, pero el médico te puede ayudar para que te sientas lo más cómoda posible. Con la medicina moderna, como las epidurales, los partos son mucho menos dolorosos que como solían ser. Recuerda que yo estaré a tu lado.

P. ¿Cómo terminaré la escuela y asistiré a la universidad?
R. Esto puede ser difícil, pero hay muchas escuelas que tienen cursos vespertinos y en línea a los que puedes asistir. Puede que te tome más tiempo que a otros adolescentes de tu edad, pero puedes lograrlo con trabajo duro.

P. ¿Debería dar a mi bebé en adopción?
R. No puedo decidir eso por ti. Al final es tu bebé, y lo mejor para ambos es que tomes decisiones informadas acerca de lo que es mejor para él.

P. ¿Regresará mi cuerpo a la normalidad?
R. El embarazo y el parto pueden afectar el cuerpo de la mujer, y no se puede negar. Sin embargo, tú eres joven y estás sana, no hay razón para que no te sientas cómoda en tu cuerpo tras el parto.

Cómo fomentar la práctica de sexo más seguro

Incluso si tu hijo ha tomado la decisión de volverse sexualmente activo, aún hay lecciones de salud sexual que enseñarle. Háblale acerca del significado y valor de la monogamia, así como de tomar una segunda decisión acerca de la abstinencia. Es importante para tu hijo que se dé cuenta que tras haber tomado el gran paso de volverse sexualmente activo, aún se puede proteger.

Cómo hablar de la monogamia

Después de la abstinencia, la monogamia es la decisión más segura que puede tomar tu hijo, sexual y emocionalmente hablando. Cuando crías a un hijo sexualmente activo, intenta no perder de vista esto. Los adolescentes en relaciones monógamas pueden aprender importantes lecciones de vida acerca de la responsabilidad y el compromiso, incluso si tú no estás de acuerdo con las decisiones sexuales que toman. Llegar a un acuerdo con el hecho de que tu hijo practica actividades sexuales requiere alentarlo tanto al sexo seguro como a la monogamia, los dos son inseparables. Esto significa que aunque muchos adolescentes quieren tener citas y explorar su sexualidad tanto como les sea posible, es importante que le sugieras a tu hijo que debe tomar una ruta limitada. Habla con tu hijo acerca de la monogamia, ya que probablemente no sea algo que valoren sus compañeros o amigos.

Por ejemplo, puedes decir algo así como:
"Parece que has tenido muchas citas últimamente. Quiero que disfrutes tu juventud y tengas tanta diversión como puedas, pero recuerda, la diversión puede terminarse. Sé que es aterrador pensar en ello, pero con todas las ETS que existen, la monogamia es la única forma de disfrutar el sexo seguro. Recuerda que si quieres ser sexualmente activo, incluso si decides ser monógamo, ambos deben hacerse pruebas de ETS y asegurarse de estar sanos".

La abstinencia después del sexo

Una vez que alguien ha decidido ser sexualmente activo, regresar a la abstinencia puede ser muy difícil, ya que puede parecer vacía o carecer de sentido. Incluso si tu hija lamenta la decisión de volverse sexualmente activa, puede que sienta que regresar a una relación sin sexo carece de sentido, es infantil o trivial. Aun así, es una buena idea hacerle saber que es una opción. Si sientes que el que brincara a la actividad sexual es un error, aliéntala a "volver a empezar" su historia sexual, por así decirlo, y que regrese a la abstinencia. Aunque no pueda borrar su decisión de perder la virginidad, puede tomar una decisión saludable y esperar a ser mayor para continuar con el sexo.

Para comenzar esta conversación, habla con tu hija acerca de cómo la salud y el valor sexual no se estiman por tener sexo una vez, o por tenerlo varias veces. Permítele saber que respetar su cuerpo y su sexualidad significa abstenerse del sexo hasta estar lista, ya sea que haya o no tenido sexo.

Puedes decir algo así como: "Sé que hemos hablado mucho acerca de cuánto te habría gustado esperar para tener sexo. Sin embargo, aún puedes abstenerte de él, y esa puede ser una decisión significativa. Sólo porque cometiste un error una vez, no es justificación para que lo repitas".

Cómo reafirmar los valores

Una parte importante de esta conversación es ayudarle a tu hija a entender que ella no está dañada o es menos valiosa porque ha tenido sexo. Aún hoy día, es común que se ligue la historia sexual de una persona con su valor, especialmente en las mujeres. Cuando a una chica se le menosprecia o se le insulta porque ha tenido sexo, ésta puede sentirse condenada a tener esa reputación entre sus compañeros, y por eso decide continuar teniendo sexo. Incluso si secretamente odia ser maltratada por sus compañeros de clase, tal vez prefiera actuar a distancia o tener sexo casual. Tal vez incluso pretenda disfrutar de su reputación, sólo para que nadie se dé cuenta de que están lastimando sus sentimientos.

Ayúdale a sanar estos dolorosos sentimientos hablando con ella acerca de cómo nadie tiene derecho de juzgar sus decisiones sexuales, así como ella tampoco tiene derecho de juzgar las de los demás. Tener esta conversación le dará el poder para abstenerse de tener sexo, y le ayudará a darse cuenta de que sus decisiones sexuales son personales, no públicas. Una vez que ella sea capaz de separar su propio valor de lo que los compañeros en la escuela dicen, o de cualquier error que haya cometido en el pasado, será más probable que tome decisiones basadas en su propia felicidad y seguridad. Esto significa que será más difícil que se vea envuelta en conductas promiscuas en un intento por ganar atención o popularidad, y que no pensará que su cuerpo es una moneda de cambio o que todos pueden tocarlo.

Puedes comenzar diciendo: "Parece que estás pasando un mal rato en la escuela desde que tú y tu novio decidieron tener sexo. ¿Hay compañeros que dicen cosas que te hagan lamentar esta decisión? No importa lo que digan, debes saber que tener sexo no cambia quién eres como persona".

Glosario

Usa esta lista de términos para ayudarte a definir las palabras que son nuevas para ti o que encuentres difícil de explicar a tu hijo. Hacer referencia a estas definiciones concisas puede ayudarte a entender los términos que de otra forma serían abrumadores o intimidantes.

Aborto
La terminación a propósito de un embarazo usando técnicas quirúrgicas o drogas.

Aborto medicado
Término de un embarazo a través de medicamentos, a veces conocido como "aborto por píldora".

Aborto quirúrgico
Terminación de un embarazo utilizando técnicas quirúrgicas como la dilatación y la evacuación.

Adopción abierta
Un tipo de adopción en el que los padres biológicos pueden recibir información de su hijo e incluso, a veces, tienen contacto con él conforme crece.

Adopción cerrada
Es un tipo de adopción en que el contacto entre los padres biológicos y los adoptivos es mínimo o nulo.

Anorexia nerviosa
Es un desorden alimenticio en el que las personas se restringen severamente la ingesta de comida o se privan de ella, lo que resulta en una pérdida excesiva de peso.

Aspiración endouterina
Una técnica que se utiliza en los abortos quirúrgicos, donde se usa la succión para vaciar el contenido del útero.

Bulimia nerviosa
Un desorden alimenticio que se caracteriza por la ingestión incontrolable de alimento seguido por una conducta compensatoria, como el ayuno o el vómito inducido.

Capuchón cervical
Un método anticonceptivo de barrera para las mujeres. El capuchón cervical se inserta en la vagina y cubre el cérvix antes de un coito. También se le conoce como diafragma.

Ciclo menstrual
La secuencia de cambios hormonales que la mujer experimenta cada 28 días, empieza en la pubertad y dura hasta la menopausia. Durante cada ciclo menstrual se libera un óvulo de un ovario. Si el óvulo no es fecundado, deja el cuerpo durante la menstruación conforme el revestimiento del útero se expulsa.

Circuncisión
La extirpación quirúrgica del prepucio, que se puede llevar a cabo por razones culturales o médicas.

Clamidia
Una bacteria común de las ETS. Las mujeres y niñas con clamidia suelen no tener síntomas. Los niños y hombres suelen tener flujo y dolor al orinar.

Clítoris
Parte de los genitales femeninos, localizado justo debajo del hueso púbico, es el principal órgano de la excitación femenina.

Condón
Método anticonceptivo de barrera, usualmente hecho de látex. El condón masculino es una funda que se desenrolla en el pene erecto antes del coito. El condón femenino se inserta en la vagina antes del coito.

Dental dam
Una barrera de látex o poliuretano designada para prevenir la trasmisión de ETS durante el sexo oral (se coloca sobre los genitales/ano de la persona que recibe el sexo oral).

Dilatación y evacuación
Técnica usada en abortos quirúrgicos. El cérvix se dilata y el contenido del útero es removido.

Dispositivo intrauterino (DIU)
Método anticonceptivo para las mujeres en el que un dispositivo con forma de T se inserta en el útero. Algunos DIU pueden segregar hormonas en el cuerpo justo como la píldora lo hace, otros son no hormonales.

Emisiones nocturnas
Eyaculaciones que ocurren mientras el niño u hombre duermen; también se les conoce como "sueños húmedos". Son comunes durante la adolescencia.

Endorfinas
Químicos producidos por la glándula pituitaria en el cerebro. Las endorfinas se segregan al momento del orgasmo y son responsables de los sentimientos placenteros.

Enfermedad pélvica inflamatoria (EPI)
Una infección del sistema reproductivo femenino, usualmente como resultado de enfermedades de trasmisión sexual como la clamidia. La infertilidad se puede complicar debido a la EPI.

Epidural
Un tipo de anestesia que se inyecta en el espacio epidural de la espina vertebral. Se usa para liberarse del dolor de parto durante el alumbramiento.

Erección
El endurecimiento y alargamiento del pene y el clítoris durante la excitación sexual. Una erección resulta de la descarga de sangre en los tejidos genitales.

Escroto
La bolsa que cuelga debajo del pene y que contiene los testículos.

Espermatozoides
Las células sexuales masculinas producidas en los testículos. La producción de esperma comienza en la pubertad y puede durar el resto de la vida adulta de un hombre. Un solo espermatozoide puede fecundar un óvulo durante la fertilización.

Espermicida
Un método anticonceptivo en forma de cremas, jaleas, espumas, cintas y óvulos. El espermicida puede usarse solo o con una esponja, diafragma o capuchón.

Esponja
Un método anticonceptivo de barrera. La esponja se inserta en la vagina antes del coito.

Estrógenos
Las hormonas que controlan el desarrollo femenino y el funcionamiento del sistema reproductivo.

Etapa concreta operacional
Etapa del desarrollo de los niños (entre 6-12 años) en la que comienzan a pensar de forma lógica, a resolver problemas y a entender el punto de vista y los sentimientos de los demás. En esta etapa, el niño ya no tiene un punto de vista egocéntrico.

Etapa formal operacional
Etapa del desarrollo de los niños (entre los 12-15 años) en la que los niños se vuelven capaces de formar pensamientos abstractos y tienen un elevado sentido de la conciencia de sí mismos.

Etapa preoperacional
Una etapa del desarrollo en que los niños (de 2- 6 años) son egocéntricos por naturaleza y piensan en un nivel de fantasía.

Etapa sensomotora
Una etapa del desarrollo en que los niños (de su nacimiento a los 2 años) se enfocan principalmente en las sensaciones y el movimiento.

ETS
Enfermedades de trasmisión sexual. Pueden ser virales como el herpes, bacteriales como la gonorrea, o parasitarias como los piojos púbicos.

Eyaculación
Expulsión del semen de un pene en el clímax de la excitación. La eyaculación ocurre cuando el pene se estimula durante la masturbación o el coito, pero también puede ocurrir mientras se está dormido (se le llama emisiones nocturnas), o por ninguna razón aparente. Los chicos comienzan a eyacular cuando entran en la adolescencia.

Fase post-ovulatoria
La fase del ciclo menstrual donde el óvulo ha sido liberado del ovario.

Fase pre-ovulatoria
La fase en el ciclo menstrual de las niñas o mujeres donde se forma un óvulo para liberar (ovulación).

Genitales
Los órganos reproductivos externos de los hombres y las mujeres.

Glándula pituitaria
Una glándula en el cerebro que produce hormonas, incluyendo las foliculoestimulantes y las luteinizantes. La glándula pituitaria es conocida por desencadenarse al inicio de la pubertad.

Gonorrea
Una enfermedad de trasmisión sexual ocasionada por una bacteria que puede ser tratada con antibióticos. La gonorrea puede ser asintomática o puede causar flujo vaginal y del pene.

Herpes
Una enfermedad de trasmisión sexual que resulta en dolorosas ampollas y llagas en los genitales. El virus puede ocasionar herpes en los labios y boca.

Homosexualidad
Atracción sexual entre personas del mismo sexo.

Hormona foliculoestimulante
Una hormona que se produce en la glándula pituitaria del cerebro. Estimula la producción de óvulos en las niñas y mujeres.

Hormona liberadora de gonadotropina (HLGn)

Una hormona que estimula la glándula pituitaria para liberar las hormonas foliculoestimulantes y las luteinizantes.

Hormona luteinizante (HL)

Una hormona producida por la glándula pituitaria. Antes de la ovulación ocurre una descarga de HL.

Implante

Método anticonceptivo hormonal para las mujeres. El implante se inserta debajo de la piel del brazo y éste segrega hormonas en el cuerpo para prevenir el embarazo.

Infección en las vías urinarias (IVU)

Una infección bacterial en cualquier parte del sistema urinario. La IVU más común en las mujeres es la cistitis, una inflamación en la vejiga.

Juego paralelo

Un tipo de juego en el que los niños disfrutan de jugar al lado de otros, pero en el que no interactúan entre ellos de forma directa. Usualmente pasa alrededor de los dos años de edad.

Labios (genitales)

Los labios que rodean la vulva. Los labios externos cubiertos por vello son los labios mayores; los labios internos, sin vello, son los labios menores.

Líquido preeyaculatorio

El fluido que aparece en la cabeza del pene y contiene espermatozoides durante la excitación, se da justo antes del orgasmo.

Masturbación

Autoestimulación de los genitales, usualmente con la mano.

Menopausia

El momento en que la mujer deja de producir óvulos y ya no es capaz de concebir, usualmente en la mediana edad tardía. La menstruación se detiene como resultado de la disminución de los niveles hormonales.

Menstruación

El derramamiento del revestimiento, también conocido como periodo menstrual. El flujo sanguíneo y otros efectos secundarios generalmente duran entre tres y siete días.

Orgasmo

El clímax o punto máximo del placer sexual.

Ovarios

Órganos sexuales femeninos en donde se almacenan los folículos de los óvulos.

Ovulación

El momento en que un huevo u óvulo se libera del ovario (parte del ciclo menstrual).

Oxitocina

Una hormona que se segrega después del orgasmo y une a dos personas al producir emociones de bienestar.

Papanicolaou

Un examen de proyección para el cáncer cervical. Se recolectan células de la abertura exterior del cérvix y se examinan cambios precancerosos.

Parche

Método anticonceptivo hormonal para las mujeres. Se pega un parche a la piel y éste segrega hormonas en el cuerpo para prevenir el embarazo.

Pastilla anticonceptiva

Método anticonceptivo hormonal para las mujeres que se administra por vía oral, usualmente en forma diaria. También se conoce comúnmente como "la píldora".

Pene

El principal órgano sexual masculino, por el que pasan la orina y el semen.

Piojos púbicos

Pequeños parásitos que se adhieren al vello púbico y se reproducen por medio de huevecillos. También se les conoce como "ladillas". Pueden trasmitirse por contacto sexual o por ropa de cama o vestimenta infectada.

Placenta

Un órgano que se desarrolla dentro del útero durante el embarazo. Suministra al bebé de comida y oxigeno durante el embarazo y porta los productos de desecho lejos para deshacerse de ellos a través del cuerpo de la madre.

Progesterona

Una hormona femenina que se segrega en los ovarios después de que un óvulo se ha liberado en cada ciclo menstrual. La progesterona es producida también por la placenta durante el embarazo.

Pubertad

El periodo de madurez sexual que usualmente toma lugar en los jóvenes adolescentes, aunque puede comenzar en cualquier momento entre los 9 y 15 años. La pubertad se inicia por las hormonas. Durante este periodo, el cuerpo de los niños se desarrolla para volverse un cuerpo adulto capaz de reproducirse.

Retroalimentación negativa

Una técnica de manejo de la conducta en el que una persona da una explicación acerca de lo que se ha hecho mal y cómo se puede solucionar. Se usa como una alternativa constructiva para la crítica, los insultos o la agresión.

Rol de género

Rol de conducta basado en lo que la sociedad espera que los niños y las niñas hagan. Un ejemplo para los niños es: "los niños no lloran".

Sarcoma de Kaposi

Un tipo de cáncer que se encuentra en los pacientes con SIDA, éste causa que crezcan parches de tejido anormal debajo de la piel.

Semen

El fluido que contiene los espermatozoides y se libera del pene al momento de la eyaculación.

Sexo seguro

Conducta sexual que reduce el riesgo de embarazos y la trasmisión de ETS, por ejemplo, al usar un condón femenino o masculino.

Sexteo

Enviar o recibir mensajes sexuales explícitos, fotografías o videos, generalmente por celular.

SIDA

Síndrome de inmunodeficiencia adquirida. Una enfermedad que causa una baja en el sistema inmune, haciendo a las personas vulnerables para infecciones oportunistas y algunos tipos de cáncer. El SIDA es causado por el virus de inmunodeficiencia humana (VIH).

Sífilis

Una enfermedad de trasmisión sexual bacterial que tiene distintas etapas, la primera en la que aparece una llaga se conoce como "chancro".

Síndrome de *shock* tóxico

Una rara condición que puede ser causada por tampones. Los síntomas incluyen fiebre elevada, salpullido y una súbita caída de la presión sanguínea.

Testículos

Los órganos productores de esperma y que son sostenidos por el escroto.

Testosterona

La principal hormona sexual masculina. Estimula el desarrollo sexual durante la pubertad y controla el sistema reproductivo masculino y su impulso sexual.

Tricomoniasis

Una infección vaginal común que causa flujo e inflamación. Puede ser tratada fácilmente con antibióticos, aunque se puede volver a contraer.

Uretra

Conducto por el que se canaliza la orina de la vejiga al exterior del cuerpo. En hombres pasa a través del pene y en las mujeres por la abertura vaginal.

Útero

Órgano reproductivo femenino situado por encima de la vagina. Se expande de manera masiva para acomodar al feto en crecimiento durante el embarazo.

Vagina

El pasaje muscular que es parte del sistema reproductivo femenino. La vagina se penetra por el pene durante el coito, actúa como canal de alumbramiento, y encauza la sangre menstrual fuera del cuerpo.

Verrugas genitales

Enfermedad de trasmisión sexual viral que resulta en el crecimiento de verrugas alrededor del área genital.

VIH

Virus de inmunodeficiencia humana, el virus que causa el síndrome de inmunodeficiencia adquirida (SIDA). El VIH puede trasmitirse a través del sexo sin protección, las transfusiones de sangre o por compartir agujas no esterilizadas.

Violación por parte de algún conocido

Violación por alguien a quien la víctima conoce.

Violación por parte de la pareja

Violación por parte de alguien a quien la víctima ya conoce y usualmente ocurre durante una cita.

Virus del papiloma humano (VPH)

Un virus que causa verrugas genitales, una de las enfermedades de trasmisión sexual más comunes. Algunos tipos de VPH están relacionados con el incremento del riesgo de cáncer cervical.

Vulva

Los genitales externos femeninos; incluye el clítoris, labios y entradas vaginales y uretrales.

Bibliografía

En este libro se hace referencia a cada una de las obras citadas a continuación. Juntas, comprenden algunas de las más recientes investigaciones mejor documentadas e innovadoras acerca de la conducta y educación sexual y de la salud. Úsalas como referencia para buscar información más profunda o estadísticas acerca del tema.

Capítulo 1: Cómo hablarle acerca del cuerpo

Anderson, Sarah E. y Robert C. Whitaker, "The Prevalence of Obesity Among US Preschool Children in Different Racial and Ethnic Groups", en *Archives of Pediatrics and Adolescent Medicine*, Ohio State University (abril, 2009).

Kilbourne, Jean, *Slim Hopes*, Media Education Foundation, VHS, 1995.

National Sleep Foundation, 2009, "How Much Sleep Do We Really Need?". En: <http://www.sleepfoundation.org/how-much-sleep-do-we-really-need>.

Ouyanga, F. *et al.*, "Serum DDT, Age at Menarche, and Abnormal Menstrual Cycle Length", en *Occupational and Environmental Medicine*, 62(12), 2005, pp. 878-884.

Women's Sports Foundation, 2008, "Go Out and Play: Youth Sports in America". En: <http://www.womensportsfoundation.org/Content/Research-Reports/Go-Out-and-Play.aspx>.

Capítulo 2: Cómo hablarle acerca de la mente

Cantor, J. M. *et al.*, "How Many Gay Men Owe Their Sexual Orientation to Fraternal Birth Order", en *Archives of Sexual Behavior*, 31(1), 2002, pp. 63-71.

Diamond, Lisa M. *et al.*, "Development of sexual orientation among adolescent and young adult women", en *Development Psychology*, enero, 2000.

Kinsey, Alfred *et al.*, *Sexual Behavior of the Human Male*, W. B. Saunders Company, Filadelfia, 1948.

———, *Sexual Behavior of the Human Female*, W. B. Saunders Company, Filadelfia, 1953.

Piaget, Jean y B. Inhelder, *The Psychology of the child*, Basic Books, Nueva York, 1962.

University of Illinois at Chicago, "In Fruit Flies, Homosexuality is Biological But Not Hard-Wired, Study Shows", en *ScienceDaily*, 10 de diciembre, 2007. En: <http://www.sciencedaily.com/releases/2007/12/071210094541.htm/>.

Capítulo 3: Cómo hablarle acerca de los medios de comunicación

Groesz, Lisa M. *et al.*, "The Effect of Experimental Presentation of Thin Media Images on Body Satisfaction: A Meta-Analytic Review", en *International Journal of Eating Disorders*, 31, 2002.

Hofschire, L. J. y B.S. Greenberg, "Media's Impact on Adolescents' Body Dissatisfaction", en J. D. Brown, J. R. Steele y K. Walsh-Childers (eds.), *Sexual Teens, Sexual Media*, Lawrence Erlbaum Associates, Nueva Jersey.

Klein, Hugh y Kenneth Shiffman, "Thin is 'In' and Stout is 'Out': What Animated Cartoons Tell Viewers About body Weight", documento presentado en la reunión anual de la American Sociological Association, San Francisco, California, 14 de agosto, 2004.

Liz Claiborne Inc., estudio sobre el abuso en citas entre adolescentes realizado por Teenage Research Unlimited, febrero, 2005.

Mccabe, Marita P. y Maureen A. Vincent, "Development of Body Modification and Excessive

Exercise Scales for Adolescents", en *Assessment*, 9(2), junio de 2002.

Primack, Brian *et al.*, "Exposure to Sexual Lyrics and Sexual Experience Among Urban Adolescents", en *American Journal of Preventative Medicine*, 36(4), abril de 2009.

Capítulo 4: Cómo hablarle acerca de los amigos y las influencias

Blum R. W. y P. M. Rinehart, "2000. Protecting Teens: Beyond Race, Income and Family Structure", Division of General Pediatrics & Adolescent Health, University of Minnesota Adolescent Health Program, Minneapolis, 2000.

Clark, Sheila, "Parents, peers, and pressures: Identifying the influences on responsable sexual decision-making", en *Adolescent Health, Practice Update from the National Association of Social Workers*, 2(2), septiembre, 2001. En: <http://www.socialworkers.org/practice/adolescent_health/ah0202.asp>.

Capítulo 6: Cómo hablarle acerca de las relaciones sexuales

Centers for Disease Control and Prevention, "Genital HPV Infection". CDC hoja de datos, 2008. En: <http://www.cdc.gov/STD/HPV/STDFact-HPV.htm/>.

——, "HIV/AIDS Among Youth", 2008.
En: <http://www.cdc.gov/hiv/resources/factsheets/youth.htm/>.

——, "HIV Prevalence Estimates, United States", 2008.
En: <http://www.cdc.gov/mmwr/preview/mmwrhtml/mm5739a2.htm/>.

——, "Sexually Transmitted Disease Surveillance, Chlamydia", 2007.
En: <http://www.cdc.gov/std/stats07/chlamydia.htm/>.

——, "Sexually Transmitted Disease Surveillance, Gonorrhea", 2007.
En: <http://www.cdc.gov/stats07/gonorrhea.htm/>.

——, "Sexually Transmitted Disease Surveillance, Syphilis", 2007.
En: <http://www.cdc.gov/stats07/syphilis.htm>.

——, "Trichomoniasis" CDC hoja de datos, 2007.
En: <http://www.cdc.gov/STD/Trichomonas/STDFact-Trichomoniasis.htm/>.

"Florida teens believe drinking bleach will prevent HIV". En: <Local6.com>, 2 de abril, 2008.
En: <http://www.clickorlando.com/news/15773787/detail.html>.

Kohler, Pamela, "Abstinence-Only and Comprehensive Sex Education and the Initiation of Sexual Activity and Teen Pregnancy", en *Journal of Adolescent Health*, abril de 2008.

Langer, Gary, "ABC News Poll: Sex Lives of American Teens". En: <ABCNews.go.com>, 19 de mayo, 2006.
En: <http://abcnews.go.com/Primetime/PollVault/story?id=1981945&pages=1/>.

Planned Parenthood, *Birth Control*, 2009.
En: <http://www.plannedparenthood.org/healthtopics/birth-control-4211.htm>.

Prinsetein, Mitchell J., "Adolescent Oral Sex, Peer Popularity, and Perceptions of Best Friends' Sexual Behavior", en *Journal of Pediatric Psychology*, 28(4), junio 2003.

Sessions Stepp, Laura, "Study: Half of All Teens Have Had Oral Sex", en *Washington Post*, 16 de septiembre, 2005.

UNAIDS, "Report on the global AIDS epidemic", 2008.
En: <http://www.unaids.org/en/KnowledgeCentre/HIVData/GlobalReport/2008_Globalreport.asp/>.

Wight, Daniel *et al.*, "The Quality of Young People's Heterosexual Relationships: A Longitudinal Analysis of Characteristics Shaping Subjective Experience", en *Perspectives on Sexual and Reproductive Health*, diciembre 2008.

Recursos adicionales

Los siguientes libros y sitios proveen de mayor información para ti y para tu hijo acerca de todos los aspectos de la educación sexual. Probablemente quieras leer algunos de los libros antes de dárselos a tu hijo para asegurarte de que los consejos que contienen van de acuerdo con tus propias creencias y valores. Tal vez también quieras mostrarle estos recursos educativos a la escuela de tu hijo.

Organizaciones y sitios web

Centers for Disease Control and Prevention
(Centro de control y prevención de enfermedades)
www.cdc.gov

ChildHelp (National Child Abuse Hotline)
(Ayuda en los casos de abuso de menores)
www.childhelp.org

Get in Touch
(Manténte en contacto)
www.getintouchfoundation.org

Guttmacher Institute
(Instituto Guttmacher)
www.guttmacher.org

Life in the Fast Lane
(La vida en la vía rápida)
www.teenageparent.org

Love is Respect (National Teen Dating Abuse Hotline)
(El amor es respeto: ayuda en los casos de abuso de adolescentes)
www.loveisrespect.org

Nitestar
(Estrella nocturna)
www.nitestar.org

PFLAG (Parents, Families, and Friends of Lesbians and Gays)
(Orientación a padres, familias y amigos de lesbianas y gays)
www.pflag.org

Planned Parenthood
(Paternidad planeada)
www.plannedparenthood.org

SIECUS (Sex Information Education Council of the United States)
(Consejo educativo de información sexual de EUA)
www.siecus.org

Libros para los niños

Changing bodies, changing lives: a book for teens on sex and relationships
(Cambiando de cuerpo, cambiando de vida: un libro para los adolescentes acerca del sexo y las relaciones)
Por Ruth Bell
(Three Rivers Press, 1998)

What's going on down there? Answers to questions boys find hard to ask
(¿Qué ocurre allá abajo? Respuestas para las preguntas que los niños encuentran difíciles de hacer)
Por **Karen Gravelle** et al.
(Walker Books, 1998)

It's perfectly normal: changing bodies, growing up, sex, and sexual health
(Es perfectamente normal: cambios en el cuerpo, crecimiento, sexo y salud sexual)
Por **Robie H. Harris**
(Candlewick, 2004)

It's so amazing! A book about eggs, sperm, birth, babies, and families
(¡Es asombroso! Un libro acerca de los óvulos, el esperma, el nacimiento, los bebés y las familias)
Por **Robie H. Harris**
(Candlewick, 2004)

What's happening to me?
(¿Qué me está ocurriendo?)
Por **Peter Mayle**
(Lyle Stuart, 2000)

Where did I come from?
(¿De dónde vengo?)
Por **Peter Mayle**
(Lyle Stuart, 2000)

Our bodies, ourselves: a new edition for a new era
(Nuestros cuerpos, nosotros mismos: una nueva edición para una nueva era)
Por **Judy Nosigian**
(Touchstone, 2005)

The care and keeping of you: the body book for girls
(Tu cuidado y mantenimiento: el libro del cuerpo para las niñas)
Por **Valorie Schaefer**
(American Girl Publishing, 1998)

Bellybuttons are navels
(Los ombligos son ombligos)
Por **Mark Schoen**
(BookSurge, 2008)

Libros para los padres

Teaching your children healthy sexuality: a biblical approach to preparing them for life
(Cómo enseñarle a tu hijo salud sexual: una aproximación bíblica para prepararlo para la vida)
Por **Jim Burns**
(Bethany House, 2008)

From diapers to dating: A parent's guide to raising sexually healthy children
(De los pañales a las citas: Guía para los padres acerca de cómo criar hijos sexualmente saludables)
Por **Debra W. Haffner**
(Newmarket, 2008)

What every 21st century parent needs to know: facing today's challenges with wisdom and heart
(Lo que cualquier padre del siglo XXI debe saber: cómo enfrentar los retos con sabiduría y corazón)
Por **Debra W. Haffner**
(Newmarket, 2008)

Everything you never wanted your kids to know about sex, but were afraid they'd ask: the secrets to surviving your child's sexual development from birth to the teens
(Todo lo que nunca quisiste que tus hijos supieran del sexo, pero que temes que pregunten: los secretos para sobrevivir al desarrollo sexual de tu hijo desde el nacimiento hasta la adolescencia)
Por **Justin Richardson** y **Mark A. Schuster**
(Three Rivers Press, 2004)

Índice analítico

Catalogación en la fuente

Berman, Laura
   Cómo hablar con tus hijos de sexo : "la platica", una
conversación de por vida. -- México : Trillas, 2015.
   191 p. : il. col. ; 24 cm.
   Traducción de: Talking to Your Kids About Sex
   Bibliografía: p. 184-185
   Incluye índices
   ISBN 978-607-17-2312-3

   1. Educación sexual. I. t.

D- 649.65'B166c   LC- HQ53'B4.2

LONDON, NEW YORK, MELBOURNE,
MUNICH, AND DELHI
A Dorling Kindersley Book
www.dk.com

Título de esta obra en inglés
Talking to Your Kids About Sex
Copyright © 2009, Dorling Kindersley Limited
Text Copyright © 2009, Dra. Laura Berman

Derechos reservados en español para México
© 2015, Editorial Trillas, S. A. de C. V.

División Administrativa,
Av. Río Churubusco 385,
Col. Gral. Pedro María Anaya, C. P. 03340,
México, D. F. Tel. 56884233, FAX 56041364
churubusco@trillas.mx

División Logística,
Calzada de la Viga 1132,
C. P. 09439, México, D. F. Tel. 56330995,
FAX 56330870
laviga@trillas.mx

 Tienda en línea
www.etrillas.mx

Miembro de la Cámara Nacional de
la Industria Editorial
Reg. núm. 158

Primera edición en español, 2015
ISBN 978-607-17-2312-3

Este libro está dedicado a mis tres niños: Ethan, Sammy y Jackson quienes han sido mis mejores estudiantes, pero más aún mis mejores maestros. Los amo mucho.

Agradecimientos de la autora Hay tantas personas que hicieron posible este libro. Es un tema que ha estado cerca de mi corazón y es muy querido para mí por muchas razones. ¡Quiero agradecerle a Dorling Kindersey Publishing, especialmente a Stephanie Jackson y a Nichole Morford, así como a mi agente, Binky Urban por estar dispuestos a abordar este crucial, pero a veces espinoso tema, y por permitir expresar mi voz con mis usualmente controvertidas perspectivas! Nick Kahn en ICM Talent, gracias por trabajar sin descanso en mi representación y por apoyarme tanto y ser tan divertido en este largo camino. Gracias a todos en Harpo, especialmente a la Srita. Winfrey que me ha dado la maravillosa oportunidad de exponer mis ideas acerca de la educación sexual a este mundo, a Erick Logan por ayudarme a hacer que todo pasara con su gran humor y amabilidad, y a Corny Koehl, Alicia Haywood, Matthew Commings, Scott Clifton y al resto del equipo de Oprah Radio, que son maestros en lo que hacen y quienes hacen que yo pueda presentar el Dra. *Laura Berman Show* todos los días de manera tan fluida y creativamente. Gracias también a *Empower Public Relations* por sus constantes atenciones al hacer que se escuche mi voz. También un gran gracias a mis representantes en ROAR, especialmente a Greg Suess. ¡Y gracias, gracias a Bridget Sharkey, eres una máquina fenomenal de energía y tu disposición para terminar este libro a punta de pistola es muy apreciada! ¡Eres tan callada por fuera y tan poderosa por dentro! También quiero agradecerle especialmente y gritarle al Dr. Cydelle Berlin y Nitestar (formalmente *Star Theater*) quien me dio mi primera introducción a la educación sexual en la escuela y me ayudó a fijar la fundación e inspiración por mi pasión y dedicación a la enseñanza de niños acerca del cuerpo y la sexualidad.

Muchas gracias también a mis padres Linda e Irwin Berman por moldearme para sentirme cómoda y abierta a la sexualidad. Pusieron la barra alta para criar a un hijo sexualmente saludable y aprendí de los maestros. A mi esposo Sam, gracias por estar en mi vida, amarme, ser mi compañero creativo y acompañarme en nuestra búsqueda de educar tres hijos sanos, respetuosos y con poder en cuanto a su sexualidad. Sé que siempre parece que eres tú el que se lleva las preguntas difíciles y siempre las manejas con aplomo y en forma que me hace sentir orgullosa y agradecida de llamarte mi pareja parental.

Agradecimientos de DK Gracias a Steve Crozier por retocar el trabajo, a Rebecca Warren por la corrección de estilo, a Marie Lorimer por hacer el índice, a Harriet Mills y Jo Walton por la búsqueda de imágenes, y a Tom Howells, Kesta Desmond y Mandy Lebentz por su invaluable ayuda con el trabajo editorial.

Créditos de las fotografías Las ilustraciones pertenecen a Mark Watkinson. La editorial agradece los siguientes amables permisos para reproducir sus fotografías.
Alamy Images *Science Photo Library*/Ian Hooton **163**; **Corbis:** 81ª Productions **57**; Ehraim Ben-Shimon **171**; Frederic Cirou/PhotoAlto **167**; *Goodshoot* **43**; *Image Source* **81**; KMSS; Kate Mitchell **165**; George Shelley **2** Stockbyte, **54-55**; *Thinkstock* **65**; *Getty Images:* Jenny Acheson **116-117**; Janie Airey **179**; Tony Anderson **61**; Barry Austin Fotografía **113**; Hans Bjurling, **160-161**; Felix Clinton **67**; John Cumming **15**; Jim Cummins **53**; *Digital Vision* 8-9, **73**; *Flying Colours Ltd* 21, **78-79**; *Gallo Images*/ Richard Keppel-Smith **151**; *George Shelley Productions* **125**; Jamie Grill **133**; *Image Source* **41**, **143**; José Luis Peláez Inc **91**; *Jupiterimages*, **11, 105, 115**; *Sean Justice* **93, 103**; Johannes Kroemer **159**; Titus Lacoste 1, Ryan McVay/*Photodisc* **99**; Sean Murphy **141**; *PhotoAlto*/Laurence Mouton **13**; *Photolibrary* **35**; Justin Pumfrey **136-137**; Christopher Robbins **100-101**; Andersen Ross **31**; Richard Schultz **121**; *Stockbyte*, **89**; *SW Productions* **155**; *Tetra Images*, **17**; Katia Zimmermann **109**;
Photolibrary: *Comstock Images* **131, 135**; Creatas **139**; Ryan McVay **77**; *Monkey Business Images Ltd* **119**.

Todas las demás imágenes © Dorling Kindersley
Para mayor información véase: www.dkimages.com